논리의 탄생

― 논리학의 성립에서 본 철학사 ―

안 재 오 지음

논리의 탄생

— 논리학의 성립에서 본 철학사 —

안 재 오 지음

철학과 현실사

서 문

이 책은 원래 대학교 교양철학과목 "논리와 사고"를 강의하기 위한 교재로 만들어졌다. 논리학이란 상당히 딱딱한 과목이라 흥미를 유발하기가 어렵다. 그래서 필자는 논리학의 이해를 위한 철학사를 도입했다. 그런 과정에서 필자는 논리학의 탄생을 위한 여러 가지 철학적인 과정을 이해하게 되었다. 그 과정이란 파르메니데스 → 플라톤 → 아리스토텔레스에 이르는 그리스철학사적 발전과정을 말한다. 고전적 논리학의 완성은 아리스토텔레스에 의해 이루어졌다. 그러나 필자의 소견에 의하면 아리스토텔레스는 처음부터 논리학을 만들려고 마음먹고 그렇게 만든 것은 아니었다. 그는 파르메니데스의 존재론과 플라톤의 이데아설이 야기하는 문제점들을 해결하기 위해 논리학의 구상을 하게 된 것이다. 다시 말해 형이상학적·존재론적 문제를 해명하기 위해서 아리스토텔레스는 언어와 문법에 의지하게 된 것이다. 여기서 도출되는 방법이 바로 아리스토텔레스의 '범주론'(Categories)이다. 범주론, 명제론 그리고 삼단논법이 확립되었기 때문에 서양의 철학과 과학은 힘차게 성장할 수 있었다.

아리스토텔레스의 논리학적 저술들을 흔히 오르가논(Organon)이라고 불렀다. 이는 도구 내지 방법의 개념이다. 논리학은 그러나 처음부터 방법적·형식적·도구적 성격을 가진 것이 아니었다. 우리의 연구가 보여주는 것처럼 이는 파르메니데스의 사유에 뿌리박고 있다. 즉 "있음은 있다"라는 파르메니데스의 명제는 (1) 형식논리학과 (2) 형이상학 양자의 공통의 기초가 된다. 따라서 논리적 사유가 존재론 내지 형이상학과 멀지 않다는 것이 드러난다.

물론 파르메니데스 자신은 자신의 "있음은 있다"라는 명제를 완전히 (2) 형이상학적 의미로만 이해했다. 그러나 후대의 이 문제에 대한 철학적 토론과 특히 아리스토텔레스의 '돌린 해석'(Umdeutung)을 통해 이 문장은 드디어 논리학의 제1법칙이라고 할 '동일률'(the law of identity)로 탄생한 것이다. 오늘날 모두가 당연시하는 이런 논리법칙은 그러나 철학사적인 엄청난 투쟁을 거쳐 비로소 이룩된 것이다. 필자가 서양에서 태어났더라면 이런 사유에 결코 도달할 수 없었을 것이다; 동양철학에서 논리학이 정립되지 않았었기 때문에 그 내용은 결코 빈약하지 않으나 사유의 표현이 어둡고 논리적 일관성이 약하다고 필자는 생각한다.

오늘날 영미 철학자들은 자기 철학의 정통성과 역사적 의의를 부여하기 위해 철학사를 세 가지 전환으로 구성한다. 즉 '존재론적 전환'(ontological turn), 이는 자연철학에 대한 파르메니데스의 존재론적 전환을 말한다. 그 다음이 칸트에 의해 대표되는 '인식론적 전환'(epistemological turn)이다. 그리고 마지막으로 비트겐슈타인에 의해 대표되는 '언어적 전환'(linguistic turn)이다. 그러나 고대 그리스의 아리스토텔레스가 이미 언어적인 전환을 시도했고 그런

열매가 바로 위에서 언급한 논리학이다. 아리스토텔레스의 범주론은 그가 얼마나 문법 내지 언어구조에 근거하여 논리학을 구축했는지를 구구절절이 보여준다: 가령 예를 들면 아리스토텔레스 철학의 기본개념인 '실체'(Substance) 개념은 문장의 주어(subject) 개념을 통해 추출되고 있다, 그리고 범주(Categories)란 말 자체부터가 (문장의) 술어(Predicate)에서 기인한 것이다.

언어분석 철학의 하나의 문제는 (형식)논리학을 지나치게 절대화하는 경향이다. 모든 철학적 서술을 진리함수나 기타 논리적 형식화를 통해서 그 의미와 무의미를 판정하려고 한다: 예를 들어 카르납(R. Carnap) 같은 철학자는 문장론에 입각하여 전통 형이상학의 무의미성을 지적했다. 그러나 형식논리학이나 통사론 같은 것이 절대적 기준이 될 수 없다는 것은 이 책의 서술에서도 밝혀진다.

논리학이 홀로 서 있는 것이 아니라 실은 존재론 내지 형이상학과 밀접한 관련을 가지고 있고 더 나아가, 이 책의 주제이지만, 논리학과 형이상학은 같은 뿌리를 가지고 있다: 여기에 대한 필자의 논거는 바로 파르메니데스의 "있음은 있다"라는 명제이다. 이 의미는 유일한 존재의 불변성, 영원성이라는 형이상학적인 뜻과 또 a = a 라는 형식논리학의 동일률의 법칙이 모두 파르메니데스의 "있음은 있다"라는 명제에서 도출된다.

따라서 이것은 형이상학과 논리학의 공통의 뿌리이다. 여기에 서양철학의 놀라운 위력이 숨어 있다. 그러므로 논리학과 형이상학은 그 성공과 실패를 같이 한다. 또한 그렇기 때문에 비형식적 논리학, 즉 변증법적 논리학도 불가능하지 않다. 그러나 필자는 파르메니데스가 절대적 존재의 진리를 밝혔다고 믿는다, 그러므로 헤겔적인 변증법적인 논리는 (형식)논리의 보완으로 여겨진다.

18세기의 철학자 임마뉴엘 칸트(I. Kant)는 논리학은 "완결된 학문"으로서 아리스토텔레스 이래로 한 발자국도 전진하지 못했다고 말했다. 그러나 19세기에 아일랜드의 논리학자인 불(G. Boule)은 진리함수의 이론을 개발했고 또 독일의 수학자 프레게(G. Frege)는 한량이론(theory of quantification)을 창안했다. 그외에도 20세기에 더 많은 논리학의 발전이 있었다; 따라서 대철학자 칸트의 말은 시대적 제약을 벗어나지 못하는 오류인 것처럼 보인다. 그러나 다른 면에서 볼 때 칸트의 명제는 위대한 진리를 함축하고 있다: 수많은 논리 기호법이나 논리계산의 발전에도 불구하고 논리학의 금과옥조(金科玉條)는 아리스토텔레스의 『논리학』 내지 『형이상학』이 보여주는 원칙들, 가령 논리의 3원칙을 벗어나지 못하고 있다. 또한 필자가 볼 때 논리학의 기본 정신은 "문장을 그 양(quantity)과 질(quality)로 구별한다"는 아리스토텔레스의 통찰력이다. 이 점에서 고도로 발전된 현대 논리학도 예외가 될 수 없다.

더구나 현대 논리학은 점점 수학화되어서 논리학적 사유보다는 주로 논리계산(logical calculation)에 치중한다; 따라서 논리학은 근세까지의 일반교육의 역할에서 벗어나 점점 전문화하고 있다. 그런 과정에서 컴퓨터의 논리나 디지털 논리(digital logic)는 현대 문명의 가장 중요한 요소의 하나로 인정되었다. 이런 맥락에서 오늘날 일반 논리학 교육은 점점 대중의 흥미를 상실하고 있다; 가령 대학에서 기초 교양과목으로 개설되는 논리학은 학생들의 관심을 끌지 못하고 있다; 강사나 교수들은 수업시간에 논리 계산이나 증명을 수학기호를 동원해 칠판 가득 칠하고 있으나 학생들은 심히

따분한 표정을 짓고 있다. 물론 일반 논리학의 몇 가지 재미있는 부분, 가령 오류나 궤변에 관한 이론 등은 아직 재미를 유발시키기도 한다. 이런 견지에서 이제는 논리학 자체의 내용도 중요하지만 그것의 성립과정을 연구하고 이해하는 일이 더 중요하게 느껴진다.

또한 이 책의 한 가지 논점은 위에서 잠시 언급한 한국 철학의 정립이라는 문제이다. 한국에서 철학을 공부하고 또 가르치면서 이제는 동·서양 철학이라는 지리적 구별보다는 형이상학, 자연철학, 논리학, 윤리학, 정치철학 등으로 문제(Problem)와 사실(Sache)에 따라 학문을 구분하고 싶다.

유가 철학, 불가 철학 그리고 도가 철학은 우리 민족의 정신의 도야에 많은 흔적을 남겼다. 그런데 그런 것들이 동양철학의 범주로만 여겨지고 철학의 기본범주인 형이상학, 자연철학 등으로는 인식이 되지 않음을 보고 문제를 느꼈다. 요즘 한참 유행인 혼합(퓨전)이 이제는 동서양의 철학에도 적용되어야 한다. 그런데 동양철학 하는 사람들은 동양철학의 고유한 정체성을 주장한다: 불교 철학은 불교 철학대로 서양철학에 대해서 자신의 차별성과 독자성, 고유성을 주장하고, 도가 철학은 도가 철학대로 서양철학에 대해서 자신의 차이성과 고유성을 주장하고 또 유가 철학은 유가 철학대로 서양철학에 대해서 자신의 차이성과 고유성을 주장한다. 또한 "동양 문명은 정신 문명이고 서양 문명은 물질 문명이다"라는 통속적인 이분법적 견해도 많이 퍼져 있다.

그런데 필자가 보기에는 위에서 열거한 세 가지 동양 사상을 제대로 자리매김하려면 실은 서양철학의 개념들과 범주들을 이용하지 않을 수 없다. 이런 철학연구의 현실을 과감히 인정하고 서양철학의 보편성과 객관성을 인정해야 한다. 더 나아가 필자는 동·서양 철학의 근원적 동일성을 주장한다. 비록 표현된 언어와 민족 문화적인 차이는 있지만 철학의 근원적인 범주는 동·서양을 초월해서 같다는 것이다.

필자는 이런 관점에서 중국의 철학의 시조인 공자의 논어를 실천철학으로 규정한다; 논어의 인(仁) 개념을 도덕과 사랑의 (변증법적인) 종합으로 규정한다.

그리고 필자는 노자 철학을 자연철학으로 규정한다. 노자의 무(無) 개념을 단순한 없음이 아니라 아낙시만드로스의 무한자 개념에 비교한다. 그래서 필자는 그리스의 자연철학자의 한 사람인 아낙시만드로스를 그리스의 노자라고 부른다. 노자서의 체계는 그러나 스피노자의 합리주의 철학과 비교될 때 가장 잘 이해된다.

자연철학은 자연의 변화와 운동을 긍정하고 그 원리를 추구한다. 노자는 그 원리를 도(道)라고 규정했다. 그런데 파르메니데스의 사유는 자연철학에 대한 비판에서 나온 것이다: 생성과 변화가 자체가 불가능하다는 것이다, 또 사물의 다양성을 부정한다. 이런 관점에서 또 본인은 불교 내지 대승불교의 이론을 엘레아 학파와 연결시킨다: 둘 다 현상계를 부정한다; 불교는 마야(Maya)를 가르치고 파르메니데스는 독사(doxa)를 가르친다. 대승불교의 대가인 용수의 사상이 파르메니데스를 계승하는 제논의 사상과 흡사하다: 둘 다 운동을 부정하고 있다. 단 차이는 엘레아 학파의 경우 감성적 세계는 부정하나 사유의 대상인 존재는 긍정한다: 여기에 비해 불교는 일체를 부정한다.

서양철학은 그 초기부터 인식론적 자각이 있었다: 즉 인식의 주관과 객관의 상관성을 주목했다. 거기에 비해 동양은 이런 인식론적 관심이 부족하다. 결국 동양은 인식론과 논리학의 결여가 발전의 장애를 가져왔다; 둘 다 학문의 방법과 연관되는 것이다. 그러나 학문의 대상과 내용은 같다. 따라서 필자의 동·서양 철학에 대한 관점은 '동일철학'이다. 동·서양의 사상에 근본적인 차이는 없다는 것이다; 단지 방법론적 미비로 해서 사상의 전개가 다소 어두운 것뿐이다. 이것도 오늘날 우리에게 그렇다는 말이다.

이 교재에서는 아리스토텔레스의 범주론까지를 다룬다. 그의 명제론이나 분석론은 오늘날의 논리 교과서에서 다시 찾을 수 있을 것이다. 그리고 플라톤의 대화편 『소피스트』와 『파르메니데스』를 필자는 아리스토텔레스의 것이라고 과감하게 주장한다. 그 논거는 이 책의 서술에서 상세히 열거했다. 잘못이 있다면 토론을 요청하는 바이다.

2002년 8월

교회 옥탑 방에서 안 재 오

목 차

네티즌의 철학(1):
지식정보사회의 정신적 인프라 구축

현대는 네트워크의 시대이다. 이는 또한 빠른 지식과 정보 경쟁의 시대이기도 하다. 어느 시대보다 지식과 정보의 가치가 다른 가치들에 비해서 존중되고 있다. 그간 우리의 부모님 세대가 그토록 사랑하고 신뢰했던 소(牛)와 땅, 부동산 그리고 자본의 위력보다 지식과 정보의 위력이 더욱 숭배되는 세상이 되었다.

우리나라도 이런 세계적인 추세에 발맞추어, 지식사회 기반 확충을 위한 인프라 구축에 열중하고 있다. 김대중 대통령도 이런 시대정신을 적극적으로 수용하여 정보-통신 사업 및 e-비즈니스(e-business)의 발전을 전 국가적으로 지원하겠다고 약속했다. 이런 시대조류 하에서 어떤 학문이나 학자도 인터넷(internet)의 효용성을 무시할 수 없고, 이를 떠나서 존재하기 어렵다. 이제 그간의 모든 문화적·학문적 산물들은 인터넷의 내용(contents)으로서 또는 그 데이터로서 존재하게 되었다. 앞으로 이런 추세는 점점 강화될 것이다.

인터넷 또는 정보기술(Information Technology) 사업은 그러나 그 자체가 어떤 새로운 문화적·상업적 가치나 지식을 창조하는 것은 아니다; 이는 지식, 정보 그리고 문화를 전달하고 이동시키는 하나의 효과적인 수단이다. 따라서 필자는 정보 고속도로로서의 인터넷과 네트워크를 문화의 도구로서, 그리고 문화의 (일반적인) 형식으로 간주한다. 그리고 이런 사실은 그간의 인터넷에 대한 막연한 기대감과 흥분 등이 사라지고 이제 차분히 컴퓨터 및 인터넷 사업의 본질을 직시하게 됨에 따라 명백히 드러난다: 이는 또한 IT 사업의 무게 중심이 하드웨어, 소프트웨어, 콘텐츠로 이동하는 현상에서 확인된다. 마찬가지로 e-비즈니스의 경우도 온라인(on-line) 사업의 비자립성이 드러나고 결국 종래의 오프라인(off-line) 사업들과 제휴함으로써만이 거품 없는 이익을 맛볼 수 있다는 것이다. 따라서 우리 시대는 또한 새로운 산업의 탄생의 희열과 더불어 그 한계 인식에 따르는 실망도 맛보았다. 그런데 위의 논의에서 도출될 수 있는 것은, 현재 한국 벤처(venture) 사업의 경우 온라인과 오프라인의 연결성이 불확실한 인터넷 업체들은 조만간 시장의 간섭을 감수해야 할 것이라는 점이다.[1]

앞에서 필자는 정보사업을 광의의 문화의 형식으로 간주했고,

---

1) 시장의 간섭이란 구체적으로 말해 인터넷 기업의 주가하락을 말한다.

그런 만큼 비자립적이며 따라서 내용을 밖에서 가져와야 한다고 생각했다. 그러면 이제는 이런 새로운 문화 식으로서의 정보사업과 인터넷사업을 좀더 상세히 관찰해보자.

잘 알려진 바 대량정보의 고속 통신망으로서의 인터넷은 종래의 문화 수단들, 예를 들면 도서 출판, 신문의 경우보다 사상과 내용의 전달에 있어서 엄청난 장점을 확보한다. 더욱이 인터넷 강좌, 사이버 대학 같은 경우 교육자와 피교육자간의 만남을 가상의 공간에서 구현함으로써 지식 전달의 새로운 장을 열었다. 거기다가 종래의 TV나 라디오 등과는 달리 쌍방향의 커뮤니케이션을 가능하게 함으로써 전자 매체의 수용력을 한층 더 높였다는 것이다. 그리고 지난번의 총선 시민운동의 경우처럼 인터넷은 기존의 대중 매체들이 건강한 생명력을 상실한 경우 그들을 비판하고 보완할 수 있는 권력의 '제 5 부'를2) 형성할 수도 있다는 것이다. 이외에도 수많은 인터넷의 장점이 있겠지만 여기서 다 말할 수는 없다.

이제는 의사소통과 지식의 거미줄이라 할 수 있는 인터넷과 그것의 도구로서의 컴퓨터의 학문적·철학적 기반에 대해 생각해보자. 필자는 전산학 또는 정보학의 전문가가 아니기 때문에 전산의 수학적·기술적·기계적인 부분에 대해 많이 말할 수 있는 처지가 아니다; 단지 문화사적·정신사적 차원에서 컴퓨터 기술문화의 의미를 조금 파악해볼 뿐이다. 따라서 필자가 숙고해 보고 싶은 화두는 컴퓨터기능의 혈액이라고 할 이진법과 그것으로 형성되는 디지털의 개념이다.

---

2) 민주주의 정치 공동체에서 입법, 행정, 사법의 3대 권력 소재 외에 신문을 제 4 부라고 할 경우 internet communication은 제 5 부라고 할 수 있다.

수학의 이진법은 알다시피 1과 0으로 구성되는 수의 체계이다. 이는 철학적으로 존재와 비존재 또는 유와 무의 쌍개념으로 이해된다. 왜냐하면 0과 대립되는 1은 존재의 전체성 내지 유일성을 의미하기 때문이다; 그리고 0은 문자 그대로 없음 곧 무(無)를 말하기 때문이다. 이진법의 세계는 다시 말해 전부 아니면 전무(全無)라는 존재론을 대변하며 이는 철학사적으로 그리스의 철인 파르메니데스의 (존재)논리론을 말한다.[3]

또한 근대에 와서 독일의 철학자 라이프니츠는 0과 1을 이용하여 존재 세계를 구성하는 보편존재론을 구상하였다. 필자는 이런 서구의 철학에서 우리 시대 컴퓨터 문화의 뿌리를 본다. 이런 측면에서 우리는 한국의 전통사상으로서 동양철학을 간략하게나마 그려보아야 한다.[4] 한때 김용옥 교수의 TV 강연을 통해 도가(道家) 철학 및 불교철학이 널리 전파되었다.[5] 그런데 필자가 그의 저서들을 좀 살펴본 바에 의하면 김 교수의 성공의 비결의 하나는 그가 동양철학을 하면서도 그 테두리 안에만 머무르지 아니하고 서양철학과의 대화를 부단히 하고 있다는 것이다; 동양철학을 하면서도 서양철학의 바탕 위에서 정확한 개념의 사용이 김 교수의 경우 많은 열매를 가져왔다고 생각된다. 따라서 필자의 동양철학에 대한 의견은 이렇다: 서양철학인 기본 개념과 그 도구들(논리학, 인식론)의 바탕 위에서 동양철학은 가능하다. 이는 말하자면 서양철학이

---

3) 이 책의 제11, 12강의에서 우리는 파르메니데스의 존재론 내지 존재-논리론을 다룬다.
4) 이는 이 책 제3, 4, 5강의의 동서 문화 비교에서 다루어진다.
5) 김용옥, 『노자와 21세기』 참조. 김용옥, 『금강경 강해』 참조.

컴퓨터의 경우 윈도우 즉 운영체계라면 동양철학은 그 위에서 뜨는 워드 또는 엑셀 같은 응용 프로그램이라는 것이다.6) 더 자세히 말하면 서양철학은 운영체계이며 또한 프로그램이다.

필자가 이렇게 동양철학보다 서양철학에 더 치중하는 이유는 이제 철학 또는 학문이 단순히 지적 호기심의 대상이 아니라 바로 현실적 생존의 문제와 결부되어 있기 때문이다. 또한 철학에서 도(道) 닦기 및 열반을 추구한다면 이는 서양적 학문의 개념에서는 벗어난다. 물론 서양에서도 신비주의가 철학의 주요한 하나의 근원이기는 하다; 그러나 그런 신비주의에서조차 개념의 엄밀성과 철저성을 추구하고 체계의 완전성을 기하려는 노력이 있다.7) 물론 그런 수양이나 종교적 깨달음을 무시하는 것은 결코 아니다. 단지 철학과 종교의 범주를 구별할 따름이다. 이런 것들을 혼동 또는 융합을 주장할 수도 있다. 그러나 그 경우 지식의 확대 발전은 없다. 우리는 분리할 것을 분리하고 결합할 것을 결합해야 한다. 이것이 또한 필자가 보는 서양의 정신이다. 여기서 서양 학문의 엄청난 발전이 가능했다. 이런 정신을 가장 잘 보여주는 철학이 바로 파르메

---

6) 이렇게 생각하지 아니하고 동양철학을 서양철학에 맞서는 다른 하나의 세계관이라고 할 때 문제는 이렇다: 첫째 그렇게 주장하는 것도 원칙상 가능하다. 그러나 문제는 우리가 어떤 철학을 연구할 때 그것이 단순히 연구 자체에 끝나는 것이 아니라 공부의 성과 곧 생산성을 올려야 한다. 동양철학을 그 자체의 용어나 개념으로만 해석할 경우 이런 생산성이 떨어진다.

7) 헤겔은 이를 '개념의 노력'이라고 한다.『정신현상학』서론 참조.
그리고 스피노자의 철학도 그 궁극적 목적은 불교적으로 말한다면 해탈(解脫)이다; 즉 올바른 인식을 통해 욕정의 세계를 벗어나 자유를 누리는 것이다. 그러나 그런 궁극적 목적을 가진 그의 형이상학의 체계가 보여주는 것은 기하학적인 엄격한 서술의 방법이다. 스피노자,『윤리학』참조.

니데스의 존재-사유 동일성의 철학이다. 독일의 문학가이며 철학자인 쉴러는 이를 '분열을 통한 발전'이라고 공식화했다.[8]

어쨌든 네티즌의 사유양식 역시 기본적으로는 있음과 없음을 날카롭게 분간하는 파르메니데스적 정신 위에 서 있다고 본다. 이는 또한 자신의 존재를 타자와의 차별화를 통해 현실에서 입증해 나가야 하는 시장경제의 냉엄한 논리와 일치한다. 따라서 필자가 보는 네티즌의 정신은 무차별적 깨달음을 통해 성취되는 무아(無我)의 경지가 아니라 자기반성의 진지성, 사유의 철저성을 통해 남들이 보지 못한 새로운 존재를 발견하고, 만들어가는 벤처의 정신이다. 만족하는 방법보다 합리적 불만족이 우리의 정신이다. 남과 나의 동일성만큼이나 차이성이 중요하다.

---

8) 쉴러, 『인간의 미적 교육에 관한 편지』, 안인희 역(서울, 1995), 38쪽 참조. 여기서 쉴러는 "인간에게 있어서 다양한 소질들을 발전시키기 위해서는 그것들을 상호 대립시키는 이외에는 방법이 없습니다. 힘들의 이러한 대립이야말로 문화<= 교육>의 위대한 도구이지만, 그러나 그것은 역시 도구일 뿐입니다"라고 기술하고 있다.

네티즌의 철학(2): 존재-논리학의 계보

우리는 제 1 강의에서 인터넷을 현대 문화의 보편적 형식으로 규정했다. 그리고 그것을 가능케 한 전산의 기본 요소를 이진법으로 인식하고, 이 이진법의 철학사적 정신사적 의미를 살펴보았다. 우리는 그것의 뿌리를 존재와 무를 분리하고, 존재와 사유를 동일시한 고대 그리스의 철학자 파르메니데스의 존재-논리론을 컴퓨터 철학의 길잡이로 삼았었다. 제 2 강의에서는 컴퓨터와도 관련되는 우리 시대의 또 다른 특징 디지털(digital) 개념에 대해 철학적 성찰을 시도해 보자. 여기서도 또한 파르메니데스적 사유의 현대성이 돋보인다. 그는 존재를 사유와 동일시하였다. 그리고 그가 말하는 사유는 다름 아닌 "있음은 있다"라는 동어반복의 형식을 취하고 있다.

이것은 후대에 논리학의 제일 원리라고 할 수 있는 동일률로 공식화되었다. 우리가 파르메니데스 강의에서 더 자세히 공부할 것이지만 이 철학이 우리의 관심, 즉 컴퓨터와 철학과 너무나 밀접한 관계가 있기 때문에 이렇게 강연의 서론부터 자꾸 언급하게 되었다.

알다시피 파르메니데스는 존재와 운동을 서로 다른 것으로 보고 후자를 부정하는 방향으로 자신의 사상을 전개했다. 그래서 그 제자 제논은 "나는 화살은 날지 않는다"라는 유명한 역설(paradox), 곧 제논의 역설을 주장했다: 제논에 따르면, 나는 화살은 수많은 정지한 화살의 집합으로 간주할 수 있고 따라서 그는 운동의 연속성을 부정한 것이었다.[1]

이것을 오늘날 상황에서 재해석할 경우 디지털적인 사고로 간주할 수 있다: 왜냐하면 디지털이란 흐름을 단절 또는 정지의 집합으로 보는 사고이기 때문이다. 디지털 그것은 연속보다는 불연속을 운동보다는 정지를 요청하는 세계관이다. 군이 이것을 더 상세히 규정하자면 '불연속의 연속'이라고 헤겔적으로 표현할 수 있을 것이다.[2] 제논의 역설은 물리학적으로 오류일 수 있다. 그런데 필자가 여기서 주목하고 싶은 것은 사유로 존재를 파악하려는 인간 정신의 노력이다. 만약 파르메니데스나 제논이 '모든 것이 변한다', '인생무상' 같은 삶의 지혜에 만족했더라면 서구 형이상학과 철학의 무서운 발전은 결코 일어나지 않았을 것이다. 이런 것이 바로

---

1) 요하네스 힐쉬베르거, 『서양철학사(상). 고대와 중세』, 강성위 역(서울: 이문출판사, 1983), 75쪽 참조.
2) 헤겔은 그의 『1800년 체계단편』에서 절대자의 개념을 "연결과 비연결의 연결"이라고 정형화했다. 놀(H. Nohl)이 편집한 『헤겔의 청년기의 신학적 저술』 참조.

필자가 바라보는 사유의 힘이고 정신의 역동력이다. 존재와 무를 확고히 갈라 치고 존재를 사유와 동일시하며, 역으로 논리적 사유와 불일치하는 현실 또는 현상을, 그것을 아무리 동시대의 모든 사람들이 믿어 의심하지 않는다고 할지라도, 잘못된 것으로 고발하는 정신은 지적 용기이며 정신적 모험이다.3) 이런 학문의 정신은 현실 세계의 무거운 중압을 떨쳐버리는 자유의 정신이다.

철학을 바라보는 필자의 눈은, 이처럼 철학에서 현실과의 조화 또는 순응보다는 (잘못된) 현실을 비판하고, 그것을 개혁하며 또 발전시킬 수 있는 도구로써 본다. 아니면 이런 비판, 개혁 그리고 발전을 야기할 수 있는 세계관 또는 철학체계가 있다면 나는 그것을 택하겠다.4) 이런 측면에서 서양철학이 특히 파르메니데스에서

---

3) 참고로, 제논은 모든 운동을 환각으로 보았다고 한다. 요하네스 힐쉬베르거, 『서양철학사(상). 고대와 중세』, 75쪽 참조.
   파르메니데스와 제논의 학설은 그것이 옳든, 그르든간에 당시 철학계에 본원적인 충격을 주었다. 이런 엘레아 학파의 사유의 철저성과 과격성 때문에 그후의 학자들(다원론자들)은 이를 극복하기 위해서 많은 노력을 기울여야 했고, 여기서 서양철학의 발전의 동기가 부여된다. 또한 필자의 주장에 따르면 플라톤의 철학에서 아리스토텔레스의 철학으로 넘어가는 결정적 계기는, 많은 사람들이 그렇게 믿듯이 이데아와 현실이라는 양자의 관점의 차이가 아니라, 파르메니데스의 존재-무의 이분법이 플라톤의 이데아의 교설에 적용될 때 발생하는 혼란 때문이다. 따라서 필자는 플라톤의 후기 대화편들 즉 『소피스트』와 『파르메니데스』를 플라톤의 저작설을 부인하고 그 대신 아리스토텔레스의 저작설을 주장한다. 물론 이는 앞으로 많은 논쟁을 불러 일으킬 것이다.
4) 마르크스의 사상이나 비판이론 등은 자본주의 사회를 직접 비판한다. 그러나 우리가 말하는 비판적 사유는 이를 포함하여 포괄적인 의미의 비판—이를 필자는 본질에 의한 현상의 비판이라고 형식화해 본다—을 말한다. 이에는 파르메니데스의 자연비판, 플라톤의 현상계비판 등이 있다. 이때 비

헤겔까지의[5] 존재-논리학이 우리에게 호소력이 있다. 따라서 필자가 생각하는 논리학은 형식논리학 그리고 현대의 기호논리학을 포함하여 존재 ≡ 사유를 표상하는 서구의 철학을 의미한다. 그래서 필자는 이 강의의 이름을 논리의 탄생이라고 명명했다.

전통적으로 논리학은 정식의 학문을 하기 위한 도구로써 이해되었다. 그래서 사람들은 아리스토텔레스의 논리학적인 문서들을 오르가논(Organon, 도구)이라고 불렀다.[6] 아리스토텔레스의 논리학은 그의 존재론 내지 형이상학과 밀접한 관계를 가지고 있다. 이 관계를 이 책의 제17 강의에서 다루겠다.

논리학의 학적 도구성은 현대에 와서 더욱 발전하여 전산의 기초가 되는 논리계산으로 자리잡았다.

그런데 논리학이 모든 학문의 일반적 도구가 된다는 것은 그것이 진리의 한 기준을 제공한다는 뜻이기도 하다. 이런 맥락에 있어서 논리학에도 비판적 기능이 있다. 그것은 내용적 기준이 아니라 모든 학적 서술이 지켜야 할 형식적 기준을 제공한다: 일반 논리학의 요소들인 개념, 판단, 추론; 특히 그 중에서도 삼단논법을 비롯한 추론의 규칙들은 지적 담화와 학적 추론의 시금석이라고 할 수 있다.

판이란 실천적 의미가 아니라 이론적 의미로 이해되어야 한다; 달리 말해 파르메니데스는 자연 곧 생성, 변화의 세계를 부정적으로 보았고, 플라톤은 현상계를 불완전하게 보았다. 이런 의미의 비판적 사유는 다른 한편 감성에 대한 이성의 비판을 의미한다.

5) 이 강의에서 하이데거의 실존주의 철학도 현존재의 논리학으로 규정하고 이를 존재-논리학에 수용했다.

6) D. J. 앨런, 『아리스토텔레스 철학의 이해』, 장영란 역, 152쪽 참조.

임마뉴엘 칸트는, 아리스토텔레스가 (일반)논리학을 완성했고 그 이후 전혀 발전이 없다고 말했다. 그러면서 그는 (일반)논리학을 그의 비판철학의 출발점으로 삼아 '선험적 논리학'(transzendentale Logik)을 정초했다: 이는 전통 논리학의 요소들인 개념, 판단 등을 의식(Bewutsein)과의 관계에서 파악하는 것이다. 칸트는 의식 (Bewutsein)을 인식의 차원에서 특별히 통각(Apperzeption)이라고 지칭하는데, 그는 전통 논리학의 개념과 판단을 모두 통각의 기능 으로 본다. 헤겔은 그의 부정성, 모순 개념에 근거하여 사변적 논 리학(spekulative Logik)을 구축하였다. 이는 파르메니데스 → 아 리스토텔레스 → 칸트에 이르는 형식 논리학적 사유의 비판적 대 안이라고 볼 수 있다. 변증법적 논리학은 전통논리학의 기초인 논 리학의 3원리, 동일률, 모순율, 배중률을 부정하기 때문에 논리학 의 발전사에서 가장 혁명적인 사상이라고 할 수 있습니다.

따라서 필자의 논리학 발전사의 도식은 다음과 같다.

파르메니데스 → 아리스토텔레스 → 현대의 기호논리학
        ↘
     (중세의 초월적 논리학)
        ↘
      칸트의 선험적 논리학

고대 자연철학
      ↘
      헤겔의 변증법적 논리학
     ↗
헬라클레이토스 철학

동양철학(1): 공자의 실천철학

　우리는 논리의 발전을 탐구함에 있어서 서양의 철학뿐만 아니라 동양의 그것도 관찰해 보아야 한다. 왜냐하면 우리가 사는 곳이 동양이고 한국의 정신세계와 문화세계는 서양철학이 수입되기 몇 천 년 전부터 이미 유교와 도교 그리고 불교의 정신적 영향을 받았고 그런 만큼 벌써 우리 자신의 일부가 되었기 때문이다. 따라서 우리가 아무리 서양적인 사유를 한다고 하여도 우리가 알게 모르게 벌써 전통적·동양적 정신의 지반에 서 있음을 부인할 수 없다. 하여간 우리 고유의 가치를 모르고 서양의 정신과 문화만을 절대시하면 안 된다.

　그것과 관계되는 또 다른 이유는 현금의 동양철학 연구자들이 동양철학을 연구함에 있어서도 서양철학적인 지식을 동원하여 자신들의 사유영역을 넓혀 가기에 필자는 서양철학도로서 동양철학의 사상세계를 나름대로 정리하고 싶었다. 공자의 유학의 기초단계를 공부하면서 필자는 평소의 지론, 즉 서양철학의 기본적인 개념과 논리의 체계 내에서 동양의 고전철학을 해석할 때 도리어 동양의 지혜와 사상으로부터 풍성한 결실이 거두어짐을 다시 깨달았다. 우리의 서구문물 유입기에 동도서기(東道西器)라는 말이 있었다; 이 말은 문자 그대로 동양의 도(道) 곧 정신을 서양의 그릇(器)에 담는다는 뜻이다.1) 다시 말해 동양철학의 내용을 서양철학의 형식에 담는다는 뜻으로 풀이할 수 있다. 이것이야말로 과거의 정신이나 문화를 훌륭하다고 칭찬하기만 하고 더 이상 발전적 승계가 없는 차원에서 벗어나, 동양의 정신과 지혜의 알맹이를 현대화하여 이를 과거의 훌륭한 문화유적이 아니라 살아 있는 오늘의 주제로 부흥하는 것이다.

더 나아가 우리는 동서 철학 비교를 통해서 동서양 고유의 논리를 추출해 보려 한다. 그런데 필자의 동양철학 연구는 원전을 직접 대하지 않고 주로 번역과 연구서에 의존한다. 그간에 동양사상 연구가 활발히 이루어져 이제는 한문을 잘 모르는 사람도 한글을 통해 동양의 고전에 접근이 한결 용이해졌다.

---

1) 물론 이 말에 그 당시의 민족적 주체성과 문화적 자긍심이 표현되어 있다는 것을 모르는 바가 아니다. 왜냐하면 중국적·동양적 사유의 세계에서 그릇(器)보다는 정신(道)이 훨씬 중요한 것이기 때문이다.

1. 중국철학의 탄생: 사학(私學)의 출현

중국철학사를 쓴 풍우란의 이야기에 따르면[2] 최초의 중국의 철학은 주나라 조정의 관리들이 정치적·사회적 혼란으로 인해 더이상 조정에서 활동하지 못하고 전국에 흩어져 백성들을 개인적으로 가르치기 시작했을 때 시작되었다고 한다. 이에 따르면 유가(儒家)는 원래 주나라의 교육 관리들이었으며, 도가(道家)는 사관(史官)들이었다고 한다.

요즘 세태에 비긴다면, 명예퇴진 당한 공무원들이 사설학원이나 벤처기업을 차린 형국이었다. 그런데 이런 사숙(私塾) 또는 사설학원에서 발생한 중국의 고전철학은 그것이 실직한 관학자들의 현실적응력을 보여주고 있는 만큼 학설들의 다양성과 차별화가 일어나고 백화쟁명(百花爭鳴)의 사상적 발전을 이루어냈다.

공자는 이런 급변하는 시대적 상황 하에서 자신의 철학을 구현한 인물로서 중국 최초의 사숙(私塾)의 스승이었다고 한다.[3] 공자는 당시의 6가지 인문 교양과목이라고 할 수 있는 육경(六經), 즉역(易), 시(詩), 서(書), 예(禮), 악(樂), 춘추(春秋)를 즐겨 연구했으며 인의(仁義) 도덕(道德)에 뜻을 두었다고 한다. 풍우란은 육경과 공자의 관계를 다음과 같이 서술하고 있다:

"육경은 공자 이전부터 전해 온 과거의 문화적 유산이었다. 이 육경은 주대 초기 봉건시대에 귀족을 가르치기 위한 기본교재였다. 그러나

---

2) 풍우란, 『중국철학사』, 정인재 역(서울: 형설출판사, 1982), 60~66쪽 참조.
3) 풍우란, 『중국철학사』, 68쪽.

기원전 7세기경부터 봉건제도의 붕괴와 더불어 귀족들의 사범들, 또는 일부 귀족(비록 관직이나 명망은 잃어버렸으나) 가운데 경전에 정통한 사람들은 평민들 사이로 흩어지기 시작하였다. 그들은 예(禮)에 밝았기 때문에 장사(葬事), 제사, 결혼 등, 기타 의식이 있을 때 경전을 가르치거나 또는 숙련된 보좌 역할을 함으로 생계를 유지하였다. 일반적으로 이런 사람들을 [유](儒)라고 불렀다."4)

따라서 공자의 가르침은 자신의 독창적인 학설을 널리 전하는 데 있지 않았고 그가 이상으로 생각한 고대 주(周) 왕조의 문화를 부흥하고 이를 위한 인재들의 양성에 있었다. 따라서 공자의 철학적·교육적 이념은 훌륭한 군주(君主) 또는 군자(君子)의 양성에 있었고, 이는 인격을 수양하여 백성을 편안하게 한다5)는 공자의 표현에서 선명하게 드러난다.

그러나 공자의 정치철학 내지 실천철학의 지향이 이처럼 정치 엘리트의 생산에만 있다고 보기는 무리가 있다. 왜냐하면 알다시피 당시처럼 예측 불허의6) 계급사회에서 어떤 개인의 인격과 실력이 출중하다고 하여도 그가 왕이 되든지 아니면 고위 벼슬아치가 되는 것은 우연적인 상황에 좌지우지되었기 때문이다. 이런 왕도 정치는 공자 자신마저 성취하지 못한 것이었다. 따라서 공자의 인간학 또는 윤리학이 치자(治者) 계층의 윤리뿐만 아니라 보편적인 인

---

4) 풍우란, 『중국철학사』, 69쪽.
5) 수기이 안백성(修己以 安百姓): 『논어』(論語) 헌문(憲問)편, 장기근 역, 『신완역 논어』(명문동양고전, 1991), 372쪽.
6) 춘추전국시대를 말한다. 이는 주 왕실의 권력 누수에 따라 제후국들 사이의 빈번한 전쟁과 극도의 약육강식의 시대였다. 따라서 이 시기는 전통적 사회 질서가 붕괴되는 불안정한 사회였다.

간의 덕성 교화를 추구하는 면이 있다. 이런 보편적·윤리적 가치의 표현이 바로 공자의 인(仁) 개념이다.[7] 근본적으로 말해, 공자는 인(仁) 개념을 근거로 하여 그 이전까지 사회 구성의 근본 요소들인 예(禮)와 악(樂)을 정의하려고 했다.[8]

실로 이 때문에 공자의 보수적 윤리관, 정치관이 몇 천 년을 거쳐 살아서 우리 시대까지 내려온 연유이다.

따라서 공자는 단순히 과거의 미풍양속을 찬미하고 고전 경전의 주석에만 머무른 것이 아니라 자신의 새로운 원리에 의거하여 과거의 도덕과 예절을 재해석했다. 이때 핵심적인 역할을 하는 것이 바로 인(仁) 개념이다.

2. 인(仁) 개념을 통한 예절과 도덕의 정초.

인(仁) 개념을 중심으로 공자의 윤리학, 정치철학을 간단히 살펴

---

7) 공자가 가난하고 불우한 가운데서 즐기는 삶을 칭송하고, 출세와 입신양명을 지향하면서도 인격 수양을 힘쓰며 때를 기다리는 것을 군자의 길로 이상화하였다. 안빈낙도(安貧樂道)의 사상이 또한 인(仁) 개념과 동행하는 것이 공자의 보편적 윤리학의 단초를 이룬다.
『논어』 학이(學而)편, 『신완역 논어』, 65쪽 참조. "자공이 말했다. 가난해도 아첨하지 않고, 부유해도 교만하지 않으면 어떻겠습니까? 공자께서 말씀하셨다. 괜찮다. 그러나 가난하면서도 낙도(樂道)하고 부유하면서도 예를 좋아하는 사람만 못하다."
8) 『논어』 팔일(八佾)편, 『신완역 논어』, 90쪽 참조. "공자께서 말씀하셨다: 사람이 어질지 못하면 예(禮)는 무엇할 것이며, 사람이 어질지 못하면 음악(樂)은 무엇할 것이냐?"

30

보자.[9]

위에서도 언급한 것처럼 유가(儒家)의 본래적인 임무는 예(禮)와 악(樂)을 통한 민중 교육이었다.[10] 예(禮)는 형식적 도덕을 통한 사회질서를 유지하는 것이다. 이에는 종묘 제사의 절차, 법도 또는 군주와 신하간에 그리고 군자와 서민 소인간에 지켜야 할 수 직윤리 등을 생각할 수 있다.

악(樂)은 시와 가무를 통해 사회적 통합과 인민들의 정서적 일치를 추구한다.

그러나 이런 전통적인 유가의 업무가 기존 체제의 몰락, 붕괴로 인해 더 이상 사회적으로 통용되지 못하고 인정받지 못하게 되었을 때 이들을 정당화하고 새롭게 근거지을 수 있는 작업이 필요했다. 이는 또한 실증적[11]·타율적·사회적 규범을 자율적으로 주체

---

9) 동양철학의 경우 실천철학의 미시적 담론인 윤리학(Ethik)과 거시적 담론인 정치학(Politik)이 구별되지 않고 있다. 봉건주의 시대에는 이것, 즉 개인윤리와 국가철학이 미분리의 상태에 있다. 따라서 우리는 공자 혹은 중국의 윤리-정치학을 그 시대 상황에 비추어 이해할 수는 있다. 그런 경우 문제는 그 철학의 시대적 피제약성(彼制約性)이다. 즉 이런 미분화의 실천 철학은 다른 시대에는 타당성을 잃을 수 있다. 참고로 봉건주의는, 그 역사적 사실성을 도외시할 때, 가정윤리의 국가 사회적 확장이라고 규정된다.

10) 육경(六經), 즉 역(易), 시(詩), 서(書), 예(禮), 악(樂), 춘추(春秋) 등의 과목에서 시(詩)와 악(樂)은 밀접한 관계를 이루고 있다.

11) 실증적(實證的)이란 실천철학적인 차원에서 볼 때, 전통적으로 사회적으로 주어진 가치 체계 내지 개념을 의미한다; 예를 들면 결혼제도의 경우, 지금 우리 사회에서도 결혼제도에 대한 의심, 회의, 비판 등이 속출하고 있다. 그러나 필자의 경험에 의하면 결혼제도는 성(性)의 민주적·사회주의적 분배이다. 일부일처제 또는 결혼제도를 부인할 경우 사람들이 기대하는 것처럼 Sex의 자유화가 오는 것이 아니라 실은 Sex의 심한 사회적 불균형을 초래하게 된다, 다시 말해 능력 있고, 돈 많은 남자는 수많은 여자를 향유

적으로 규정하려고 했다.[12] 따라서 공자의 실천철학적 노력은 바로 실증적 가치개념의 주체화에 있다. 다시 말하면 지금까지 전통적·관습적·제도적으로 주어지고 그렇게 인정된 문화적 가치 또는 행위의 규범 등을 '자기입법'(自己立法)[13]의 원리로서 파악하는

할 수 있고 그렇지 못한 남자는 여자 맛보기가 힘들어진다. 마찬가지로 예쁜 여자는 자기가 원하는 만큼 남녀관계를 가질 수 있다. 성(性)의 자유는 실은 똑똑하고 유능한 소수에게만 주어지는 성의 자유를 의미한다. 따라서 이 제도가 실은 얼마나 민중적이며 인본적인지 알 수 있다. 더 나아가 결혼은 남자보다는 여자를 보호하는 제도라는 것을 필자는 독일 유학시에 경험했다: 필자의 한 독일인 여자 친구가 있었는데 그녀는 자유 분방하고 독립적이며 능력이 뛰어난 여자였다. 거기다가 불우한 가정과 특히 그녀의 아버지에게서부터 받은 나쁜 경험 때문에 결코 아이를 낳지 않고 남-여 관계만 유지하겠다는 자신의 철학에서 그녀는 젊은 시절 피임 수술을 받았다. 그후 여러 남자와의 사랑을 심지어 그녀는 모로코인과도 장기간 뜨겁게 사랑했었다. 그후 지금은 나이 들어 고독한 신세이다. 사실 독일에서 결혼 비율은 대단히 낮다; 대부분의 젊은 남녀는 바로 동거에 들어간다. 이 문제에 대한 토론은 다음 기회로 미루고 오늘은 단지 실증성(Positivität) 개념에만 포인트를 맞추자.

실증적(positiv)이란 원래 좋은 뜻으로 쓰인다. 그러나 윤리적·가치적 개념이나 제도 관습 등의 경우, 원래 좋은 의도로 도입되었다가 좀 시간이 지나면 원래의 의미와 가치 등을 잃어버리고 쓸데없이 사람의 자유를 구속하는 것으로 오해되고 무시되기 쉽다.

그리고 실증성은 기존의 권위에 의지한다, 따라서 기존의 권위나 체제가 흔들리면 실증적 도덕 개념은 따라서 흔들린다.

따라서 이런 경우 가치 개념의 새로운 해석과 의미 발견이 항상 요구된다. 이런 작업이 공자가 말하는 온고지신(溫故之新)이며 술이부작(述而不作)의 정신이다. 공자는 이렇게 실증화된 선대의 가치 제도를 주체화하는 도덕가였다.

12) 필자의 박사학위논문 『이상에서 반성으로』(Vom Ideal zur Reflexion) 참조.
13) 이성의 자기 입법(Selbstgesetzgebung der Vernunft): 칸트의 도덕철학의 기본 원리로서 자율적 도덕은 보편적인 도덕 원칙을 스스로에게 부과한다. 칸

것이며, 또한 그런 것들이 이상하고 강제적인 규범으로 나에게 다가오는 것들이 아니라 바로 나의 의지에서 나의 이성에서 자연스럽게 도출되는 것으로 규정하는 것이다. 물론 공자가 칸트-피히테-헤겔 적인 도덕철학, 실천철학의 용어들과 개념들을 쓰지는 않았지만 우리는 논어의 문맥에서 그런 정신을 간파할 수 있다: 교과서적인 증거로써 우리는 온고이지신(溫故而之新)[14]과 술이부작(述而不作)[15]을 제시할 수 있다. 이 온고이지신(溫故而之新)을 우리는 공자가 고전 내지 경전을 잘 읽고 난 뒤 무엇인가 새로운 사상을 창조했다고 이해한다; 물론 그것도 틀린 것은 아니지만 필자의 견해에 따르면 이는 공자가 전통적 윤리나 행동규범을 타율이 아니라 예를 들면 인(仁)이라는 인간의 내면적·자발적인 원리에 따라 새롭게 의미 규정을 하는 것을 말한다; 따라서 공자는 외면적·형식적 규율이라고 할 수 있는 예(禮)나 사회적·정서적 통합의 원리인 악(樂)마저도 그 알맹이라고 할 수 있는 사랑 곧 인(仁)이 빠져버리면[16] 무용지물이고 도리어 이런 것들이 인간의 삶을 괴롭히고

트의 정언명령(kategorischer Imperativ)은 이런 이성의 자기 입법과 부합한다. 정언명령은 칸트에 의하면 "너 자신의 행위의 준칙이 보편적 입법의 원칙이 될 수 있도록 행동하라"이다. 이는 도덕의 원칙이 어떤 외부적인 권위나 강제에 기인하는 것이 아니라 자유의 원칙임을 천명하는 것. 단지 나의 이성이 이기심에 빠지지 않고 공평(公平) 정대(正大)한 원리에 맞게 행동의 규칙을 만들어나가야 함을 의미한다.

14) 『논어』 위정(爲政)편, 『신완역 논어』, 76쪽 참조.

15) 『논어』 술이(述而)편, 『신완역 논어』, 172쪽.

16) 『논어』 팔일(八佾)편, 『신완역 논어』, 90쪽 참조. "공자께서 말씀하셨다. 사람이 어질지 못하면 예(禮)는 무엇할 것이며, 사람이 어질지 못하면 음악(樂)은 무엇할 것이냐?"

억압하는 실증성으로 변해 버린다는 것을 지적하고 있다. 물론 인(仁)을 사랑과 완전히 동일시하기에는 문제가 있을 수 있을 것이다. 왜냐하면 공자는 인(仁)을 사랑과도 연결시키고 예절과도 연결시키기 때문이다: 극기복례위인(克己復禮爲仁),[17] 애인(愛人).[18] 즉 이웃을 사랑하는 것도 인이고 예절을 차리는 것도 인이다. 우리는 흔히 예절을 갖추는 것을 형식적 규범으로 생각하고 사랑은 이와 반대로 형식과 예절을 무시하는 직접적이고 원초적 감정으로 생각하기 쉽다. 그러면 어떻게 공자는 서로 모순되는 두 가지 규정성을 그의 인간학의 핵심개념에다 동시에 첨부했을까? 이런 두 가지 극단적으로 달라 보이는 인(仁)에 대한 공자의 규정성을 필자는 이렇게 풀이한다:[19] 사랑은 구별을 전제로 한다; 즉 예는 위에서 설명한 것처럼 사회 계층간의 또는 인간 상호간의 구별을 전제하는 것이다. 나와 남의 구분이야말로 모든 사회생활의 기초이다. 나의 권리와 자유가 소중한 만큼 타인의 권리와 자유도 소중하다. 모든 사회적 죄악과 범죄는 결국 타인의 권리를 나의 욕심 때문에 짓밟는 혼동 때문에 생긴다. 물론 공자의 경우 이런 사회적 구별이 봉건적 계층질서를 포함하기 때문에 우리가 생각하는 평등적 피아

---

17) 『논어』 안연(顔淵)편, 『신완역 논어』, 289쪽. "공자께서 대답하셨다. 자기를 누르고 예로 돌아감이 인이다. 하루라도 자기를 누르고 예로 돌아가면 천하가 인에로 돌아갈 것이다. 인을 이룩함은 나로부터 비롯함이니라. 남에게 의존되는 것일까 보냐?"

18) 『논어』 안연(顔淵)편, 『신완역 논어』, 309쪽. "번지가 인에 대하여 묻자, 공자께서 '사람을 사랑하는 것이다'라고 하셨다."

19) 필자의 인 개념 해석의 골격은 실은 헤르더의 논문, 「사랑과 자기」(Liebe und Selbstheit)의 논지에서 가져왔다. 필자의 박사학위논문 『이상에서 반성으로』(Vom Ideal zur Reflexion) 참조.

(彼我) 구별이 아니라 불평등적 피아 구별을 의미할 수 있다. 그러나 어쨌든 자타(自他)의 구분이 사회 구성의 원리임에는 틀림없다. 그런데 이렇게 구별만을 강조하면 단결이 깨어진다. 구별이 지나치면 결국 분리와 반목으로 이행한다. 따라서 계층간의 혹은 개인간의 구별만큼이나 아니 그보다 더 중요한 것이 사랑이다. 그렇기 때문에 예절과 사랑이 인 개념 안에서 하나로 어우러질 수 있는 것이다. 이는 사실 결혼 생활이나 기타 모든 인간적·사회적 결사에20) 해당하는 원리이다. 앞에서 우리는 예(禮)와 악(樂)에 대해 말했다. 따라서 악(樂)이 사회의 정서적 화합과 즐거움을 뜻한다면 이는 곧 조화와 통일의 원리이다. 이는 구성원 사이의 사랑과 기쁨, 연대감 등을 말한다.

따라서 필자의 해석에 따르면 공자는 인 개념에서 (사회적) 일치와 구별의 (변증법적) 종합을 보았다.

이런 인(仁)의 개념은 구체적으로 가정에서 부모와 자녀간의 관계에서 잘 드러난다. 예를 들면 아버지와 아들의 관계에서 사랑뿐만 아니라 예절도 있어야 한다. 따라서 우리는 자녀를 키울 때 그들을 사랑할 뿐 아니라 예절과 도덕을 가르쳐야 한다. 이렇게 사랑과 예절 도덕을 함께 종합할 수 있는 개념이 바로 인(仁)이다. 사랑만 강조하다 보면 아이들은 과잉 보호되어 버릇이 나빠지고 커서 범죄하기 쉽다. 그렇다고 예절과 도덕만을 강조하다 보면 대타인(對他人) 관계에서 실수는 하지 않을 것이나 정서적 만족을 얻지 못하고 불행해지기 쉽다. 이런 인(仁)을 통한 가정 윤리는 확대

---

20) 결사(結社)란 모든 형태의 인간들간의 관계형태를 말한다.

되어 통치자의 윤리로 될 수 있다. 즉 애인(愛人)과 수기이안백성(修己以 安百姓)이 결국 통치의 궁극적 이상이다. 따라서 공자는 인(仁) 개념을 통해 통치자 내지 공무원의 근본정신을 규명한 것이다. 인(仁)의 정치는 그러므로 힘을 통한 지배를 부르짖는 폭군의 전제정치나 독재 등과는 거리가 멀다. 그리고 인(仁)의 정치는 또한 강한 형벌로 사회 기강을 잡는 엄벌주의(嚴罰主義)와도 다르다.

그런데 하나 문제점은 공자가 인(仁) 개념을 가지고 부모-자녀 관계뿐만 아니라 군주-신하간의 윤리도 규정한다는 점이다. 요즘 군주 혹은 통치자를 부모에 견준다면 그것은 시대착오적인 일일 것이다. 이런 면에서 공자의 인 개념은 시대제약적인 면이 있다고 할 것이다. 그러나 한 사회의 지도자가 되려고 꿈꾸는 사람들에게 논어의 인(仁) 개념은 유용한 가르침이 될 수 있을 것이다.

위에서 필자는 인(仁) 개념을 사랑과 도덕의 통일로 파악했다. 공자의 윤리학의 다른 중요한 개념들인 의(義) 개념, 덕(德) 개념 그리고 충서(忠恕) 개념 등도 궁극적으로는 인(仁) 개념과의 관계에서 규정될 수 있을 것이다.[21] 『대학』(大學)과 『중용』(中庸) 등에서 더욱 발전된 유가의 사상들, 특히 충서(忠恕)의 사상들도 실은 논어의 인(仁) 개념에 근거한다. 여기서 이런 문제들을 다 다룰 수는 없다. 그러나 다만 공자의 실천적 주지주의(周知主義) 경향만은 언급하고 싶다: 이는 다름이 아니라 공자가 그의 도덕철학의 원리인 인(仁) 개념을 항상 지(知) 개념과 관계시킨다는 것을 말한다. 이는 또한 위에서 설명한 보편적 입법의 원리와도 연결된다.[22]

---

21) 풍우란, 『중국철학사』, 72쪽 이하 참조. 풍우란에 의하면 충서는 인의 실천 방법이다.

『논어』 공야장(公冶長)편에서 공자는 자장과의 대화에서 자문(子文)이란 인물을 평하면서, 그가 충성스럽기는 하지만 지혜롭지 못하기 때문에 인(仁)을 얻지 못했고 또 진문자(陳文子)는 결백하기는 하지만 역시 지혜가 없기 때문에 인(仁)을 얻지 못했다고 한다.23) 이는, 서양철학적으로 말하면, 도덕에 있어서 이성의 역할을 강조하는 것이다. 따라서 공자의 도덕관은 이성적 도덕 혹은 도덕적 이성의 구현이라고 하겠다. 충서(忠恕)의 사상도 이런 도덕적 이성의 원리에서 나온다. 이는 도덕의 인격성, 상호작용 등을 주장한다. "내가 원치 않는 바를 남에게 시키지 말라"24)고 한 공자의 가르침에서 보편적 이성적 도덕의 원리가 도출된다.

---

22) 공자가 논어의 여러 군데에서 지혜를 말하는데 이는 단순히 술수나 임기응변의 책략 혹은 막연히 역사적 · 학문적 지식을 말하는 것이 아니라 도덕적 숙고 혹은 도덕적 이성을 말한다. 칸트의 정언명령도 실은 나의 행위의 준칙(Maxime)을 만들기 위한 하나의 기준에 불과하다. 도덕을 이성의 자기 입법(立法)으로 보는 칸트의 자유와 자율은 실은 입법(立法)이라는 말이 암시하는 것처럼 엄청난 생각, 즉 나의 관심, 주변 상황의 이해 그리고 타자와의 충돌 가능성 등을 종합적으로 숙고하지 않으면 안 된다. 따라서 충성이나 결백 같은 어느 하나만의 덕목만을 강조하면 인을 완성할 수 없다. 공자의 황금률적 도덕관을 알기 위해 『논어』 옹야편(『신완역 논어』, 171쪽), 안연편(『신완역 논어』, 290쪽) 참조. 이는 칸트적인 보편성의 원칙과 부합한다.

23) 『논어』 공야장(公冶長)편, 『신완역 논어』, 141~142쪽 참조.

24) 『논어』 안연편, 『신완역 논어』, 290쪽.

동양철학(2): 도가(道家)철학의 계보

1. 『도덕경』(道德經)의 문헌학

제 3 강의에서 우리는 중국의 철학자, 동양의 스승 공자의 실천 철학을 『논어』(論語)에 나타난 인(仁) 개념을 중심으로 알아보았다. 필자가 여러 가지 논어의 주석이나 설명을 보았으나 모든 경우 인(仁) 개념의 일면성만 보고 있었다: 예를 들면 인(仁)을 예(禮)와의 관계에서만 고찰했다. 즉 인(仁)을 내면적인 도덕으로 그리고 예(禮)를 외면적·형식적 도덕으로 규정하는 경우이다.[1] 그러나

---

1) 고등학교 윤리 교과서 참조

필자는 공자의 인(仁)이 도덕과 사랑의 (변증법적) 종합 내지 통일로 보았다.[2] 따라서 인(仁) 개념은 도덕 이상의 것이다. 또 같은 맥락에서 필자는 인(仁)을 예(禮)와 악(樂)의 종합으로 보았다. 예(禮)와 악(樂)은 직업적 관리로써 유가(儒家)의 본질적인 업무였던 것이다.

이제는 유가 다음으로 중국과 한국의 정신 세계를 오랜 기간 동안 지배해 온 도가(道家)의 사상을 『노자』(老子) 또는 『도덕경』(道德經)이란 문서를 중심으로 연구하자. 공자나 맹자 또는 장자 등에 비해 노자라는 인물이나 작품의 역사성에 대하여 많은 의문이 있다. 그런 것 자체를 연구하는 것도 고증학적·문헌학적·철학적으로 의미 있는 작업이긴 하지만, 여기서는 그런 일을 도외시하고 필자가 보기에 중요한 근래의 연구 성과를 진실한 것으로 수납하고 그 위에서 그 철학적 알맹이만을 해석하는 데 우리의 연구를 제한하겠다.

또한 철학사적으로 노자의 철학이 공자의 그것보다 앞선다는 주장은 거부된다;[3] 유명한 중국철학 연구자들이 이를 밝혔고, 또한 필자도 거기 동조하며 앞으로의 논지의 전개에서 노자의 사상이 공자의 그것보다 후대의 것임을 밝히겠다.

---

2) 칸트의 윤리학을 따르면 사랑은 감정으로 규정되고 따라서 도덕의 원리가 될 수 없다. 도덕의 원리는 오직 이성 또는 이성적 의지(Wille) 뿐이며 이는 결국 당위(Sollen) 또는 의무(Pflicht)로 나타난다. 칸트에 의하면 사랑이란 감정(Gefühl) 또는 경향성(Neigung)이다. 이런 것들은 정신의 영역이 아니라 자연의 영역에 속한다.

3) 풍우란, 『중국철학사』. 풍우란은 노자의 사상이 공자의 그것보다 후에 온다고 주장한다.

그리고 노자서는 장자서보다도 뒤에 온다는 것을 제5강의에서 다시 언급하겠다.[4]

풍우란과 노사광의 학설을 따르면 도가(道家)의 기원을 노자이전의 양주(楊朱)의 철학 곧 "천하를 위해 정강이 털 한 올 뽑지 않는다"는 극도의 개인주의 내지 생명주의 철학이라고 한다.[5] 더 나아가서 이런 양주(楊朱)의 개체중심주의 윤리학이 더욱 발전할 때 그것의 존재론적인 우주론적인 정당화가 필요하게 되고 그런 작업이 결국 『도덕경』의 철학으로 전개된 것이다.[6]

또한 이런 양주(楊朱)의 개별 생명 중심적인 윤리학적 요인 이외에도 노자의 사유에 큰 영향을 끼치는 요인은 그들의 원래 직업적인 관심 곧 사관(史官)의 관심이 노자 철학에 중요한 역학을 하였을 것이다: 도가들은 사관(史官) 출신으로써 그들은 인간사의 성패, 존망, 화복 등, 고금의 도를 빠짐없이 널리 기록한 다음 그 요

---

4) 노자서와 장자서를 비교할 때, 노자서가 장자서보다 뒤에 오는 이유는 (1) 후자의 내용이 주로 일화나 우화 혹은 사건, 역사 등의 구체적이고 그 구성이 단편적인 데 비하여 전자는 철저히 개념적이고 논리적이며 추상적이며 그 구성이 체계적이다. (2) 후자가 말하는 도란 주로 인간적·윤리적 그리고 자연적인 데 비하여 전자는 우주론적이고 형이상학적이다. (3) 전목(錢穆)의 지적처럼 "노자서의 허다하게 많은 중요한 논점은 거의가 장자 가운데서 가려 뽑아낸 것"이기 때문이다(김경탁 역, 『노자』(서울: 광문출판사, 1965), 40쪽). (4) 그리고 장자에서 노자로의 사상적 발전을 볼 수 있는 대표적인 것은 '무위'(無爲) 혹은 '위무위'(爲無爲)의 개념이다: 장자는 '무위'(無爲)를 말하나 노자는 '위무위'(爲無爲)를 말한다; 다시 말해 노자서가 장자서보다 한 단계 높은 발전을 보여준다. '위무위'(爲無爲) 개념은 노자서의 독창적인 면이다.

5) 풍우란, 『중국철학사』, 96~97쪽 참조.

6) 중국 호남성 마왕퇴(馬王堆)의 분묘에서 나온 백서(帛書)에는 德道經의 체제로 되어 있다고 한다. 김용옥, 『노자와 21세기』(상), 88쪽.

40

점을 파악하여 근본을 알았다고 한다.[7]

따라서 노자를 비롯한 도가들은 유한한 인간의 윤리적·정치적 실천보다는 인간의 노력이나 의지를 넘어서 있는 우주적 결정성을 더 중요시했다. 물론 이것이 쉽게 운명주의나 숙명론으로 빠질 위험이 있기는 하다.[8]

그러므로 노자철학의 형성계보를 알아본다면 양주의 개체생명주의 - 장자의 (무위)자연주의 - 노자의 도의 형이상학의 순서로 발전했다고 결론된다. 그리고 시기적으로 볼 때 양주(楊朱)는 맹자(B.C. 372~289)와 비슷한 시대의 인물이다. 장자는 양주보다는 후에 오고 노자는 장자 뒤 순자(B.C. 264~221)보다는 좀 앞선다고 정리할 수 있겠다.[9]

이런 필자의 주장과는 반대로 TV 강의로 유명한 김용옥은 장자서가 노자서보다 후대에 형성된 것이라고 주장한다, 하지만 이는 오류이다. 우선 김용옥의 말을 직접 들어보자:

"최근까지도 『노자』와 『장자』의 관계에 대한 제설이 난무하였다. 심지어 『노자』가 『장자』 이후에 성립한 책이라고 주장한 대석학들이 많았으나, 최근 죽간(竹簡)의 발굴은 이러한 논의를 완전히 불식시켰다. 『장자』는 분명 『노자』의 사상이 발전되어, 장자라는 어떤 실존인물을 낳았고, 그 실존인물의 학풍을 중심으로 여러 전승이 다시 시작되었고

---

7) 풍우란, 『중국철학사』, 61쪽.
8) 이는 "천지는 무정하다"(天地不仁)라는 노자의 사상으로 표현되었다. 장기근 역, 『노자』(삼성판 세계사상전집 3권 『노자·장자』), 39쪽.
9) 이런 관점에서 볼 때 양주와 장자의 사상사적 발전관계를 추론할 수 있다. 이 작업은 다음의 기회로 미룬다.

그것이 후대에 편집된 것이 오늘 우리가 보는 『장자』라는 희대의 지혜의 서라고 보면 별 탈이 없을 것이다."10)

그런데 가장 오래된 노자서 죽간(竹簡)본은 갑, 을, 병이라는 3가지 서로 다른 문서로 이루어져 있고 이들을 합하면 현재의 노자서의 내용을 어느 정도 충당한다. 이는 다시 말하면 현재의 노자서는 세 종류의 다른 문서의 사상을 후대에 더 보충하여 다시 덕(德)과 도(道)라는 두 문서로 편집했고 이를 합하여 '도덕경'(道德經)이라고 편집한 것이다. 따라서 죽간의 출현은 노자서라는 문서가 단일본이 아니라 여러 가지 다른 문서를 후인들이 편집하고 거기다 내용을 보충, 확대, 재구성한 복잡한 책이라는 뜻이다. 그리고 장자의 내편(內篇)은 단일한 저자의 작품으로 보아 무리가 없다.11) 따라서 죽간의 발견은 김용옥의 주장과는 달리 노자문서보다 장자문서가 선행한다는 점을 확인시켜 주는 증거이다. 그외에도, 뒤에 다시 세부적으로 증명하겠지만, 노자서는 구구절절이 장자서의 혜택을 입고 생성된 것이다.

그리고 장자문서가 노자문서보다 사상적으로 선행한다는 직접적인 증거들로서는 다음과 같은 사실이 있다:

---

10) 김용옥, 『노자와 21세기』(하), 86~87쪽.
11) "장자의 저서는 내편, 외편, 잡편으로 구성되어 있는데, 이 가운데 내편이 외편이나 잡편보다 앞서 기술된 것이라 한다. … 이렇게 볼 때, 장자를 이해하려면 우선 내편을 근거로 삼아야 되며, 외편이나 잡편은 장자의 언행을 후인들이 기록한 것으로써, 장자의 사상을 이해하는 데 참고로 삼을 수가 있으며, 또 내편의 뜻을 이해하는 데 필요한 보조적 자료가 된다고 볼 수 있다." 김항배, 『장자철학정해』(서울: 불광출판부, 1992), 머리말.

(1) 장자서가 단순히 무위(無爲)를 말하는 데 비해 노자서는 무위이무불위(無爲而無不爲) 혹은 위무위(爲無爲)라는 한 차원 더 복잡하고 높은 개념을 말한다.[12]

(2) 장자서가 구체적인 사건이나 일화를 통해 철학적 사상 혹은 교훈을 표현한다면 노자서는 추상적 · 개념적 · 논리적 사유를 바로 진술하고 있다.

(3) 양자가 모두 자연개념을 중심으로 하면서도 장자서의 주제가 주로 사회, 윤리, 자유, 해방 등의 실천 문제인 데 비해 노자서의 사상은 우주론, 형이상학을 포함하며 이들은 궁극적인 존재에 대한 인식이다.

(4) 장자서보다 노자서는 훨씬 체계적인 구성을 보인다. 예를 들어 노자서 25장에서는 인간과 땅, 하늘 그리고 도의 관계와 질서가 일목요연하게 규정되어 있다: 인법지(人法地), 지법천(地法天), 천법도(天法道), 도법자연(道法自然).

그리고 『노자』의 체계는 백서본 이후 금본에 이르기까지 도(道) 개념과 덕(德) 개념의 상관관계 위에서 구축되어 있다. 즉 노자서는 도경과 덕경이라는 두 부분으로 구성되어 있고 또 여러 구절에서 도와 덕의 관계가 규정되고 있다.

---

12) 장자서에는 무위라는 구절이 여러 번 나온다 그 중 대표적인 곳은 『장자』 내편 제7편 응제왕(應帝王)이다. "무위명시(無爲名尸), 무위모부(無爲謀府) 무위사임(無爲事任) 무위지주(無爲知主): 이름을 위주로 하는 일을 하지 않고 지모나 책략을 사용하지 않으며, 일을 억지로 전횡하거나 강행하지 않으며, 공교로운 지식으로 작위하지도 않는다." 김항배, 『장자철학정해』, 279쪽.

필자는 도(道)를 존재론 또는 형이상학으로 이해하고 덕(德)을 실천철학 혹은 도덕철학으로 이해한다. 이것은 『노자』의 체계가 그의 시대보다 한참 지난 어떤 서구의 철학체계와 구조적으로 유사하다는 것을 말한다.13) 잠정적으로 나는 노자의 체계를 존재-윤리학(Onto-Ethik)이라고 규정한다.

2. 『도덕경』의 원시판본 발견

김용옥의 『노자와 21세기』에 의하면 다음과 같다.

"1973년 11월부터 1974년 초에 이르기까지 중국의 호남성 마왕퇴(馬王堆)란 곳에서 한묘(韓墓)를 발굴했는데 그 3호분묘에서 대량의 백서(帛書)가 나왔다. 백서(帛書)라는 것은 비단에 먹과 붓으로 쓴 책을 말한다. 이 백서 중에 바로 오늘날의『노자』책과 그 내용이 거의 비슷한『노자』(老子) 백서(帛書)가 2종이 나왔는데, 소저(小篆)체로 쓰인 한 종을 보통 갑본(甲本)이라 하고 예서(隸書)체로 쓰인 한 종을 을본(乙本)이라 한다. 갑·을본이 모두 오늘날의 '도덕경'(道德經)이 아닌 '덕도경'(德道經)의 체제로 되어 있으나 그 내용은 오늘날 우리가 볼 수 있는『도덕경』(道德經)과 큰 차이가 없다. 한 80% 이상이 대강 일치하는 것이다".14)

---

13) 이런 형식의 서양의 철학적 체계는 많다. 스토아 학파는 철학의 체계를 자연학, 윤리학, 논리학으로 3분하였다. 물론 노자의 경우 학의 객관성을 보장해 주는 인식론 및 논리학이 결여되어 있기는 하다. 그러나 궁극적 존재의 본성으로부터 인간적 삶의 실천을 연역하는 것은 동서양을 막론하고 같다. 그러나 노자의 체계와 더욱 유사한 철학의 체계는 스피노자의 체계이다.

그런데 그런 노자문서 고증학의 중요한 문서인 백서(帛書)가 발견된 지 20년 후인 1993년 10월 호북성 곽점촌(郭店村)이란 곳에서 전국시대의 분묘 하나를 발굴했는데, 그곳에서 804개나 되는 죽간(竹簡: 문자가 새겨진 대나무 쪽)에 새겨진 1만 3천여 글자의 문헌이 발견된 것이다. 이 죽간 중에『노자』(老子) 3편이 포함되어 있었다고 한다. 이 분묘는 B.C. 300년 이전에 만들어진 것이라고 한다. 이 곽점죽간본(郭店竹簡本)은 갑·을·병의 3조로 나누어져 있다. 그런데 갑·을·병의 내용이 거의 중복되지 않으며 그것을 다 합치면 오늘날의『도덕경』의 문헌의 5분의 2 정도의 분량을 형성한다.[15]

따라서 도덕경은 시대순으로 볼 때 죽간본(竹簡本), 백서본(帛書本) 그리고 왕필이 편집하여 오늘날까지 이르는 금본(今本)의 세 종류가 있다고 할 수 있다. 그 중에서도 가장 근원적인 판본은 당연히 전국시대에 형성된 죽간본(竹簡本)이다. 따라서 노자서의 사상을 연구할 때는 당연히 죽간본(竹簡本)을 중심으로 하고 나머지 판본들을 첨부해야 한다.

3. 노자의 체계와 스피노자의 체계의 비교

근래 중국철학 서적 중에서도 특히 노자의 연구서들이 많이 쏟아져 나왔다. 필자는 그런 대부분의 책들을 읽어보아도 어딘지 미

---

14) 김용옥,『노자와 21세기』(상), 88쪽.
15) 김용옥,『노자와 21세기』(상), 90쪽 이하 참고.

흡한 면이 있었다: 한마디로 말해 해석의 단편성과 산만성 때문이었다.

또한 문제는 많은 경우 노자철학을 통해 동양정신의 특수성을 강조하는 나머지 그 철학이 지니는 현실적 의미를 잃어버리고 있다는 점이었다. 김용옥의 경우 노자를 서양철학과 지나치게 대립시킴으로써 노자철학의 알찬 열매들을 도리어 고사(枯死)시켜 버리는 위험이 있다는 것이다.[16] 필자의 견해는 도리어 그 반대로, 노

---

16) 대표적인 것이 노자의 자연 개념에 대한 김용옥의 고집이다. 그는 노자가 한번도 자연 개념을 명사로 쓴 적이 없다고 해서 노자의 자연 개념을 서양철학의 자연 개념과 비교하기를 거부한다. 그러나 필자의 관점에서는 명사와 형용사의 구별이 철학에서 그렇게 중요한 것이 아니다. 왜냐하면 철학의 발전상 항상 일상언어로 쓰인 형용사나 동사 등이 주제화될 때 명사로 바뀌었다. 또한 서양언어의 문법구조상 형용사나 동사 등이 쉽게 명사로 바뀔 수 있고 그 반대도 가능하다. 형용사에 정관사 하나만 붙이면 명사로 변하는 것이 서구언어의 특징이다. 다른 이야기이지만 이런 품사전용의 용이성이 사상 발전을 촉진시킨다. 따라서 한국어도 영어를 공용어로 인정하는 수모를 당하지 않고 정보화, 국제화하는 시대적 요구에 부응하여 그 생명력을 연장, 발전하기 위해서는 과감한 문법구조의 변화가 요구된다. 한국말 — 한글이 아니라 — 개혁에 관한 필자의 구상을 다음 기회에 밝히겠다.
   노자의 자연 개념으로 돌아가자. 서구의 자연(nature, Natur, Physis) 개념 역시 어원상 탄생, 자라남, 생성 등을 뜻하므로 노자의 자연 개념과 통할 수 있다. 필자의 견해에 따르면 nature, Natur, Physis 등을 노자철학에 의지하여 자연이라고 번역한 것은 잘한 일이다 — 아마 그것은 일본 사람일 것이다. 더욱이 주지하다시피 그리스의 자연(Physis) 개념이 인위적인 기술(Technik)이나 예술(Kunst)의 대립 개념임을 인식한다면 노자의 자연과 서양철학의 자연이 얼마나 가까운 것인지 알 수 있다. 단 근세 이후에는 자연을 정신과 대립시키는 이원론적 풍조 때문에 자연의 표상이 외부적 자연 곧 푸른 숲이나 산과 동일시되기도 한다. 그러나 이 역시 노자적 의미의 자연과 그렇게 동떨어진 것이 아니다. 김용옥, 『노자와 21세기』(상), 225쪽 이하, 『노자와 21세기』(하), 226, 272쪽 이하 참조.

자의 사상을 그와 비슷한 서구의 철학 사상과 비교함으로써 — 만약 그런 적합한 것이 있다면 — 노자철학의 보편적인 가치를 더욱잘 이해할 수 있다는 것이다. 그런 것이 바로 스피노자의 철학이다.

노자는 B.C. 3세기 이전의 인물이고 스피노자는 17세기의 네덜란드의 철학자이다. 따라서 두 인물 혹은 두 사상의 성립연대는 2천 년 이상 차이가 난다. 그러나 필자의 생각에 의하면 이 둘은 충분히 서로 비교할 가치가 있다. 바로 이런 것이 노자철학의 시대와장소를 초월한 보편성이다. 필자가 강조하고 싶은 것은 동양정신의지역적 특수성이 아니라 도리어 이성적 보편성이다. 거듭 말하지만철학이나 사상의 가치는 그 보편성에 있다. 노자의 사유를 맛보기전에 우리는 스피노자의 존재-윤리학의 체계를 간단히 살펴보자.

스피노자의 대표적인 저술 『윤리학』(Ethik)은 구성상 크게 두부분으로 나누어질 수 있다. 즉 실체 즉 신(神)을 다루는 1부와 인간의 영혼, 신체, 정열 그리고 자유 등을 다루는 2, 3, 4, 5부이다. 이런 면에서 도(道) 개념과 덕(德) 개념의 2부로 구성된 『노자도덕경』과 서로 상응한다.

실체를 다루는 스피노자 『윤리학』의 1부는 실체 = 자연 = 신이라는 등식으로 간략히 정리된다. 이들은 스피노자에 따르면 무한자이다. 무한자의 의미는 '스스로 존재함'이다, 즉 존재의 근거를 타자에서 찾지 않는 것이 스피노자의 무한자이다. 거기 비해 유한자는타자의 근거 위에서만 존재한다. 우리가 보통 말하는 존재나 만물등은 실은 유한자의 집합이다. 유한자는 또한 양태(modus)라고 불린다. 스피노자는 실체 또는 무한자를 자기원인(causa sui)이라고 규정했다. 또한 그는 무한자를 '능산적 자연'(natura naturans) 그리고 유한자를 '소산적 자연'(natura naturata)이라고 기술한다. 즉 무한한 자연으로써 실체(substans)는 유한한 자연으로써의 양태(modus)를 생산하는 원인이다.[17) 스피노자는 실체는 생각하거나 의욕하는 기능은 없다.[18) 이런 배경 지식의 기반 위에서 노자의 사상을 조명해 보자.

4. 『도덕경』의 무(無) 개념 사용의 특징

노자의 『도덕경』에서 무(無) 개념은 두 가지로 사용된다: 첫 번째는 유(有)의 대립개념으로서의 무 개념이다. 두 번째는 단순한 무가 아니라 "한도가 없다"는 뜻으로 쓰인 무 개념이다. 이런 무 개념은 무한자를 나타낸다. 첫 번째는 노자서 1장에서 보는 것처럼 "무와 유는 한 근원에서 나오고 오직 이름만이 다르다"라고 하는 경우에서 나타나는 경우이다. 이는 뒤에서 더 상세히 다루겠지만 노자서가 장자서의 영향을 아직 많이 받고 있는 상태를 말한다.

---

17) 실체와 양태 사이에 속성(attribute)이 있는데 이는 스피노자 고유의 것이고 노자에게는 찾아보기 어려운 것이다. 이는 실은 데카르트 이후 근대 서구철학의 산물인데 스피노자의 체계에 있어서는 사유와 연장이 실체의 두 속성이다. 데카르트는 사유실체(res cogitans)와 연장실체(res extensa)의 두 실체를 상정했다. 스피노자는 이 두 가지를 한 실체의 두 속성으로 전환시킨 것이다.

18) Baruch de Spinoza, *Die Ethik nach geometrischer Methode*, trans. Otto Baensch(Hamburg, 1989), p.22 참조. 스피노자는 여기서 최고의 이성과 자유로운 의지를 신의 본성이라고 보는 통상적인 견해를 반박하고 있다.

장자서의 기본 사상 중의 하나는 유(有)와 무(無), 대(大)와 소(小), 고(高)와 저(低), 선(善)과 악(惡) 그리고 시비(是非) 생사(生死) 등의 상식적으로 보아서는 반대의 개념들이 서로 동일하다는 '반대의 통일' 사상이다.

道可道 非常道 名可名 非常名(도가도 비상도 명가명 비상명)
無名 天地始初 有名 萬物之母(무명 천지시초 유명 만물지모)

故常無 欲以觀其妙(고상무 욕이관기묘)
常有 欲以觀其 徼(상유 욕이관기교)
此兩者同(차양자동) 出而異名(출이이명) 同謂之玄(동위지현)
玄之又玄(현지우현) 衆妙又門(중묘지문)

무와 유는 한 근원에서 나오는 것이고 오직 이름만이 다르다. 이들 둘은 다같이 유현하다. 이들은 유현하고 또 유현하며 모든 도리나 일체의 변화의 근본이 되는 것이다.[19)]

그런데 노자서의 제38장부터 마지막 장인 제81장까지는 하편이라고 하며 또 이를 덕경(德經)이라고 한다; 여기에 비해 제1장

---

19) 장기근 역, 『노자』(삼성판 세계사상전집 3권 『노자·장자』), 27쪽. 노자서 1장: 말로 표상해 낼 수 있는 도는 항구불변한 본연의 도가 아니고, 이름지어 부를 수 있는 이름은 참다운 실재의 이름이 아니다. 무는 천지의 시초이고 유는 만물의 근본이다. 그러므로 항상 무에서 오묘한 도의 본체를 관조해야 하고, 또한 유에서 광대무변한 도의 운용을 살펴야 한다. 무와 유는 한 근원에서 나오는 것이고 오직 이름만이 다르다. 이들 둘은 다같이 유현하다. 이들은 유현하고 또 유현하며 모든 도리나 일체의 변화의 근본이 되는 것이다.

부터 제 37 장까지는 상편 혹은 도경(道經)이라고 부른다. 노자서 덕경에 속하는 제 40 장에는

天下萬物生於有 有生於無(천하만물생어유 유생어무)
천하 만물은 유에서 나오고 유는 무에서 나온다.[20]

라고 하여 1장에서처럼 유와 무가 같은 뿌리에서 나오고 서로 같으며 단지 그 이름만이 다르다 하는 말이 없다. 그 반대로 '유가 무에서 나온다' 혹은 '유가 무에서 생성된다'라고 하여 무가 유의 근거임을 밝히고 있다.[21] 이런 무, 즉 삼라만상과 유한자의 생성근

---

20) 장기근 역, 『노자』, 119쪽.
21) 최진석, 『노자의 목소리로 듣는 도덕경』, 322쪽 이하 참조.
최진석은 노자서 40장을 "만물은 유에서 살고 유는 무에서 산다"라고 번역하면서 생(生) 자를 '발생시키다' 혹은 '낳다'로 해석하면 바로 모순이 도출된다고 주장한다. 그러나 필자의 견해에 의하면 이는 노자서 40장을 그 1장과 합치시키려는 노력이다. 그러나 문제는 "유가 무에서 산다"라는 최진석의 해석이 무엇을 말하는가 하는 점이다. 그는 다시 "이 세계의 만물은 유라는 범주의 테두리 안에서 산다"라고 하고 또 "그 유는 무라는 범주에다 자신의 존재 근거를 두면서 생명력을 유지하고 있다는 것이 유생어무(有生於無)의 의미이다"라고 풀이한다. 그런데 여기서 되물어보고 싶은 것은 유가 무라는 범주에다 자신의 존재근거를 두면서 생명력을 유지한다는 해석과 "유는 무에서 나온다"는 해석의 차이점이 무엇인가 하는 점이다. "나온다" 하는 말을 조금 어렵게 풀이하면 "어디에 존재근거를 두고 생명력을 유지한다"와 동일한 뜻이다. 가령 "부모에서 자식이 나온다" 혹은 "부모가 자녀를 낳았다"라는 일상의 표현을 한번 고려해 보자. 자녀는 부모라는 존재에 자신의 근거를 두면서 생명력을 유지하고 있지 않은가? 그런 것이 또한 부모-자식이라는 말의 의미이고 어렵게 말하면 부모-자식의 범주(Category)인 것이다.
이 문제, 즉 노자서 1장과 40장의 유와 무에 관한 문제에 대한 필자의 관

거로서의 무는 실은 서양철학 개념의 무한자에 해당한다.

점은 이렇다: 노자서(老子書) 2장이 가장 오래된 구절이다. 왜냐하면 2장은 죽간본에 나와 있기 때문이다. 그리고 2장은 장자적인 요소가 짙다. 2장에서 1장의 사상이 나오고 다시 1장에서 40장의 사상이 발전해 나왔다는 것이다: 즉 『도덕경』 2장 → 『도덕경』 1장 → 『도덕경』 40장 순으로 사상이 발전했다고 보아야 한다.

노자서 2장에 보면 유무(有無), 난이(難易), 장단(長短), 고하(高下) 등의 반대개념들이 열거되어 있다. 이런 반대의 범주들이 객관적인 사물을 가리키는 것이 아니라 주관적인 구분에 불과하다고 하는 것이 노자서 그리고 장자서의 교훈이다. 이런 반대와 대립적 구분 이전의 근원적인 존재를 노자서는 무(無)와 허(虛)로 파악하고 있다. 이런 사상은 노자서 32장에서 "도는 본시 이름지을 수 없으며 원생목의 소박 그대로이다"(道常無名, 樸)라고 표현된다. 다시 말해 인간의 유한적인 인식과 가치판단을 초월해서 있는 근원적인 무한자가 바로 도(道)인 것이다. 그런데 문제는 이런 1장과 40장의 저자가 동일인가 아니면 다른 사람인가 하는 점이다. 필자는 죽간본에 근거하여 노자서의 저자가 다수라고 생각한다. 2장이 포함된 도경은 장자적인 영향력이 강하게 남아 있고 40장과 42장 등은 장자와 도경에서 나오기는 하나 무한자, 일자의 형이상학이 강하게 표출되어 있다. 즉 대립개념의 상대성을 넘어 그런 대립을 가능케 하는 근원적 존재를 규명하고 또 그런 무한자, 일자에서 어떻게 유한자의 세계, 삼라만상의 세계가 뻗어 나오는지를 밝히는 것이 노자서의 후편인 덕경의 과제이다.

동양철학(3): 『도덕경』 해석의 실마리

1. 전통적인 『도덕경』 1 장 해석 비판: 노자의 도는 불립문자(不立文字)가 아니다

우리는 앞에서 노자서(老子書)를 도경(道經)과 덕경(德經)으로 서로 구분하고 도경의 사상, 특히 그 중 2장이 장자서의 제물론에 근거하고 있음을 암시했었다. 이제 그 배경을 상세히 추적해서 장자서와 노자서의 관련을 밝혀보도록 하자. 우선 노자서의 제1장 해석을 해보자.

道可道 非常道 名可名 非常名(도가도 비상도 명가명 비상명)

(1) 말로 표상해 낼 수 있는 도는 항구불변한 본연의 도가 아니고, 이름지어 부를 수 있는 이름은 참다운 실재의 이름이 아니다. : 장기근 번역

(2) 도를 도라고 말하면 그것은 늘 그러한 도가 아니다. 이름을 이름지우면 그것은 늘 그러한 이름이 아니다. : 김용옥 번역

(3) 도가 말해질 수 있으면 진정한 도가 아니고 이름이 개념화될 수 있으면 진정한 이름이 아니다. : 최진석 번역[1]

(4) 도는 도로서 가능하다; 그러나 고정된 도가 아니다. 이름은 이름으로서 가능하다; 그러나 고정된 이름이 아니다. : 안재오 번역

(1) 장기근의 번역은 전통적 번역의 한 예문이고 (2)는 김용옥의 자칭 새로운 번역이다.[2] 그리고 (3)은 최근의 노자 문헌학의 결실을 보여주는 최진석의 번역이다. (4)는 필자의 번역이다.

그런데 곰곰 생각해 보면 필자의 그것을 제외한 전통적 번역이나 김용옥, 최진석의 새로운 번역이나 본질적으로 별 차이가 없는 것을 알 수 있다. 이 셋 다 도(道)의 언어적 표현의 가능성을 부인하고 있다; 즉 언어화 혹은 문자화되는 도(道)란 영원하고 진정한 도(道)가 아니라는 것이다. 다시 말하면 전통적인 해석에 의하면 노자의 도란 선불교의 불립문자(不立文字)식으로 해석하는 것이다. 노자철학과 불교 모두에 공통적으로 무(無) 자가 중요한 역할을 하지만, 본인의 해석을 따르면 도교와 불교 혹은 노자철학과 불교는

1) 최진석, 『노자의 목소리로 듣는 도덕경』(서울: 소나무, 2001), 21쪽.
2) 김용옥, 『노자와 21 세기』(상), 101쪽.

근본적으로 다른 사상의 체계이다. 지금까지 많은 해석가들이 양자의 유사성 내지 동질성을 추구했고 특히 불교가 중국에 수입되는 초기에 노자철학의 개념들을 이용해 불교경전을 번역하는 수가 많았으나 이는 혼동의 소지가 많은 것이었다. 후에 밝히겠지만 노자의 무 개념은 단순한 없음이 아니라 실은 무한자를 말하기 때문이다. 노자철학에서 불교와 같은 인생무상(人生無常)의 관념이 나올 수가 없다. 불교는 본체(本體)나 자성(自性) 등의 실체를 부정하고 있으나 노자문헌이 말하는 도란 노자문헌 25장에 나타나 있는 것처럼 독립불개(獨立不改)하는 존재, 즉 홀로 서 있고 불변적인 존재, 자립존재, 곧 서양철학적으로 말하면 실체 개념인 것이다.3)

서양철학의 실체(substance) 개념은 그 기본적인 의미가 다른 것에 의존하거나 다른 것으로부터 파생적으로 나오는 것이 아니라 스스로의 원인으로 존재하는 자립존재를 말하는 것이다. 위에서 말한 불교는 이런 실체 개념을 부정한다. 불교는 일체의 실체, 그것이 신(神) 같은 객관적-외부적 실체이건 자아(自我) 같은 주관적-내부적 실체이건 모두를 부정한다. 그러나 노자문헌은 도(道)라는 객관적 실체를 긍정한다. 위에서 말한 것처럼 노자의 도 개념은 스피노자의 신 또는 실체 개념과 가장 유사하다고 할 수 있다.4)

영어나 독일어의 번역도 마찬가지로 "언어화 혹은 문자화되는 도(道)란 영원하고 진정한 도가 아니다"라고 번역하고 있다.5) 따라

---

3) 『노자』 25장은 "獨立不改 周行而不殆(독립불개 주행이불태): 홀로 우뚝 서 있으며 언제까지나 변하지 않고, 두루 어디에나 번져 나가며 절대로 멈추는 일이 없다"라는 구절을 가진다.
4) 이 책 45쪽 이하 참조

서 우리는 동서고금을 막론하고 학자들은 노자 1장의 첫 구절을 "도란 본질적으로 말로 표현하거나(assert), 서술하거나(predicate), 정의내리거나(define), 기술하거나(describe) 설명할 수(explain) 없는 것으로" 이해했음을 알 수 있다.6)

그러나 본인은 이런 해석을 감히 거부한다: 이유는 간단하다. 왜냐하면 이 경우 노자의 철학적 의도와 그 결과가 모순되기 때문이다. 노자는 도(道)의 본질을 파헤치는 어려움을 알았으나 그렇다고 그가 그것을 포기한 것이 아니라 그는 『도덕경』 전체에 걸쳐 초지일관 도의 성격과 내용을 상세하게 풀어나가고 있기 때문이다. 따라서 만약에 전통적 해석이 옳다면 노자는 그의 철학을 1장 1절에

---

5) 독일어 번역의 한 예를 보면 Bodo Kirchner의 경우 『노자』 1장의 머리를 이렇게 번역한다.

Der Weg, der beschrieben werden kann
ist nicht der ewige Weg
Der Name, der genannt werden kann
ist nicht der ewige Name

영어 번역의 경우는 이렇다:

The Tao that can be told is not the eternal Tao.
The name that can be named is not the eternal name.
The nameless is the beginning of heaven and Earth.
The named is the mother of the ten thousand things.
Ever desireless, one can see the mystery.
Ever desiring, one sees the manifestations.
These two spring from the same source but differ in name; this appears as darkness.
Darkness within darkness.
The gate to all mystery.(Laotse Tao te king Translated by Gia Fu Feng)

6) 이런 의미에서 현대 언어분석철학의 시조인 Wittgenstein은 "말할 수 없는 것에 대해 우리는 침묵해야 한다"라고 명쾌하게 지적하고 있다.

서 끝내야 한다. 더 이상 도에 대해 이러저러하게 말한다는 것은 군더더기에 불과하다. 도를 도라고 말할 수 있기 때문에『도덕경』은 5천 자, 81장까지의 서술이 가능했던 것이다.[7]

사실 노자는 어떤 동서양의 철학자보다도 일관적인 논리와, 집요한 주제의식을 가지고 도 개념의 해명에 치중하고 있다: 노자문헌이 보여주는 것은 도에 대해 침묵하는 것이 아니라 도를 말로 표현하고, 서술하고, 정의내리고, 기술하고 설명한다.

따라서 동서고금의 학자들의 노자문서 1장 1절의 해석은 노자문헌이 보여주는 실제의 내용과 정반대이다. 왜냐하면 노자문헌은 구구절절이 도에 대해 언급하고 있기 때문이다. 말할 수 있는 도는 참다운 도가 아니라면 노자는 왜 그렇게 끝없이 도를 말하고 규정하고 구분할까? 예를 들자면『도덕경』4장의 경우 "도는 텅 비어 있으나 그 작용은 끝이 없고 … 그것은 하느님보다 먼저 있었다"라고 기술한다. 또 25장에는 "… 天法道 道法自然"이라고 하여 하늘과 도와 자연의 관계를 논파하고 있다. 또한 노자는 도(道) 개념과 수양, 인격의 관계를 설파하고 또 도를 통하여 올바른 정치를 논하고 있다. 서양철학적으로 말하자면 도(道)야말로 이론철학과 실천철학, 형이상학과 윤리학의 기초인 것이다. 다시 말해『도덕

---

7) 현재의 노자서는 도경과 덕경의 두 권의 책으로 이루어져 있으나 가장 오래된 판본인 죽간본은 갑조, 을조, 병조의 3가지 다른 판본의 병립으로 이루어져 있다. 그리고 이 세 가지 노자문서는 장자서의 사상을 좀더 논리적·개념적·추상적으로 발전시킨 것들이다. 죽간본 다음으로 오래된 백서의 노자서는 오늘날의 판본과 유사하게 덕과 도의 두 체계로 이루어져 있다. 그러므로 노자서의 발전은 장자서에 대한 여러 해석을(3가지) 후인이 도와 덕이라는 두 가지 부분으로 편집하고(덕과 도의 구성을 지닌 백서) 또 이를 재구성한 오늘날의 판본으로 편집한 것이다.

경』은 도에 대한 완전하고 체계적인 인식, 지식을 제공하고 있다.

이런 도에 대한 체계적인 지식을 추구하는 『도덕경』을 두고 무수한 사람들이 그 1장 1절을 풀이하면서 "도에 대해 말할 수 없다"라고 해석한다. 이런 어마어마한 혼동을 유발시킨 원인은, 왕필을 비롯한 고대 노자서 주석가들이 노자서의 사상을 불교의 그것과 혼동한 탓으로 보인다.8)

이런 혼동과 오해의 출처는 또한 『도덕경』 1장 1절에 있는 '상도'(常道)라는 구절 때문이다. 다시 말해 "道可道 非常道 名可名 非常名"에서 '상'(常) 자 해석이 다의성을 가질 수 있다. 이 상(常)을 사람들은 대부분 긍정적으로 해석한다; 즉 '불변하는', '참다운' 혹은 김용옥 식의 '늘 그러함' 등이 이것이다. 그리고 이런 상(常) 자 해석은 또 노자문헌의 다른 부분과 일치한다, 가령 16장이나

---

8) 앞에서도 언급한 것처럼 『도덕경』의 편집연대가 장자문헌보다 뒤에 오며 『도덕경』의 내용은 장자의 사상을 이해하지 못하고는 제대로 알 수 없다는 것이다. 이런 관점에서 필자는 노자 해석에 있어서의 발전사적 견해를 취한다. 김경탁에 의하면 전묵(錢穆)이 이런 관점을 취한다고 한다: "전묵씨는 노자서가 논어 뒤에 나왔을 뿐 아니라, 마땅히 장자(莊子) 뒤에 나온 것이라고 말한다. 노자서 가운데 허다하게 많은 중요한 점은 거의가 장자 가운데서 가려 뽑아낸 것이다. … 노자서는 대개 장자(莊子) 뒤에 순자(荀子) 보다는 좀 앞서는 이름 없는 사람이 지은 것이라고 한다." 김경탁 역, 『노자』(서울: 광문출판사, 1965), 40쪽. 이런 전묵의 학설은 이 책 56쪽의 각주 7)과 일치한다, 즉 장자문서에 대한 여러 가지 주석과 해석 혹은 편집, 가공한 여러 가지 문서들이 종합되어 현재의 노자서와 같은 모습으로 발전한 것이다.
덧붙여 말한다면 이름 모르는 사람이 쓴 노자문서를 후인들이 노자의 저작으로 오해하는 이유는 장자서에 노담(老聃)이란 이름이 여러 번 나오는데 사람들은 이를 노자와 동일시하기 때문이다. 김항배, 『장자철학정해』(서울: 불광출판부, 1992), 105쪽 참조.

28장의 경우, 특히 28장에는 '상덕'(常德: 불변적인 덕)이란 개념이 있어서 '상도'(常道)를 그렇게 해석할 수도 있을 것이다. 그러나 『도덕경』 49장에는 "성인은 고정된 마음을 갖지 않는다"(聖人 無常心)라는 구절이 있다: 이 구절을 다시 풀이하면 성인은 고집이나 집착이 없다는 것이다. 여기서 상(常) 자는 분명 부정적인 의미로 사용되었다.

2. 『장자』의 제물론(齊物論): 노자서 1장 해석의 열쇠

『장자』는 사상이 직접적으로 기술되지 않고 우의적으로 상징적으로 표현되고 있다. 그런 장자서에서도 철학적 사상이 가장 논리적으로 전개된 곳이 제 2 편 제물론(齊物論)이다.9) 거기서도 노자서 1장 1절 해석에 광명을 주는 대목은 "도(道)라는 것은 본시 구역이 나누어진 것이 아니며 말(言)이란 것도 항상된 실체(實體)가 없는 것인데, 제가 옳다고 하는 주장을 하기 때문에 경계가 있게 되는 것이다"(夫道未始有封, 言未始有常, 爲是而有畛也)라는 구절이다. 여기서 보면 노자서 1장 1절의 도(道)와 명(名)의 구절이 도(道)와 언(言)의 관계로 표현되어 있음을 알 수 있다. 도에 경계가

---

9) "장자의 저서는 내편, 외편, 잡편으로 구성되어 있는데, 이 가운데 내편이 외편이나 잡편보다 앞서 기술된 것이라 한다. … 이렇게 볼 때, 장자를 이해하려면 우선 내편을 근거로 삼아야 되며, 외편이나 잡편은 장자의 언행을 후인들이 기록한 것으로써, 장자의 사상을 이해하는 데 참고로 삼을 수가 있으며, 또 내편의 뜻을 이해하는 데 필요한 보조적 자료가 된다고 볼 수 있다." 김항배, 『장자철학정해』, 머리말.

없고 언어 역시 그러하다는 것이다.

장자서 제물편의 기본 주제는 반대 개념들, 예를 들면 미추(美醜), 시비, 선악, 대와 소, 유와 무, 성공과 실패, 이것과 저것, 생과 사, 물(物)과 아(我) 등의 상대성을 강조한다는 점이다. 이런 구분과 대립은 사물 자체에 있는 것이 아니라 인간의 생각에 불과하다. 다시 말하면 이들 대립 개념들은 객관적이 아니라 주관적이라는 것이다. 옳고 그름, 아름다움과 추함, 성공과 실패 등은 사람이 생각하기 나름이라는 말이다.

이는 어떤 면에서 가치 상대주의를 함축한다. 여기서 우리는 그리스의 소피스트들이 제기한 자연(Physis)과 도덕법(Nomos)의 이분법을 연상한다.[10] 자연적인 것과 인위적인 것의 구분은 마찬가지로 장자서의 기본 사상이다.

도가철학에서 성인(聖人)은 생사, 시비, 선악의 판단을 하지 않는다. 즉 살아 있는 것이 죽는 것보다 낫다든지 혹은 누구는 옳다, 혹은 누구는 좋다 등의 판단을 하지 않는다. 자연에서는 그런 가치

10) 고대 그리스의 소피스트들의 등장은 전통적으로 수용되어 온 가치체계에 대한 혼란과 비판에서 기인한다. 그들은 국가의 법률이나 사회적인 관습 그리고 개인적인 도덕과 규범들이 객관적이거나 절대적인 근거를 가지는 것이 아니라 모두 사람들의 편리와 유용성 때문에 생긴다고 주장했었다. 따라서 정의, 시비, 선악 등에 전통적 믿음은 의문시되었고 참과 거짓, 정의와 불의 등의 구분은 단지 주관적이거나 — 예를 들면 '옳은 것이란 내가 하는 것이다' 혹은 '정의란 강자의 이익이다' — 인위적으로 간주되었다. 이런 맥락에서 유명한 소피스트 프로타고라스는 "사람이 만물의 척도이다"라는 상대주의를 제창했다. 이런 상대적인 인간의 가치체계에(Nomos) 비해 동물적인 본능이나 욕구 혹은 이기심 등은 인위적이 아닌 문자 그대로 자연적인 것(Physis)이라고 간주되었다. 힐쉬베르거, 『서양철학사』(상), 96쪽 이하, W. K. C. Guthrie, *The Greek Philosopher*, p.66 이하 참조.

판단이 없다는 것이다. 또한 철학사적으로 장자는 유가와 묵가 그리고 명가의 학설을 비판한다. 그들 모두가 시비를 가리기 때문에 존재한다는 것이다.

이런 철학파들 뿐만 아니라 인간의 본성에는 그렇게 구분하고 고정시키기를 좋아하는 본성이 있다. 그러나 참다운 도는 그렇게 분리, 고정되는 것이 아니다. 그것은 인간오성의 한계 밖에 있다. 다시 말하면 도란 본시 무한자(das Unendliche), 무한정자(das Unbestimmte)인 것이다.

장자철학의 주요 쟁점은 그런 시비 선악의 구분이 사물의 본성에 기인하는 것이 아니라 실은 인간의 주관적인 구분에 의지한다는 것이다. 이 것이 장자가 비판하는 구획을 가르고 선을 긋는 행위로서의 봉(封)과 진(畛)이다. 근원적인 실재로서의 도에는 그런 구획이나 가로지르기가 없다는 것이다. 이래서 "도(道)라는 것은 본시 구역이 나누어진 것이 아니며"라고 장자는 주장하는 것이다. 또한 언어 역시 본래적으로는 그런 자르기나 고착화의 기능이 아니었다.

이런 생각이 바로『도덕경』1장 1절의 "道可道 非常道 名可名 非常名"의 의미인 것이다. 따라서 상(常) 자는 실은 부정적인 뜻, 즉 나누어지고, 구별되고 고착된 그런 의미이다.

3.『도덕경』1장 1절의 변증법적 해석

필자에 의한 '비상도'(非常道)의 상(常) 자 해석은 '영구불변' 혹은 '늘 그러함'이 아니라 '고정된', '한정된'으로 이해된다. 이는 '불변적인' 혹은 '변화 없는'이란 종전의 해석과도 상관성을 가진다. 변화와 불변이란 쌍개념들도 그 의미가 항상 고정된 것은 아니다. 불변이 죽어 있는 것과 연결되면 그것은 무생물적 불변이고 고정을 말한다. 그러나 노자서의 도(道) 개념은 그 40장에서 분명하게 서술된다: "되돌아오는 것이 도의 움직임이다"(反者道之動).

그리고 명(名)에 대해 생각해 보자. 최근의 연구자들은 이 명(名)에 대해 거의 해명을 못하고 있다. 김용옥이나 최진석의 경우 그들은 모두 도와 명의 상관관계를 규정하지 못하고 있다. 그리고 더 근본적인 문제는 전통적으로 해석할 때는 '명가명'(名可名)의 해석에 치명적인 결함을 야기한다. 김용옥은 이것을 "이름을 이름지우면"이라고 번역하고 최진석은 "이름이 개념화될 수 있으면"이라고 번역한다. '이름을 이름짓다'라는 문장은 동어반복이다: 왜냐하면 이름 자체에 벌써 '짓다'라는 인위적인 뜻이 내포되어 있다. 또한 최진석의 경우도 문제의 해결이 아니라 떠밀기에 불과하다: 왜냐하면 이름 자체에 이미 개념화의 뜻이 있기 때문이다. 한 사람, 소크라테스는 항상 변하고 있지만 그 이름은 고정되어 있다. 이런 모순은 영어 번역에서 극명하게 드러난다: "The name that can be named is not the eternal name."

따라서 이런 전통적 해석의 모순을 제거하기 위해 우리는 어떻게든 이와는 달리 해석하지 않으면 안 된다: 이름을 이름짓는 것이 아니라 사물이나 사람을 이름짓는 것이다. 따라서 '명가명'(名可名)의 '명' 자는 이름의 이름이 아니라 도의 이름을 말하는 것이다. 도 자체는 사람들이 그것을 어떻게 작명을 하든지간에 존재하는 것이다. 단지 삶들이 생각하는 이름, 즉 상명(常名)이란 고정된 실체를 지시하기 때문에 도의 지시로서는 불충분한 것이다.

노자의 철학의 출발점은 일상언어로서의 도(道)란 말이다, 즉 명(名)으로서의 도(道)를 학의 출발점으로 삼는다. 노자는 항상 도에 대한 일상적 이해를 염두에 두고서 자신의 주장을 전개한다. 따라서 "名可名 非常名"이란 구절도 사물의 이름에서 출발하여 그 본성을 천착하려는 철학적 태도에 다름 아니다. 더 나아가 "사람들이 통상 그렇게 생각하듯이"(usually, gewöhnlich)의 뜻으로서의 상(常)의 개념은 형식논리학적 사유를 말한다. 김용옥의 번역에서 늘 그러한(常)을 실은 형식논리적 사유를 암시한다. 이런 형식논리적 개념규정을 벗어나서 역설적이고 변증법적인 개념 규정이 있다. 따라서 필자의 해석을 따르면 노자는 도(道) 개념을 우선 유(有)와 무(無)의 두 가지 추상적 계기들로 분석하고 나중에 다시 이들의 추상성, 일면성을 부정한다: 즉 전체의 부분적·추상적 계기들의 독자성, 고립성을 지양(止揚)하고 그들의 상호규정, 상호작용을 지시하여 전체성을 회복하는 방식으로 자신의 체계를 구축한다.

노자가 그의 책 『도덕경』에서 왕왕 발하는 감탄사들: 기묘하다, 황홀하다, 심오하다, 어둡다 등은 자신의 사고 체계가 가지는 모순적·변증법적 요소 때문이다. 그리고 자신의 도를 종종 언표 불가능하게 간주하는 까닭도 다 여기에 있다; 변증법적인 표현은 형식논리적·일상적 사유에서 볼 때는 모순이고, 역설이며, 무의미하기 때문이다. 변증법에 대한 학적 인식도 없이 이를 사용하는 경우의 그 극도의 어려움과 혼란을 노자가 느꼈던 것이다. 참고로 인간의 모든 의사소통은 형식논리적 사유 위에 기초한다. 변증법적 사유의 가능성과 한계에 대해서는 다음 기회에서 다루겠다.

此兩者同(차양자동)
出而異名(출이이명)
同謂之玄(동위지현)
무와 유는 한 근원에서 나오는 것이고 오직 이름만이 다르다.
이들 둘은 다같이 유현하다.[11]

위의 예문에서 우리는 노자가 전체적인 진리를 표현하기 위해서
얼마나 변증법적인 사유를 완벽하게 구사하는지를 알 수 있다. 헤
겔적인 변증법의 엄밀한 개념장치와 분석의 도구도 없이 자신의
사유를 무의식중에 변증법으로 구성하는 어려움을 우리는 충분히
추체험할 수 있다. 따라서 이렇게 (형식논리적으로) 이해 불가능한
도(道)의 본체를 설명하기 위해 노자는 그것을 억지로 도(道)라 부
르고 대(大)라고 불렀다(名).[12] 도(道)와 대(大)는 이처럼 일상언어
적·형식논리적 사유를 초월하는 것이다.

노자는 자신이 발견한 道가 하도 특이하고도 진실한 것이어서
스스로가 이를 "유현하고 유현하다"라고 감탄하고 있다. 따라서
"道可道 非常道"라는 구절은 노자철학의 주제 규정으로서 그 뜻은
노자 역시 전통을 따라서 도(道)를 철학적 탐구의 대상으로 생각하
나 그가 생각하는 도(道)는 전통적인 의미의 도가 아니다, 노자가

---

11) 장기근 역, 『노자』(삼성판 세계사상전집 3권 『노자·장자』) 1장, 27쪽.
12) 『노자』 25장 참조. 吾不知其名 强字之曰道 强爲之名曰大(오부지기명
    강자지왈도 강위지명왈대): 나는 그 이름을 알지 못하였다. 억지로 자호를
    지어 도라 부르고 억지로 이름을 지어 대(大)라 할 뿐이다.

생각하는 올바른 도의 개념은 바로 이 문장 다음에 기술된다; 즉 도(道)의 개념은 삼라만상으로서의 유(有)와 그것의 뿌리로서의 무(無)의 (변증법적) 상호관계 안에서 비로소 해명된다. 이것이 아래의 구절이다.

무명 天地始初 有名 萬物之母(무명 천지시초 유명 만물지모)
무는 천지의 시초이고 유는 만물의 근본이다.[13]

여기서 유(有)와 무(無) 대신에 각각 유명(有名), 무명(無名)이라는 표현이 나온다. 이는 단순히 유(有)라는 이름(名) 그리고 무(無)라는 이름(名)의 의미이며 이는 다시 말하면 유(有)라는 개념 그리고 무(無)라는 개념과 동일하다. 여기서 노자가 자꾸 이름(名)을 강조하는 것은 형식적 논리와 변증법적 논리의 관계를 염두에 두기 때문이다. 따라서 상(常)과 명(名)의 거듭된 강조는 노자가 파악하는 도(道)의 진리가 A = A, A ≠ B 라는 형식논리학적 사유를 벗어나 있다는 것을 암시한다. 따라서 우리는 노자서 1장의 사유의 기본적 방향성을 헤겔적 변증법이라고 정리할 수 있다. 여기서 무명(無名)이란 우리가 도를 인식하기 전의 상태를 말한다고 볼 수 있고 유명(有名)이란 도를 인식하는 것 다시 말해 도의 다양한 작용과 능력을 체험하고 표현하는 것을 말한다고 할 수 있다. 다시 말해 무(無)란 도의 본체적인 면을 말하고 유(有)란 도의 무궁무진한 작용의 측면을 지시한다. 따라서 무(無)와 유(有)란 서로 다른 두 실체를 말하는 것이 아니라 동일한 존재의 두 측면을 말하는

---

13) 장기근 역, 『노자』, 1장, 27쪽.

것이다. 천지시초(天地始初)란 도가 만물로 분화되기 전의 상태, 즉 하나로 표상된 도의 모습을 말한다, 그리고 만물지모(萬物之母)란 만물로 분화될 수 있는 도의 무한성을 표상한다. 결론적으로 무명(無名)은 하나로서의 도를 말하고 유명(有名)은 여럿으로서의 도를 말한다. 따라서 노자서는 다음과 같이 서술한다.

故常無 欲以觀其妙(고상무 욕이관기묘)
常有 欲以觀其 徼(상유 욕이관기교)
그러므로 항상 무에서 오묘한 도의 본체를 관조해야 하고, 또한 유에서 광대무변한 도의 운용을 살펴야 한다.

위의 구절에서 우리는 노자의 주된 관심이 결국 도의 본체이며 이 것이 무와 유의 변증법적 종합에서 제대로 인식됨을 발견한다. 거기 비해서 삼라만상과 자연의 움직임에서 유한자의 생동하는 모습을 바라본다. 이렇게 살아 움직이는 만물의 다양성, 충만성 등도 실은 무한자인 도(道)의 운용이다. 이런 유(有)의 세계의 화려함과 생동성에 비해 무의 세계, 도의 세계는 텅 빈 허공처럼 느껴질 것이다. 따라서 노자는 4장에서 무한자로서의 도의 존재를 이렇게 표현한다:

道沖 而用之惑不盈(도충 이용지혹불영)
도의 본체는 공허하다. 그러나 그 작용은 항상 무궁무진하다.[14]

---

14) 장기근 역, 『노자』, 4장, 38쪽.

삼라만상의 무한한 생명력과 더 나아가 그 모든 것을 생성하게 하는 도(道) 또는 무한자(無限者)의 교호작용을 이렇게 진술했다. 도는 무한자이며 형이상자(形而上者)이다. 소산적 자연으로서의 삼라만상이 눈앞에 현전한다면 그리고 눈앞의 현전이 존재의 의미라면 도는 부재이고 무이다. 이것이 필자가 바라보는 노자의 유와 무이다. 다음에는 이런 존재론에서 나오는 노자의 윤리학, 인간학, 심리학 그리고 정치철학을 고찰하자.15)

4. 노자서 2장 해석

노자서 2장은 1장의 추상적인 전개에 비해 좀더 장자적인 면모를 보여준다: 장자서의 기본적인 주제인 가치개념의 상대성, 주관성에 대한 통찰이 또한 노자서 2장의 핵심을 이룬다:

"천하의 모든 사람이 미(美)를 아름답다고 인식하기 때문에 추악(醜惡)의 개념이 나타나게 마련이다. 또 선을 착하다고 인식하기 때문에 불선의 관념이 나타나게 마련이다. 그런고로 유와 무는 상대적으로 나타나고, 어려움과 쉬움도 상대적으로 이루어지고, 길고 짧은 것도 상대적으로 형성되고, 높고 낮음도 상대적으로 대비되고 음과 소리도 상대적으로 어울리고 앞과 뒤도 상대적으로 있게 마련이다. 그러므로 성인

---

15) 노자서 4장의 첫 구절은 역시 장자서의 제물편과 깊은 관련을 가진다: "부어도 가득 차지 않고 퍼내어도 고갈되지 않는데, 그 유래한 바를 알 수 없는 것, 이것을 보광(葆光: 도적 광명을 함축한 것)이라고 한다." 이항배, 『노자철학정해』, 72쪽.

은 무위의 태도로써 세상사를 처리하고 말없는 교화를 실행한다. 만물로 하여금 스스로 자라게 버려두고 인위적인 간섭을 가하지 않으며, 만물이 자라도 자기의 소유로 삼지 않고, 만물을 생육화성하고도 자기의 자랑으로 여기지 않고, 모든 공업을 성취하고도 높은 자리에 처하지 않는다. 오직 유공자로써 높은 자리에 처하지 않기 때문에 그의 공적은 언제까지나 없어지지 않는다."

天下皆知美之爲美(천하개지미지위미) 斯惡已(사오이) 皆知善之爲善(개지선지위선) 斯不善已(사불선이) 故有無相生(고유무상생) 難易相成(난이상성) 長短相形(장단상형) 高下相傾(고하상경) 音聲相和(음성상화) 前後相隨(전후상수) 是以 聖人處無爲之事(시이성인처무위지사) 行不言之敎(행불언지교) 萬物作焉而不辭(만물작언이불사) 生而不有(생이불유) 爲而不恃(위이불시) 功成而弗居(공성이불거) 夫唯不居(부유불거) 是以不去(시이불거)[16]

여기서 보는 것처럼 우리가 한 자연적인 존재, 가령 어떤 한 사람을 두고 말할 때 우리는 '그가 좋은 사람이다' 혹은 '그가 아름답다'라고 가치를 판단한다. 그런데 우리가 하나의 자연 존재를 착하다, 아름답다 라고 판단하면 당연히 그렇지 못한 존재는 악하다, 못생겼다 라고 판단해야 한다. 이것이 범인들의 사고방식이다. 그러나 성인(聖人)은 시비, 선악, 미추를 넘어서 있는 자연 자체, 존재 자체를 본다. 그러므로 성인이 하는 일은 전혀 인위적인 판단이나 행동을 넘어서 사태 그 자체를 직시하고 자연에 따라 순리적으로 일을 처리한다는 점이다.[17] 이것이 "성인은 하지 않음으로써

---

16) 장기근 역, 『노자』, 2장, 31쪽.
17) 그러나 인간으로서 과연 선악을 초월하는 사람이 있을까? 善惡은 남의 이

야기가 아니라 나에게도 해당하는 중대한 문제이다. 가령 내가 불의한 피해를 입었을 때, 내 돈을 강도 맞았을 때에도 나는 초연히 성인의 태도를 취할 수 있을까? 是非 역시 마찬가지이다. 있는 것을 있다고 하고 없는 것을 없다고 말하는 것, 즉 진실을 말하는 하는 것이 是非이다. 이런 것이 무너지면 인간사회는 폭력과 횡포가 판을 치며 백성은 도탄에 빠진다.

따라서 시비, 선악을 가리는 것은 인간사회의 기본조건이며 다른 말로 이를 다른 말로 정의(正義)라고 한다. 시비, 선악, 정의는 특히 사회적 약자를 위해 더욱 필요한 덕목이다. 그런 면에서 노장철학은 인간세계를 떠난 신선들의 세계를 상상하고 있다.

김용옥은 이런 노자서의 가치 상대주의, 주관주의를 더욱 강화, 찬미하고 있다. 그는 이렇게 서술한다: "현재 인간세에 궁극적으로 문제가 되는 악이라고 하는 것은, 모두 인간의 행위에 관련된 것이다. 들판에 핀 백합화와 독초를 놓고 선악을 말할 수 없는 것이다. 그렇다면 인간의 행위에 관한 모든 사실은 사실 알고 보면 실체가 아니라, 우리가 싫어하는, 즉 좋아하지 아니하는 행위들일 뿐인 것이다. 그것을 우리가 惡이라고 부르고 있는 것일 뿐이다. 선은 미로 환원될 수 있는 인간의 가치에 불과한 것이다."(김용옥, 『노자와 21세기』(상), 126~127쪽) 김용옥은 "내(우리)가 싫어하는 것은 惡이고 좋아하는 것은 善이다"라고 극히 주관적으로 선악을 해석한다. 그렇다면 히틀러가 수백만 명의 유태인을 학살하면서도 그것이 善이 될 수 있다는 말인가? 전두환의 광주 학살도 정의(正義)로서 규정될 수 있는가? 그런 행동들은 악하다 그리고 악하기 때문에 나는 그런 것들을 싫어하는 것이다.

우리 주위에서 흔히 일어나는 예로서 선악 문제를 한번 더 따져보겠다: 가령 성희롱이나 성범죄의 경우 가해자는 얼마나 그런 일을 좋아하고 즐거워하는가! 그러기에 성추행하는 남자는 상대방 여자가 싫다고 거부하는데도 억지로, 강제로, 완력으로 그녀를 짐승처럼 폭행, 정복하는 것이다. 같은 행위에 대해서 가해자와 피해자의 감정(좋아하고 싫어하는 감정)은 정반대이다. 따라서 김용옥처럼 감정을 도덕의 기준으로 삼는 것은 극히 잘못된 일이라는 것이 드러난다, 즉 선악에 대한 김용옥의 생각은 극히 위태로운 반사회적 반인륜적인 패륜아적인 사고방식이다. 그리고 덧붙여 내가 좋아하는 것, 나의 감정과 욕구는 항상 악의 유혹에 노출되어 있다, 그러기에 우리는 우리의 감정과 욕망의 충동에 족쇄를 채우고 면밀히 그것의 정당성과 가능성 등을 따져보아야 한다. 또 김용옥의 주장과는 정반대로, 내가 싫어하는 행한다"(聖人處無爲之事)라는 의미이다. 따라서 성인은 "말없는 교화를 실행한다. 만물로 하여금 스스로 자라게 버려두고 인위적인 간섭을 가하지 않으며, 만물이 자라도 자기의 소유로 삼지 않고, 만물을 생육화성하고도 자기의 자랑으로 여기지 않고, 모든 공업을 성취하고도 높은 자리에 처하지 않는다."

이런 사상은 역시 『장자』에서 그 원류를 찾아볼 수 있다. 거기서는 절세의 미인인 서시(西施)와 병들고 추한 사람을 구분하지 않고 하나로 본다는 견해가 주장되고 있다.[18] 우리는 미인들을 사랑하고 좋아한다, 그러나 나환자, 중풍병자 혹은 선천성 기형아, 심신장애자는 보기 싫어한다. 그런데 장자서의 성인은 이 양자를 두

것은 대부분 해야 할 일이고 선(善)한 일이다; 가령 휴가 갔다 돌아와 정리 및 청소할 일이 산더미처럼 밀려 있는데 체력이 약한 아내는 피곤하여 아무 것도 하기 싫어한다. 남편인 나도 극히 움직이기 싫다, 그러나 나는 의무감에서 또 동정심에서 밤늦게 돌아와 혼자 휴가 뒤처리를 한다. 이것이 선하고 좋은 일인 것이다. 다시 말해 내가 하기 싫어하는 일이지만 의무감에서 하는 것이 바로 도덕적인 善이다. 김용옥의 생각과는 정반대로 내가 좋아하는 것, 나의 욕구는 많은 경우 범죄와 악으로 떨어질 가능성이 있으며 내가 싫어하는 것은 대부분 선하고 좋은 일이다. 도덕은 인간의 자연성, 즉 이기적, 쾌락적 본성의 극복에 존재한다.

이런 면에서 위대한 철학자 임마뉴엘 칸트(Immanuel Kant)에 의하면 도덕적 선(善)이란 의무를 행하는 것이며 의무는 순간적인 나의 감정, 충동, 느낌을 극복하고 오직 그 일이 옳기 때문에 아무런 보상을 바라지 않고 행동하는 그런 것이다.

그리고 마지막으로 김용옥의 가치 상대주의, 감정적, 주관적 도덕관은 노자서의 사상과도 불일치한다. 노자서가 말하는 것은 나의 감정이 선악(善惡)을 결정한다는 감정적 도덕관이 아니라 그런 일체의 구분이 인위적이라는 자연주의 철학, 형이상학이다. 이는 동일성의 철학 혹은 무차별주의라고 해야 한다. 한마디로 김용옥의 노자 2장 해석은 곡해라고 할 수 있다.

18) 김항배, 『장자철학정해』, 57쪽 참조.

루 섭렵하고 차별을 두지 않는다. 미인을 좋아하고 박색을 싫어하는 것이 인지상정이라면 장자의 성인은 그런 인간적 감정을 초월하고 있다.

위에서 말한 것처럼 『장자』 제물편의 기본 주제는 반대개념들, 예를 들면 미추, 시비, 선악, 대와 소, 유와 무, 성공과 실패, 이것과 저것, 생과 사, 물(物)과 아(我) 등의 상대성을 강조한다는 점이다. 이런 구분과 대립은 사물 자체에 있는 것이 아니라 인간의 생각에 불과하다. 다시 말하면 이들 대립 개념들은 객관적이 아니라 주관적이라는 것이다. 옳고 그름, 아름다운과 추함, 성공과 실패 등은 사람이 생각하기 나름이라는 말이다. 이런 장자서의 사상과 위에서 인용한 노자서 2장의 사상은 일맥상통한다.

이런 도가적인 사상은 어떤 면에서 가치 상대주의를 함축한다. 여기서 우리는 그리스의 소피스트들이 제기한 자연(Physis)과 가치체계(Nomos)의 이분법을 연상한다. 자연적인 것과 인위적인 것의 구분은 마찬가지로 장자서의 기본 사상이다. 그런데 소피스트의 상대주의와는 달리 도가는 인위적인 구분과 가치판단의 상대성, 주관성을 상정하면서도 절대적 존재인 도(道)를 인정한다. 따라서 도가의 상대주의는 유한한 인식과 판단에 대한 회의주의이자 상대주의이지 절대적 의미의 상대주의는 아니다. 앞에서 언급한 대로 도가의 도(道) 특히 노자서의 도(道)는 삼라만상이 그 안에서 존재하는 불변적인 실체이다. 노자서 40장에서는 그 도(道)가 근원적으로 무한자임을 밝히고 있다.

삼라만상과 유한자의 생성근거로서의 무는 실은 서양철학 개념의 무한자에 해당한다.

도가철학에서 성인(聖人)은 생사, 시비, 선악의 판단을 하지 않는다. 즉 살아 있는 것이 죽는 것보다 낫다든지 혹은 누구는 옳다, 혹은 누구는 좋다 등의 판단을 하지 않는다. 자연에서는 그런 가치판단이 없다는 것이다. 또한 철학사적으로 장자는 유가와 묵가 그리고 명가의 학설을 비판한다. 그들 모두가 시비를 가리기 때문에 존재한다는 것이다.

김용옥의 『노자와 21세기』(상)에 의하면 가장 오래된 노자문서인 죽간본(竹簡本)에는 금본(今本)의 1장과 3장이 그 안에 존재하지 않는다고 한다.[19] 우리는 앞에서 노자서 1장의 사상을 먼저 고찰했지만 실은 2장부터 1장으로 그리고 40장으로 나아가는 것이 자연적인 진행이었었다. 이런 맥락에서 김용옥은 노자서의 사상체계가 가치론(axiology) → 사회론(soclology) → 우주론(cosmology)으로 발전한다고 말한다.[20]

---

19) 김용옥, 『노자와 21세기』(상), 138쪽 이하 참고.
20) 김용옥, 『노자와 21세기』(상), 140쪽 이하 참고.

동양철학(4): 『도덕경』의 실천철학

우리는 지난 강의까지 노자의 철학적 기본 개념들을 주로 도(道) 개념과 유무(有無) 개념을 중심으로 살펴보았다. 필자의 해석을 따르면 노자는 중국철학의 기본 관념인 도를 유와 무의 변증법적 통일로서, 실은 유한자와 무한자의 변증법적 통일로서 파악한다. 지금까지의 노자해석에 있어서 이 문제가 제대로 정립되지 않았기 때문에 노자의 실천철학과 존재론 사이의 연관성을 볼 수 없었다: 대부분의 사람들이 노자에서 실천철학 내지 윤리학만을 보았다, 즉 그들은 노자에서 무위(無爲)의 위(爲)만을 강조했었다.[1] 그러나 어

---

1) 예를 들면 『조선일보』(2000년 5월 9일자)에 실린 김용옥과의 인터뷰를 보라.

떻게 무위가 가능한지를 그들은 밝히지 않았다: 즉 사람이 살면서 아무것도 하지 않아도 되는 가능성 또는 당위성 등에 대해 아무런 답변도 제시하지 못하면서 무위의 위(爲)만을 구호처럼 제창하고 다니는 것은 철학적인 태도가 아니다. 그들은 노자교의 전도사는 될지 몰라도 노자철학의 해석가는 될 수 없다.

노자는 도(道)를 유한-무한의 상호관계 내에서 그리고 그 필연적 관계에서 파악하였다. 즉 무한자는 눈에 보이지 않는 원인으로서 이것이 만물(萬物) 곧 유한자를 생산하고 다스린다. 무한자(無限者) 곧 노자의 무(無)는 유한자(有限者) 곧 노자의 유(有)를 산출하는 원인이다. 그러나 무한자 역시 유한자의 존재 없이는 자신을 표현할 수 없다. 스피노자의 개념을 빌려 말하면 무한자는 유한자의 기계적(능동적) 원인이다. 그리고 무한자는 유한자의 내재적 원인이다. 다시 말하면 무한한 자연계의 사물들은(유한자) 그 속에 내재한 원인의(무한자) 자기 표현인 것이다.

이런 무한자와 유한자의 관계, 즉 노자의 표현으로는 무와 유의 관계는 스피노자에 의해 다시 '능산적 자연'(natura naturans)과 '소산적 자연'(natura naturata)라고 불린다, 즉 눈에 보이는 자연은 눈에 보이지 않는 자연의 자식들이고 반대로 눈에 보이지 않는 자연은 눈에 보이는 자연의 어머니이다. 따라서 노자는 도(道)를 종종 어머니에 비유하고 있다:

天下有始 以爲天下母 旣得其母 以知其子
(천하유시 이위천하모 기득기모 이지기자)
천지만물에 시원(始原)이 있으며, 그것은 천하의 어머니, 즉 도라고

한다. 천하의 시원인 어머니를 알면, 그의 아들인 천하만물을 알 수가 있다.[2]

마치 산모가 아이를 낳듯이 천하 만물의 어머니인 도(道)는 천지만물을 산출한 것이다. 그러나 무(無)와 유(有)의 관계 또는 도와 천지만물의 관계는 인간의 그것과는 달리 사랑이나 인정(人情) 관계가 아니다. 그것은 냉혹한 필연성의 관계이다. 무한자(無限者) 또는 도는 자신의 필연적 법칙에 따라 만물을 생성(生成) 화육(化育)시킬 뿐이다. 따라서 노자는 천지는 무정한 존재이다: 천지불인(天地不仁)이라고 진술한다.[3] 도(道)는 인정이나 자유의지 또는 우연에 따라 움직이는 것이 아니라 그 자신의 고유한 필연성에 따라 법칙적으로 움직인다. 또한 도의 운동은 끝이 없고 영원하다; 따라서 노자는 이렇게 진술한다:

"그것은 소리가 없어 들을 수도 없고, 형태가 없어 볼 수도 없으나, 홀로 우뚝 서 있으며 언제까지나 변하지 않고 두루 어디에나 번져 나가며 절대로 멈추는 일이 없다."[4]

이런 도(道)의 존재양식을 노자는 또한 자연(自然)이라고 부른다; 도가 우주 만물을 관통하는 보편적인 근거이며 원인이기 때문에 마땅히 유한자의 한 부분인 사람도 그것을 닮고 또 따라간다:

---

2) 장기근 역, 『도덕경』 52장.
3) 『도덕경』 5장.
4) 『도덕경』 25장.

74

人法地 地法天 天法道 道法自然

(인법지 지법천 천법도 도법자연)

사람은 땅을 법도로 삼고 따르고, 땅은 하늘을 법도로 삼고 따르고, 하늘은 도를 법도로 삼고 따르지만 도는 자연을 따라 스스로 그렇게 된 것이다.[5]

여기서 보면 인간의 법과 자연의 법이 동일하게 간주됨을 알 수 있다. 인간이 도(道)의 존재 양식을 인정하고 따라가야 함을 단계적으로 설명하고 있다. 인간은 땅의 법을 따르고 땅은 하늘의 법을 따르고 하늘은 도의 법을 따른다. 우주 내에서 인간의 지위가 아주 낮게 자리매김 되어 있음을 알 수 있다. 자연이란 그 위의 설명과 즉 "홀로 우뚝 서 있으며 언제까지나 변하지 않고, 두루 어디에나 번져 나가며 절대로 멈추는 일이 없다"(獨立不改 周行而不殆)[6]는 구절에 연결이 되며 결국 스스로 있음, 홀로 있음 등을 뜻한다. 김용옥은 자연을 "스스로 그러하다"라고 번역하나 이는 철학적 사유가 부족한 소치이고 노자의 문맥에서의 의미는 "獨立不改 周行而不殆"에서 분명히 드러나는 것처럼 스피노자의 실체의 의미, 즉 스스로 존재하고, 스스로 이해되는 자립적 존재의 의미이다: 이것을 스피노자는 또한 무한자라고 불렀다. 따라서 노자의 철학도 실은 실체의 철학이다. 그러나 김용옥이 모르고 있는 것은 바로 그 실체의 개념이다: 실체가 단지 개별적이고 정적이며 고정적인 어떤 존재라는 이해방식은 극히 초보적인 것이다. 스피노자의 실체는 자립적·불변적 속성 외에도 삼라만상을 생산하는 어머니 그리고 삼

---

5)『도덕경』25장.

6)『도덕경』25장.

라 만상을 지배하는 아버지의 두 성질이 있는 것이다. (실체의 원인성, 법칙필연성)

즉 만물을 산출하고 동시에 만물 속에서 끊임없이 작용하는 무한한 힘을 노자는 표상하고 있는 것이다. 따라서 노자철학을 반주지주의(anti-intellectualism)로 보는 것은 잘못이다.[7] 도리어 노자야말로 벌써 서양철학보다 2천 년이나 앞서서 스피노자적 실체의 철학을 거의 완벽하게 선취하고 있다. 스피노자와 마찬가지로 노자의 철학은 철저한 합리주의 철학이다. 이런 두 철학 사이의 근본적인 동질성을 인정할 때 노자의 고유한 독자성이 섬세하게 파악될 수 있다. 필자는 노자와 스피노자를 비교하면서 지금까지 인식될 수 없었던 것을 보았다: 즉 노자는 스피노자를 통해 풍부해지고 반대로 스피노자는 노자를 통해 풍부해진다. 이런 새로운 결실들은 애석하게도 여기서 다 말할 수 없다. 여기서는 일단 두 철학의 동일성을 부각하는 데 초점을 맞추었다. 따라서 이는 인간적 이성의 시대와 장소를 초월한 보편성의 좋은 상징이라고 할 것이다.

앞에서 필자는 통상적인 혹은 김용옥 방식과는 달리 노자의 철학을 합리주의(rationalism) 또는 주지주의(intellectualism)라고 천명했다. 이는 『도덕경』의 여러 구절들과 비교해 볼 때 다소 역설적이거나 아니면 잘못인 것처럼 보인다. 그러나 노자의 문맥을 그 당시의 역사적·사회적 상황과의 관련성 아래에서 생각해 보면 필

---

7) 김용옥, 『노자와 21세기』(상), 162쪽 참조. 이렇게 동양과 서양 혹은 노자와 서양을 카오스와 코스모스 그리고 반주지주의와 주지주의 등으로 싸잡아 천박하게 대립시키는 것도 실은 김용옥의 고유한 생각이 아니라 서양의 노자 연구자들이나 일본의 노자 연구자들의 생각을 무심코 베낀 것인지 모른다. 김용옥, 『노자철학 이것이다』 참조.

자의 주장이 이해될 것이다. 이런 문제의식을 가지고 유명한 『도덕경』의 3장을 분석해 보자.

不尙賢, 使民不爭(불상현 사민부쟁)
훌륭한 사람들을 숭상하지 말라! 백성들로 하여금 다투지 않게 할지니.

不貴難得之貨, 使民不爲盜(불귀난득지화 사민불위도)
얻기 어려운 재화를 귀하게 하지 말라! 백성들로 하여금 도둑이 되지 않게 할지니.

不見可欲 使民心不亂(불견가욕 사민심불란)
욕심낼 것을 보이지 말라! 백성들의 마음으로 하여금 어지럽지 않게 할지니.

是以聖人之治(시이성인지치)
그러하므로 성인의 다스림은

虛其心, 實其復(허기심 실기복)
그 마음을 비워 그 배를 채우게 하고

弱其志 强其骨(약기지 강기골)
그 뜻을 부드럽게 하여 그 뼈를 강하게 한다.

常使民無知無欲(상사민무지무욕)
항상 백성으로 하여금 앎이 없게 하고 욕심이 없게 한다.

使夫智者不敢爲也(사부지자불감위야)
대저 지혜롭다고 하는 자들로 하여금 감히 무엇을 한다고 하지 못하게 한다.

爲無爲, 則無不治(위무위 즉무불치)
함이 없음을 실천하면 다스려지지 않음이 없을 것이니.[8]

8) 김용옥, 『노자와 21세기』(상), 144~5쪽.

백성으로 하여금 무지, 무욕하게 하라는 것은 김용옥의 노자 이해나 전통적 노자 이해처럼 그것이 백성들을 완전히 바보로 만들라는 것은 아니다.9)

필자가 느끼는 것은 노자의 정치철학 내지 교육철학이 종래의 해석처럼 우민정책이 아니라는 것이다. 노자가 경계하는 지식은 잘못된 사회적 통념이다. 이는 또한 현대적 문맥에서 국가적·사회적 이데올로기를 비판하는 것이기도 하다. 노자의 이 교설을 필자는 북한에 적용해 보고 싶다. 주체사상이라는 이데올로기로써 북한의 통치자들은 그곳의 어린이들이 굶어 죽게 되는데도 민중들이 기존체제에 반항하지 못하게 하고 있다. 노자가 미워하는 지식은 바로 이런 정치적·인위적 가치 또는 세계관을 말한다. 헐벗고 굶주리면서도 암기하고 복창해야 하는 무수한 이념들, 교시(教示), 학습, 맹세 등등. 그런 쓸모 없는 지식 대신 차라리 쌀 한 봉지 더 주는 것이 인민들에게 축복이다.

그런 공허한 지식으로부터 백성들을 해방시켜라! 노자의 무지무욕(無知無欲) 사상의 현대성을 필자는 바로 그런 온갖 부자연적스럽고 불합리한 사회적·정치적 정보와 지식의 무지로 보고 싶다.

> 虛其心, 實其復(허기심 실기복)
> 그 마음을 비워 그 배를 채우게 하고
> 弱其志 強其骨(약기지 강기골)
> 그 뜻을 부드럽게 하여 그 뼈를 강하게 한다.10)

---

9) 김용옥, 『노자와 21세기』(상), 157쪽 참조.
10) 김용옥, 『노자와 21세기』(상), 157쪽.

이 문장 역시 이와 같은 방식으로 해석 가능하다. 백성들의 배를 채우고 건강하게 하는 일이 실은 얼마나 어려운 일인가! 온 백성이 배부르고 건강한(뼈가 강한) 나라, 이것이 말이 쉬워 그렇지 실은 지상천국이다. 김용옥은 자본주의 체제를 욕심의 체제로 보지만 그는 문제의 절반밖에 보지 못한다: 미국 같은 고도의 기술적·경제적 대국에서도 얼마나 많은 거지들이 있는가! 필자의 소견으로는 역사적으로 어떤 나라도 온 백성을 배불리 먹게 하고 건강하게 하지는 못했다. 이것을 이룰 수 있는 정치가가 있다면 그는 진정 성인이리라! 공산주의가 망한 이유도 바로 그것이 인민들의 배를 부르게 할 수 없었기 때문이다. 물론 언론의 자유와 민주주의의 결핍도 문제였지만 최종적으로는 경제문제의 한계에 부딪힌 때문이다.

常使民無知無欲(상사민무지무욕)
항상 백성으로 하여금 앎이 없게 하고 욕심이 없게 한다.[11]

여기서 뜻하는 지식(知)이란 실은 참다운 지식, 곧 도(道)의 깨달음이 아닌 통속적 오성적 지식과 제반 동시대의 풍조, 관습 등을 말한다; 또한 체제 수호적 온갖 이데올로기들이다. 제5강의에서 해명한 것처럼 일상적·형식논리학적 지성은 사물의 전체를 인식할 수 없다. 거기다가 또 무익하고 해롭기까지 한 사회적 통념들도 있음을 생각하면 노자가 왜 그렇게 (사회 통념적) 지식을 비판하는지를 우리는 이해할 수 있다. 따라서 필자는 노자의 사상을 반주지

---

11) 김용옥, 『노자와 21세기』(상), 157쪽.

주의라고 볼 수 없다; 단지 그는 잘못된 지식을 비판한 것뿐이다. 그리고 백성을 노자가 우습게 보는 아니 그렇게 보이는 이유 중의 하나는 도(道)의 인식의 어려움 때문이다.

그가 본 도(道) 또는 자연(自然)이란 스피노자적·헤겔적 개념의 도구들을 통해서나 겨우 문자적으로 표현 가능한, 시대를 엄청나게 앞서는 생각이었기 때문에 남들에게 자신의 사상을 알린다는 것이 거의 불가능하게 보였고 또한 그 당시 거의 모든 백성이 쓸 줄도 읽을 줄도 모르는 문맹이었음을 감안한다면 노자의 민중 교육적인 약점을 납득할 수 있다. 그러나 더 큰 문제는 노자 자신마저 자신이 본 진실의 특이함에 놀라고 있었다는 것이다.

> 爲無爲, 則無不治(위무위 즉무불치)
> 함이 없음을 실천하면 다스려지지 않음이 없을 것이니.[12]

무위(無爲)라는 것은 문자 그대로 인위적이고 임시방편적인 법규나 제도를 시행하지 않음을 말한다; 사실 우리나라의 정치에서도 얼마나 많은 부자연스런, 불합리한 제도나 정책이 많았는지 모른다. 이런 것이 발생하는 이유는 위정자들의 욕심이나 사심 때문이다. 따라서 무위의 사상은 모순된 현실정치 비판을 함축한다. 인위적인, 즉 입법자나 정치가의 사심에서 기인하는 통치는 항상 엄청난 백성의 고통을 초래한다. 이렇게 무인위(無人爲)를 실현하는 것은 지극히 어려운 요구사항이다; 왜냐하면 통치자도 감정이 있고 욕심이 있기 때문이다. 도(道)의 정치, 자연의 정치를 구현하기 위

---

12) 김용옥, 『노자와 21세기』(상), 157쪽.

해서 그 정치가에게는 완전한 자기 통제가 요구되어 진다. 이는 정치가가 감정이나 욕심을 전혀 갖지 말라는 뜻이 아니라 공과 사를 분별하라는 것이다. 따라서 무위의 정치란 공익(公益)을 사익(私益)과 분리시키고 공익과 사익이 충돌할 때 과감히 사익을 포기하는 정신이다.

위무위(爲無爲)의 정치는 다시 말하면 자기부정의 정신이고 자기의 의견을 도(道) 즉 대(大)와 일치시키는 것이다. 이렇게 소아(小我)를 부정하고 대아(大我)를 실현하는 것은 무한성의 구현이고 또 노자의 표현을 따르면 이것이다:

> 生而不有 爲而不恃 長而不宰(생이불유 위이불시 장이부재)
> 낳으면서도 낳은 것을 소유하지도 않고, 지으면서도 지은 것을 내 뜻대로 만들지도 않고, 자라게 하면서도 자라는 것을 지배하지 않네.[13]

이와 같은 도의 움직임과 일치하는 정치가는 진정 성인이다. 이것이 또한 노자가 말하는 아자연(我自然)의 경지이다(『도덕경』 17장).

그러나 실제로 인간적 왕이나 독재자 등은 백성들 위에 군림하고 백성의 재산을 빼앗고 백성을 자신의 소유물이나 하수인으로 취급해 왔다.

정치가가 사심이나 욕심에 근거한 인위(人爲)의 정치를 하지 않고, 자연에 따르는 이성의 정치를 시행할 때 무불치(無不治) 즉 못할 것이 없다. 우리나라 정치가들의 비극이 모두 자기 힘으로 무엇

---

13) 김용옥, 『노자와 21세기』(상), 112~113쪽.

인가를 하겠다는, 또는 나 아니면 안 된다는 그런 소아병과 자만심에서 나옴을 알 때 노자의 무위(無爲)의 사상이 얼마나 귀중한지 모르겠다.

그런데 여기서 필자가 덧붙이는 한 가지는 자연의 이치에 따르는 정치는 이성의 정치라는 것이다; 인간에 있어서 자연과 이성이 일치한다: 인간의 자연(nature) 즉 본성은 이성이다. 자연적인 것은 이성적인 것이고 좋은 것이다. 물론 노자가 이성이니 합리성이니 하는 말을 입 밖에 낸 적이 없지만 그가 말하는 도(道)는 자연의 이법(logos)이고 이것이 곧 이성이다. 이는 인간의 주관적 이성이 아니라 우주의 움직임을 가리키는 천지의 시초이고 만물의 근본인 무한자이다. 이런 근거에서 필자는 지금까지의 통설과는 달리 노자를 자연주의적·자연법적 합리론자로 본다. 노자의 사상이 더 발전했더라면 중국에서도 인간의 자연권, 자연법에 근거한 민주적 시민사회의 이론이 나올 수도 있었을 것이다.

노자의 가치상대주의 내지 주관주의는 역시 스피노자의 그것과 비교될 수 있다. 그러나 그 문제는 다른 기회로 미룬다.

탈레스의 자연철학

1. 한국, 서양, 동양

지난 강의들에서 우리는 노자의 자연철학을 다루었다. 우리는 노자의 도(道)를 삼라만상을 생성하고 지배하는 원인으로 규정했다. 거기서 우리는 도(道)를 모성(母性)적 성격과 부성(父性)적 성격으로 구별했었다. 전자에서는 마치 아기를 낳는 어머니같이 만물을 생산하는 능산적 자연의 모습을, 그리고 후자에서는 엄격한 도의 필연성과 법칙성을 보았다. 노자는 후자를 천지불인(天地不仁), 곧 천지 자연이 무정(無情)하다고 설파했다. 그리고 노자 또한 물(水)의 이미지를 사용하여 도(道)의 무형성, 가변성 그리고 겸손성 등을 표상하였다(上善若水). 그밖에도 『도덕경』에 물 개념에 관한 많은 철학적인 성찰이 나온다.

이 물을 만물의 원리로 삼은 철학자가 있으니 그는 고대 그리스의 탈레스이다. 이 사람을 서양철학사에서는 흔히 최초의 철학자로 간주한다.

따라서 필자는 노자의 철학과의 내용적 연관성 때문에 이제는 고대 그리스의 자연철학을 고찰하고자 한다.[1]

철학의 출발점을 어디에서 잡을 것인지 하는 문제는 중요하다; 역사적으로 철학 이전에 신화와 전설 등이 먼저 인간의 정신세계를 사로잡았었다. 그리스에 있어서도 마찬가지로 철학적 · 이성적 사유 이전에 신화적 · 종교적 사유가 널리 퍼져 있었고 계몽된 시기라고 볼 수 있는 플라톤이나 아리스토텔레스 때에도 신화적 · 종교적 세계는 여전히 민중들의 삶을 형성하고 있었다.

그럼에도 불구하고 그런 원시적 · 미신적 생활세계의 와중에서도 과학과 학문의 세계 역시 자라고 있었다, 오늘날 현대 과학과 기술의 기초는 벌써 2,500년 전의 고대 그리스에서 뿌리내려졌다.

그뿐 아니라 그리스의 예술과 문화는 타의 추종을 불허하고 예술의 전 역사를 통해 막대한 영향력을 행사했으며, 그리스의 문화와 예술 없는 인류의 문화와 예술을 생각하기 어렵다.[2] 한마디로 고대 그리스인들은 천재였다. 횔덜린 같은 그리스 열광자는 그리스

---

1) 원래는 노자의 철학 다음에 불교철학을 다루고 그뒤부터는 계속 서양철학 그 중에서도 우리의 화두인 논리학을 중심으로 철학사를 재구성해 보려고 했었다. 불교철학은 다른 기회에 고찰할 것이다.

2) 주지하다시피 한국 예술의 금자탑이라고 할 수 있는 신라시대의 불상들도 그리스 조각의 간접적 영향이 없었더라면 성립할 수 없었을 것이다.

의 예술, 종교, 철학 그리고 국가형태 등에서 그리스인들의 탁월성을 찾고 있다.[3)]

우리의 주제는 철학 하나에 한정되어 있고 그 중에서도 주로 논리학에 초점이 맞추어져 있다. 사실 동시대의 중국에서도 내용적으로 볼 때 그리스의 그것과 견주어 손색이 없다.[4)] 그러나 문제는 (형식)논리학과 인식론의 유무 차이에서 그후의 과학과 철학의 발전의 큰 차이가 생긴다. 전자는 과학적 서술의 정합성과 체계성을 보장해 주고 후자는 나의 주장이나 발견의 객관성을 보장해 준다. 이런 도구적인 장치들이 결여되다 보니 초기의 우수한 생각의 단서들에서 오랜 기간이 지나는 동안 서양에 비해 상대적으로 지식의 발전이 뒤떨어진 것 같다. 우리는 이런 동양 학문의 상대적 열등성을 인정해야 한다. 중요한 것은 이것을 개선하여 앞으로 잘하는 것이다.

정신문화라고 해서 그것이 물질문화, 기술문화와 무관한 것이 아니다. 우리는 주위에서 '동양의 정신문화', '서양의 물질문화'라는 식의 이분법을 많이 본다. 그러나 물질과 정신 양자는 구분할 수는 있으나 결코 분리될 수는 없다. 실은 물질과 정신의 대립 내지 관련마저도 서구 형이상학의 산물이다.

그리고 필자의 소견에 따르면, 김용옥의 경우가 그렇지만, 동양의 사상을 서양의 그것과 자꾸 대립시키는 것, 그런 생각 자체가 독창적인 동양 사람 내지 한국 사람의 생각이 아니라는 것이다; 서

---

3) 휠덜린의 소설 『휘페리온』(『휠덜린 전집』 3권), 77쪽 참조.
4) 공자의 실천철학과 비슷한 연대의 플라톤의 국가철학은 서로 비교될 수 있다.

양의 동양학 연구자들이 그렇게 만들었다. 극단적으로 말하면 끊임없이 동양철학 혹은 사상의 독자성, 특이성을 강조하는 국수주의적 이론가들은 실은 앵무새들이다. 그들은 진정 주체적으로 사유하지 않고 있다. 필자의 사유에 따르면 주체적인 동양의 철학자라면 우선 동양사상의 보편성, 즉 서양사상과의 동일성을 먼저 찾아내고 그런 연후에 동양사상의 차이점과 독자성을 지적하겠다. 한마디로 하면 대동소이하는 것이다. 필자가 국수적 이론가들을 앵무새라고 다소 심하게 비판했다, 그런데 근래의 독일 문화원 측의 어떤 제안을 듣고 더욱 그렇게 생각을 했다: 독일 문화원의 원장이 현재 헤겔학회 회장인 임석진 교수에게 이런 제안을 했었다는 것, 즉 동서문화 비교라는 제목으로 학술대회를 하나 조직해 달라; 주제는 서양의 학문이 동양의 그것에 비해 열등한 점 혹은 서양 학문의 부정적인 측면 등등.

여기서 우리가 간파할 수 있는 것은 서양인들의 자기문화 비판에 우리가 덩달아 춤추고 있다는 것이다. 필자의 생각은 이제 우리가 서양 사상, 학문의 종주국이 되어 버리는 것이다. 실제 우리의 사상, 철학이라고 해도 원래는 모두 외국 곧 중국, 인도 등에서 수입된 것이다. 따라서 중국철학이나 인도철학이 서양철학보다 설령 우월하다고 할지라도 한국의 우수성과는 무관할 수 있다. 따라서 이제 우리는 플라톤의 철학을 공자나 석가의 철학처럼 다루어야 한다; 즉 동서양의 어떤 사상이든 우리와의 친소관계를 염두에 두지 말고 모두 동등하게 우리의 것으로 다루어야 한다. 과거 중국적인 것이 우리의 것이고 또 인도의 것이 우리의 것이었듯이 이제는 그리스의 것, 독일의 것이 우리의 것이다. 필자는 더 나아가서 이렇게 생각하는 것만이 조국의 번영과 개인의 발전을 가져올 수 있다고 생각한다. 그런 하나의 이유로서 이 책 네티즌의 철학(1)과 네티즌의 철학(2)에서 밝힌 것처럼 인터넷이 우리의 미래이고 운명이라면 이는 분명 '논리의 탄생'과 맥을 같이한다: 컴퓨터의 기초가 되는 논리계산과 이진법, 그리고 디지털의 개념은 분명 파르메니데스의 사유, 그리고 플라톤과 아리스토텔레스의 사유에서 나오기 때문이다.

동양의 사유가 후진적이고 발전이 부족한 이유로서 필자는 위에서 (형식)논리의 결핍으로 보았다.[5] 특히 필자가 주위에서 많이 느끼는 한국문화의 병폐는 전체와 부분의 혼동이다. 예를 들어 집에서 키우는 아이를 꾸짖을 때도 우리는 걸핏하면 "너 도대체 잘 하는 것이 뭐 있니?"라고 질타한다. 이는 보통 한두 가지의 아이의 실수나 부족에 대해 그렇게 그 아이의 전 인격을 무시하는 폭언을 한다.

마찬가지로 현재 우리 사회의 무수한 갈등과 대립 분열 등도 전칭(universal)과 특칭(particular)을 구별하는 이성적 노력에 의해 상당수 해소될 수 있다.

이는 논리학에서 문장의 양(量)을 구분할 때 전칭과 특칭을 구

---

5) 여기에 비해 변증법적 논리의 활용은 동양철학에 풍부하다: 불교철학이나 중국의 철학은— 특히 노자의 철학과 『주역』의 경우— 근본적으로 변증법적이다. 따라서 필자의 제안은: 불교철학이나 중국의 철학을 하려는 사람은 반드시 헤겔의 변증법을 공부하고 마스터해야 한다. 그렇지 않고서는 그 사상이 체계를 과학적으로 서술할 수가 없다. 따라서 동양철학에 대해 수필을 쓰고 그 안에서 도(道) 닦는 것이 아니라 엄밀한 학(學)으로서의 동양철학을 구축하려 한다면 그것의 방법론으로서 변증법을 구사할 수 있어야 한다.

분하는 방법과 관련이 있다: 말의 논리는 특칭 곧 몇몇의 혹은 일부의 사물과 전칭 곧 전부를 구분한다. 서양에서는 아리스토텔레스 이후 몇 천 년간을 이런 훈련을 해왔다. 그러니 그들의 사유가 사실적(sachlich)이고 객관적으로 된다. 사실적(sachlich)이고 객관적이란 말은 별게 아니다. 존재를 내 마음대로가 아니라 있는 그대로 바라보고 인식한다는 뜻이다. 서양에서는 중세 천 년간을 통해 삼단논법이나 정언적 문장의 논리의 학습이 학교 교육의 주된 과목이었다. 그러니 거기서 전자계산기의 논리학까지 발전되어 나온 것이다. 부울, 프레게, 러셀 등등의 논리연구와 전기회로의 만남에서 컴퓨터 연산이 가능해졌다.

위에서 열거한 몇 가지 이유에서 이제 우리는 서양의 철학을 우리의 것으로 인정하고 계승·발전시켜야 하는 이유를 제시했다.

2. 탈레스에 관한 이야기들

서양철학의 시조로 간주되는 탈레스의 철학은 그 원리가 물(水)이다; 여기에 대해 많은 학설과 이야기들이 있는데 사실은 그 근거가 다 빈약한 편이다. 그는 지금의 소아시아 즉 서부 터키의 해안 지역인 이오니아의 밀레토스에서 살았다고 전해진다. 이 지역에서 최초의 그리스 철학이 태어났다; 그들은 인간의 가장 보편적인 환경인 자연에 대해 철학적 사유를 전개했다. 그리스의 자연철학은 보통 탈레스 → 아낙시만드로스 → 아낙시메네스의 발전적 계보를 가진다고 생각된다. 이들은 종래까지의 신화적인 세계관을 합리적인 그것으로 바꾼 사람들이다. 그런데 이런 이오니아의 자연철학의 시조인 탈레스는 자신의 문서를 남긴 것이 없기 때문에 후대의 간접적인 전승을 통해서만 그의 철학이 추정될 뿐이다. 따라서 우리는 탈레스를 언급하기 전에 그의 사상을 전해 준 철학가들을 먼저 언급해야 한다: 가장 중요한 출처는 역시 아리스토텔레스이다. 아리스토텔레스는 그 자신 위대한 철학자였을 뿐 아니라 또한 훌륭한 철학사가(哲學史家)였다. 그외에 헤로도투스와 디오게네스(라에르티우스) 그리고 플루타르크 등이 역시 탈레스에 대해 중요한 정보를 제공하고 있다.

그리스의 역사가 헤로도투스는 탈레스에 관해 재미있는 일화를 전해 주고 있다: 중요한 것이 탈레스가 그리스인이 아니라 페니키아인이라는 사실과 일식의 예측이다. 고대의 페니키아인들은 그들의 해상 무역과 서양 알파벳의 기초가 되는 페니키아문자로서 유명하다. 또한 페니키아인들은 산수(Arithmetik)를 발견했다고 믿어진다.[6] 탈레스의 일식(日蝕) 예보는 더욱 유명한 일화이다. 그는 기원전 585년의 일식을 예측했다고 하는데 날짜까지 맞춘 것은 아니고 미리 일식이 생기는 해를 예측하여 동시대인들에게 강력한 인상을 주었다고 한다. 이는 그가 수학, 천문학 그리고 기상학 등에 조예가 깊었던 것을 말한다. 그는 이런 실천적 능력을 통해 고대 그리스의 7현인 중의 한 사람으로, 그 중에서도 제일인자로 존경을 받았다고 한다. 그는 또한 장사를 하러 다녔고 그 때문인지 이집트에도 여행했었다고 한다.

---

6) 여기에 비해 기하학은 이집트 사람들이 발견했다. 전승에 의하면 탈레스는 산수와 기하학을 그리스에 전달했다고 한다.

아리스토텔레스가 그의 『정치학』(Politik)에서 돈 버는 방법으로 매점매석 및 독점을 설명하면서 한 예로 탈레스가 오늘날의 옵션 — 선물의 일종 — 을 이용하여 엄청난 돈을 벌었는데 이는 철학자가 마음만 먹으면 얼마든지 돈을 벌 수 있다는 것을 예시한다: 탈레스는 어느 해의 올리브의 수확이 많을 것으로 예견하고 일찌감치 그가 갖고 있는 적은 돈으로 밀레토스와 키오스에 있는 모든 올리브유(油)를 짜는 기계를 임대하는 보증금을 걸어 놓았다. 그때에는 다른 경쟁자가 없었으므로 싼 값으로 계약을 할 수가 있었다. 그런데 수확기가 되어 갑자기 모두 기름 짜는 기계가 필요하게 되자 그는 부르는 것이 값으로 그 기계를 빌려 주었다.[7] 이렇게 그는 큰 돈을 벌었다.[8]

여기서 필자가 느끼는 것은 철학자의 실천적·실용적 능력이다. 탈레스는 철학의 아버지이지만 오늘날의 무력하고 무능한 — 현실적으로 — 철학자의 이미지와는 전혀 다른 사람이었다. 필자는 탈레스가 원래 장사꾼이었다고 믿는다: 해상으로 육로를 타고 장사를 하면서 견문을 넓히고 연구한 그런 타입이었다. 그러다가 나중에는 돈보다는 지식 자체, 진리 자체의 더 큰 매력을 느껴 사물의 순수한 원리를 탐구하는 데 전념하게 되었고 드디어 아리스토텔레스로부터 철학의 아버지라고 칭송받았다.

---

7) 아리스토텔레스, 『정치학』, 1259a, 나종일 역(삼성판 세계사상전집 5권), 62쪽.
8) 이와는 성격이 다소 다른 이야기를 플라톤이 전해 주는데, 이에 의하면 탈레스는 밤하늘의 천체를 관찰하며 걸어가다가 구덩이에 빠져 트라키아의 하녀가 그를 비웃었다고 한다.

3. 자연철학, 가장 오래된 물

이제는 탈레스의 철학을 살펴보자. 그의 철학적 원리(Arche)는 소박하게도 물이다. Arche란 원리(principle)라고 보통 번역하는데 그리스 철학 전문가 거스리(W. K. C. Guthrie)에 의하면 그 원어적 뜻은 (1) 시작 혹은 출발점, (2) 생성원인 등이다.9) 이런 아르케 곧 원리 내지 원칙의 추구가 서양철학의 방향을 결정한다. 여기 비하여 중국철학의 핵심은 도(道)의 추구이다 .

물이 만물의 근본이라는 것. 이 역시 아리스토텔레스가 전달해 주는 사실이다. 우리 삶의 가장 중요하고, 필요한 것이 바로 물이라 어쩌면 그것은 자명한 일인지도 모른다. 요즘 우리나라의 물이 오염되어 큰 문제이다. 물이 오염되면 결국 생명체가 오염된다. 밥을 먹지 않고도 사람은 21일을 연명할 수 있다고 한다, 그러나 물을 먹지 않고는 3일을 넘기지 못한다. 따라서 물은 생명과 직결된다. 따라서 성경에도 생명수라는 말이 있다. 아리스토텔레스의 해석도 이와 유사하다: 탈레스가 물을 존재의 원리로 내 세운 것은 모든 음식물 내지 영양분이 수분을 간직하고 있고 또 모든 씨앗들이 습기를 지니고 있다는 사실 때문이다. 그런데 하나 재미있는 것은 아리스토텔레스가 탈레스의 물에 관해 또 다른 설명을 첨가하고 있다: 물이 원리이기 때문에 지구가 물 위에 떠 있다는 것이다.10) 어쩌면 탈레스는 항해를 하다가 물 속에서 새로운 땅 곧 섬

---

9) W. K. C. Guthrie, *A History of Greek Philosophy*, vol. 1, p.57.
10) 아리스토텔레스, 『형이상학』, 983b. *The Metaphysics of Aristotle*, trans. by W. D. Ross, p.694 참조.

이 생성됨을 보았는지도 모른다. (화산의 폭발 같은 경우) 요는 물이 먼저 있었고 뒤에 육지나 그 위에 사는 것들이 그 뒤를 따라 생겨났다는 신념이다. 이는 또한 오늘날의 과학적 가설 곧 물 속에서 생명체가 처음으로 출현했다는 사실과도 다르지 않다.

또한 물을 만물의 원리 내지 기원으로 보는 탈레스의 견해는 원시적·신화적 사유와도 일치한다. 역시 아리스토텔레스가 이를 보고한다. 신화에 의하면(호머의 『일리아드』) 바다와 강물의 신들인 오케아누스(Oceanus)와 테티스(Tethys)는 모든 신들의 부모이다. 또한 오케아누스와 테티스는 지구나 육지 등의 만물보다 앞서 있었고 이들을 만들었다. 아리스토텔레스의 설명에 의하면 물 또는 물의 신들이 만물 또는 만물의 신보다 먼저 있었다는 고대인들의 관념이다. 이런 고대인들의 신화적 사유가 탈레스의 철학과도 일치한다는 것이다.[11]

따라서 습기가 있는 씨앗에서 생명체가 발생한다는 사실로 보아 습기(물)가 생명의 원인이며, 또한 모든 존재들 가운데서 물(바다, 강)이 가장 오래 되었다는 믿음에서 "만물의 근본(Arche)은 물이다"라는 탈레스의 명제가 이해될 것이다.[12]

---

11) 거스리의 설명에 의하면 오케아누스(Oceanus)는 남성적 물의 신이고 테티스(Tethys)는 여성적 물의 신이다.
12) 물이 모든 것보다 먼저 있었다는 것은 필자의 추측처럼 관찰될 수도 있다. 가령 바다 한가운데서 새로운 섬이 형성되는 경우가 왕왕 있다.

아낙시만드로스의 무한자: 생성과 소멸의 고향

1. 자연의 철학

우리는 지난 강의에서 탈레스의 자연철학을 탐구했다. 최초의 서양철학자 탈레스는 물을 만물의 근본으로 보았었다: 즉 물이 다른 모든 사물들보다 오래되었다는 것이 그의 중요한 논거였다. 물은 흙이나 땅보다 먼저 생겨났다. 이 세상에서 가장 오래된 것 또는 가장 먼저 존재한 것, 이것이 바로 이오니아의 철학자들이 추구한 원리(arche)였다. 이는 또한 신화적으로 물의 신 오케아누스와 테티스가 다른 신들의 부모라는 전설에서 표현되고 있는 고대의 사유이다.[1)

이오니아의 철학에서 중요한 것은 그 자연(physis)의 개념이다;2) 그래서 그들의 철학을 자연철학이라고 부른다. 자연은 무엇보다 먼저 생성(becoming)과 성장(growth)을 지시한다. 따라서 이오니아의 자연철학에서 중요한 것은 (1) 생성(becoming) 내지는 성장이 도대체 존재한다는 것, (2) 생성(becoming) 내지는 성장을 합리적으로 설명할 수 있어야 한다는 것이다.3)

이런 두 가지 측면에서 철학의 기원이 비록 신화나 전설에 있을지 몰라도 그 발전과정에서는 이들과의 분명한 차이점을 보여준다.

그런데 자연철학은 우주발생론(cosmogony)의 형태를 띤다: 자연의 생성은 우주 전체의 영역으로 확대되어야 한다. 즉 생성의 문제가 어떤 개별자에 국한되는 것이 아니라 모든 존재에 적용되는 것이다. 따라서 최초의 (서양)철학은 우주발생론(cosmogony)이다. 탈레스의 자연철학 역시 일종의 우주발생론이다.

초기의 자연철학 내지 우주발생론에 있어서 몇 가지 주의할 것은 이것이다: 이오니아 학파의 경우 논리학적·인식론적 미발달로 인해 존재와 운동, 실체와 속성 등의 쌍개념들이 서로 구별되지 못하고 또 시간적 선후(先後) 관계와 인과론적 원인-결과 관계가 혼동될 수 있다는 것이다. 탈레스의 경우 물의 시간적 선재성(先在性)이 인과론적 선재성을 반드시 산출하지 않는다는 것이다, 즉 물

---

1) 바다의 신 오케아누스(Oceanus)는 또한 대양(大洋, Ocean)을 의미한다.
2) 자연(自然) 개념의 이해를 위해 이 책 제4강의 각주 16) 참조.
3) (1) 생성(becoming) 내지는 성장이 도대체 존재한다는 것. 이를 필자가 강조하는 것은 이 사실을 부정하는 철학자들도 있기 때문이다: 뒤에 나올 파르메니데스와 엘레아 학파는 이를 부정한다, 즉 그들은 생성(becoming)을 환영으로 간주한다.

이 땅보다 먼저 있었다고 하더라도 전자가 후자를 산출했다고 볼
수는 없다.[4]

2. 아낙시만드로스와 아페이론(Apeiron)

1) 아낙시만드로스의 삶

탈레스와 동시대의 인물인 아낙시만드로스의 생애에 대해 여러
가지의 일화들이 전해진다. 탈레스와 마찬가지로 아낙시만드로스
역시 천문, 지리, 자연 등에 능한 사람이었다. 아낙시만드로스는
우주발생론(cosmogony)을 무한자의 이론으로 규정한 철학자로 알
려져 있지만 그 보다 훨씬 더 많은 경우 자연, 지구, 별 그리고 천

---

4) 아리스토텔레스가 말하는 것처럼, 만약 씨앗에 수분이 들어 있기 때문에 탈
레스가 물 또는 습기가 만물의 근본(arch)이라고 주장했다면, 이도 실은 난
제를 내포한다. 이는 식물의 씨앗에 해당하는 만물의 씨앗, 우주의 씨앗이
있다고 간주하는 것이다. 즉 식물의 씨앗이 수분을 함유한다; 따라서 우주
의 씨앗도 수분을 가진다. 만약 우주가 하나의 씨앗에서 성장, 발전해 나왔
다면 탈레스의 물의 철학은 타당할 것이다.
그러나 간단히 느낄 수 있는 것처럼 이 역시 많은 문제를 야기한다. 따라서
아리스토텔레스의 탈레스 해석이 완전하지 못함을 알 수 있다.
참고로 우주의 씨앗(Samenkorn des Universums) 개념은 신플라톤주의 철
학의 하나의 주요 개념이다. 필자의 학위논문『이상에서 반성으로』, 142쪽
이하 참조.
시간적 계기관계(post hoc)
필연적 인과관계(propter hoc)
참고로 흄(David Hume)은 이 두 가지의 차이를 인정하지 않는다. 이를 경
우 신화적 사유나 과학적 사유나 근본적 차이는 없다.

체의 구조 등을 연구한 자연과학자였다: 아낙시만드로스는 최초로 지도를 그린 사람이라고 알려져 있다. 그는 또 천구의(celestial sphere)를 만들었다고 한다. 그는 천체들 사이의 거리를 측정하고 태양과 지구의 크기를 측정했다.

탈레스가 일식을 예측하여 당시의 사람들에게 큰 감명을 준 것처럼 아낙시만드로스는 스파르타 지역의 지진을 예측하여 스파르타인들이 지진을 피해 도시를 떠나 야외에서 일시 머물게 하였다고 한다. 이처럼 최초의 철학자들은 추상적 철학에만 몰두한 것이 아니라 자연적·실천적 지식이 탁월한 학자들이었다.

중국의 고대 철학가들과 비교해 볼 때, 그리스의 철인들은 아리스토텔레스가 말하는 진리 탐구를 위한 삶의 여유를 확보한 가운데서 자연 탐구의 모험심을 가지고 세상을 두루 여행하기도 하면서 자연을 탐구한 지성인들이었다; 거기에 비해 중국의 철인들은 불안정한 사회-역사적 조건 하에서 그들의 학적인 역량을 발휘했다; 따라서 중국에서의 철학은 그리스와는 달리 충분한 이론철학적 발전 없이 당면한 윤리, 정치적인 문제의 해결을 위해 실천철학으로 달렸다. 그외에도 해양-상업국과 대륙-농업국이라는 지리-철학적인 큰 차이도 무시할 수 없다; 가령 탈레스가 '물에서 모든 것이 나왔다'라고 생각하며 물을 만물의 근원(arche)이라고 주장하는 데 비해 노자서에는 천장지구(天長地久)라고 하여 "하늘은 넓고 땅은 오래 간다"라고 대륙적인 기상을 표현한다. 그럼에도 불구하고 노자철학 같은 경우 그리스의 자연철학과 비교할 공통의 요소들이 대단히 많다.

2) Apeiron으로서의 Arche

아낙시만드로스의 철학사적 위치는 탈레스와 연관해서 더욱 잘 인식될 수 있다: 탈레스와 다른 점은 그가 자신의 사상을 글로 써서 남겼다는 것이다. 아낙시만드로스는 철학의 의미를 인식한 최초의 철학자이다. 아르케(Arche)란 말도 아낙시만드로스가 최초로 쓴 것 같다: 그는 무한자, 곧 아페이론(Apeiron)을 자연의 원리(Arche)라고 천명했다. 달리 말하면 자연의 원리가 무한하다고 할 수 있다.

아낙시만드로스가 자연학과 철학에 대해 저서를 남긴 것이 분명하지만 그 문서들은 존재하지 않는다; 아낙시만드로스에 관한 사실을 우리는 아리스토텔레스, 아폴로도루스(Apollodorus), 테미스티우스(Themistius), 심플리키우스(Simplicius) 그리고 키케로(Cicero) 등이 전해 주는 정보를 통해서 간접적으로 알 수 있다.

우리는 헬레니즘 시대의 저명한 아리스토텔레스 주석가 심플리키우스가 그의 자연학(Physica)에서 아낙시만드로스의 아페이론을 언급하는 것을 연구의 출발점으로 삼아야 한다. 심플리키우스는 이렇게 아낙시만드로스의 철학에 관해서 서술하고 있다:

"아낙시만드로스는 아르케(arche)와 존재하는 사물의 원소를 무한자라고 불렀다. 그는 아르케(arche)를 무한자라고 부른 최초의 사람이다.
그는 아르케(arche)가 물이나 다른 그밖의 원소들이 아니라 끝이 없는 어떤 다른 실체(substance)라고 말했다; 그것으로부터 천상과 지상의 모든 것이 생겨난다.
사물들은 마땅히 그들이 태어난 그곳으로 소멸해 들어간다; 왜냐하면 사물들은 시간의 질서에 따라서 그들이 서로에게 저지른 불법에 대해 보복을 하기 때문이다. 이렇게 아낙시만드로스는 시적으로 사상을 표현 했다."5)(밑줄은 필자)

심플리키우스는 아리스토텔레스 이후의 사람이라 후자의 영향을 많이 받았다: 아리스토텔레스가 자기 방식으로 아낙시만드로스의 무한성의 원리를 분석했는데 이는 상당한 문제를 내포한다; 예를 들면 위의 인용문에서 원소(element), 실체(substance) 등의 개념을 심플리키우스가 사용하는데 이는 원래 아리스토텔레스의 용어들이 다. 따라서 우리는 아낙시만드로스의 이해에 있어서 극히 조심해야 한다: 아리스토텔레스의 철학과 아낙시만드로스의 그것을 분리할 수 있어야 한다.

그럼에도 불구하고 밑줄 친 부분은 가장 아낙시만드로스의 원래 모습에 가까운 표현이다. 왜냐하면 심플리키우스가 아낙시만드로스의 말을 간접적으로 인용하고 있기 때문이다. 따라서 우리는 여기서 아낙시만드로스의 철학의 해석을 위한 교두보를 확보해야 한다.

밑줄 친 부분에서 필자가 인식하는 것은 이오니아 철학자들의 관심이 탈레스의 arche 즉 최초의 것, 가장 오래된 것의 추구에서 아낙시만드로스의 arche 즉 변화와 성장의 과정의 추구로 바뀌었 다는 사실이다. 그리고 변화와 생성이 대립자(the opposites)의 존 재에 기인한다는 것을 아낙시만드로스가 밝히고 있다. 예를 들면 여름이 되면 점점 더워지고 이 더위가 최고조에 달하면 다시 추위 로 변하기 시작한다.6)

---

5) G. K. Guthrie, *The History of the Greek Philosophy.*

더위가 추위로 변할 때 이는 하나의 변화이다. 이런 변화를 아낙시만드로스는 추위가 더위를 죽인 것으로 생각한다. 도가 지나친 극심한 더위를 아낙시만드로스는 불법으로 간주한다, 그리고 추위의 도래를 이 불법에 대한 보복으로 표현하고 있다. 또는 추위에서 더위가 태어났고 반대로 더위는 추위에서 태어났다고 볼 수도 있다.

이런 것이 생성, 변화의 철학적 규정이다. 여기서 우리는 변화 개념 그 자체와 변화되는 것을 논리적으로 구별할 수 있다. 아낙시만드로스가 본 것은 변화되는 것이 아니라 변화 그 자체의 독자성이다. 이런 논리를 아리스토텔레스는 그의 『자연학』(*Physica*), 203b에서 제대로 표현하고 있다. 필자의 주장은 그런 아리스토텔레스의 사상의 뿌리가 아낙시만드로스이고 후자는 그 사상을 시적으로 표현한 반면에 전자는 그의 사상을 논리적-존재론적 술어들을 이용하여 표현했다는 것이다.

아리스토텔레스는 『자연학』, 203b에서 무한성 개념의 5가지를 천명하고 있다. 그 중 네 번째는 필자의 견해에 따르면 아낙시만드로스의 그것을 암시한다. 네 번째 무한 개념은 유한자의 근거가 무한자에 있다는 것이다. 이를 영어로 번역하면 이렇다:

"Because the limited always finds its limits in something, so that there must be no limit, if everything is always limited by something different from itself."[7]

---

6) 이런 사유는 노자서 40장에서 "돌아가는 것이 도의 움직임이다"(反者道之動)라고 표현된다.

더위 혹은 추위는 그 자체 유한자(the limited)이다. 더위는 그 본성을 추위에 대항해서 보전한다. 이렇게 유한자(the limited)가 자신의 존립을 위해 벌써 자신의 타자를 자신의 내부에 함축하고 있다는 사실, 이것이 아낙시만드로스가 원초적으로 본 무한자(apeiron)의 의미이고 아리스토텔레스는 그것을 논리적으로 정확히 표현했고 헤겔이나 그밖의 철학자들도 언급한 문제이다.

이는 우리의 노자 강의에서 살핀 노자의 도(道) 혹은 무(無) 개념이다.8)

아리스토텔레스는 이를 무제한(無制限, no limit)이라고 표현했다: 즉 the limited가 있다면 no limit가 있어야 한다는 것이다. 이를 아낙시만드로스는 사물들 상호간의 불법에 대한 보복이라고 시적으로, 소박하게 무한성의 원리를 표현한 것이다.

이처럼 이오니아의 자연철학은 소박한 사고, 즉 '무엇이 더 오래 되었느냐'에서 '대립자간의 상호관계'라고 자연의 원리(arche)를 찾아 나간다.

---

7) 『자연학』(*Physica*), 203b.
8) 제5강의 "노자의 자연철학(2)", 제6강의 "노자의 자연철학(3)" 참조.

아낙시메네스와 공기의 철학

1. 자연철학의 발전사

아낙시메네스는 아낙시만드로스와 동시대의 사람이며(B.C. 6세기 중반) 아낙시만드로스의 제자이며 후계자라고 알려져 있다. 이 오니아 학파의 공통된 관심은 arche의 탐구이다. 탈레스의 arche는 물이었으며, 아낙시만드로스의 arche는 무한자였다. 아낙시메네스의 arche는 공기이다. 아리스토텔레스를 비롯한 후대의 철학사가들은 이 3가지 arche를 평면 위에서 비교 분석한다. 따라서 이들의 발전사적 특징이 제대로 파악되지 않는 경우가 많은 것 같다. 특히 아리스토텔레스는 후대의 관점에서, 예를 들면 엠페도클레스의 4

원소(물, 불, 흙, 공기) 이론을 가지고, 이오니아의 철학을 보기 때문에 탈레스의 물의 개념과 아낙시메네스의 공기 개념을 동일 지평에서 고찰한다. 또 이 경우 아낙시메네스의 철학이 그의 선배 아낙시만드로스보다 퇴보한 것으로 보일 수 있다; 왜냐하면 아낙시만드로스의 무한자(apeiron)는 대립적 요소들이 원초적으로 혼합되어 있음을 말하기 때문이다: 무한자(apeiron)에서 천상과 지상의 모든 것이 생겨나고 또 모든 것은 무한자(apeiron)로 소멸해 들어간다.[1] 이렇게 생각할 경우 apeiron은 물이나 공기보다 더 고차원적인 원리가 될 것이다.

이에 대해 필자는 탈레스의 물의 의미와 아낙시만드로스의 무한자의 의미가 다름을 밝힘으로써 시대착오적인 오류를 벗어나려고 했다: 탈레스가 추구한 물은 신화적인 성격이 많으며, 이때 arche의 의미는 가장 오래된 것 혹은 태초에 제일 처음 존재한 사물이라는 뜻이다, 즉 탈레스에 있어서 arche = beginning 이라는 의미였다.

거기에 비해 아낙시만드로스는 탈레스와 달리 태초(beginning)가 아니라 변화 자체의 논리적 성격을 규명했다: 즉 변화 자체는 변화되는 것과 구별될 수 있고 변화 자체는 한계를 넘어섬(unlimited, boundless)이다. 이는 변화의 논리적·형식적 규정이다. 따라서 아낙시만드로스에 있어서는 arche = principle(원리)이다. 이와 같이 arche의 두 가지 뜻, 즉 시작과 원리를 필자는 탈레스와 아낙시만드로스에게 각각 배당하였다. 자연철학의 발전은 이

---

1) 제8강의 아낙시만드로스 인용문 참조.

와 같이 시간의 순서에 따르는 발생론의 이론에서 주어진 현상의 내적 구조를 분석하는 존재론 쪽으로 발전한다.2)

이런 아낙시만드로스의 논리적·형식적 규정을 넘어서 변화의 내용적 규정마저 추구하는 것이 아낙시메네스의 아르케 곧 공기이다.3)

오늘날 공기는 자연과학의 대상이거나 아니면 문학의 대상이다. 그러나 고대 그리스의 공기는 우리가 생각하는 것보다 훨씬 풍부한 의미와 연상을 내포하고 또한 과학적이고 동시에 문학적인 뉘앙스를 모두 가지고 있다.

공기의 다양한 의미를 아낙시메네스의 철학을 통해 숙고해 보는 것은 우리의 상상력을 심화시켜 줄 것이다.

2. 공기의 성격: 희박과 농축

우리는 아낙시만드로스의 경우처럼 아낙시메네스의 공기의 교설 역시 심플리키우스의 서술을 통해 고찰해 보자:

---

2) 지난 강의에서 필자는 자연철학이 우주발생론(cosmogony)의 형태를 띤다고 했는데 이는 일반적인 경향을 말한 것이다. 우주발생론 및 우주론(cosmology)에도 사실적-역사적 요소를 중시하는 경향과 논리적-구조적 요소를 중시하는 경향이 서로 구분될 수 있다. 학문의 발전은 전자에서 후자로 이행한다.

3) 거스리(W. K. C. Guthrie)는 필자의 견해와 달리 아낙시만드로스와 아낙시메네스의 아르케(arche)를 동일한 맥락에서 이해한다.

"밀레투스의 아낙시메네스, 유리스트라투스의 아들, 아낙시만드로스의 동료는 하나의 무한한 근본적인 사물들의 실체를 상정했다. 그러나 그것은 아낙시만드로스의 그것처럼 성격에 있어서 무규정적이지 않고 반대로 확정적이다; 왜냐하면 그는 그것을 공기라고 부르기 때문이다. 그리고 아낙시메네스는 말하기를 그것은 다른 실체들에 따라서 희박성(rarity)과 농축성(density)에 있어서 다르다. 희박하게 되면 그것은 불이 된다. 압축되면 그것은 최초에는 바람이 되고 그 다음에는 구름이 된다. 그리고 더욱 압축되면 물이 되고 흙이 되고 돌이 된다. 그 밖의 것들은 이들로부터 만들어진다. 그는 또한 영원한 운동을 가정했다, 그런데 이것이 변화의 원인이다."[4]

우리는 위의 인용문에서 실체(substance)라는 개념은 괄호 치고 문장을 읽을 수 있어야 한다, 왜냐하면 제 8 강의에서 이미 지적한 것처럼, 이는 아리스토텔레스의 개념이기 때문이다.

인용문을 자세히 분석할 때 알려지는 사실은 아낙시메네스의 원리(arche)는 하나, 즉 공기가 아니라 둘 또는 셋이다: 공기와 압력 혹은 공기와 희박, 농축. 아낙시메네스의 설명에 따르면 공기의 압력이 약해지면, 곧 희박화되면 공기는 불로 변한다. 반대로 공기의 압력이 강해지면, 곧 농축화되면 바람 → 구름 → 물 → 흙 → 돌의 순으로 변한다. 이는 우리가 오늘날 모두 추체험할 수는 없지만 압력이 강해지면, 다시 말해 농축화되면 공기가 구름으로 된다는 것은 어느 정도 수긍할 수 있다. 그리고 구름이 농축되면 물(비)이 되는 것도 소박한 자연의 관찰에서 인식될 수 있다. 그러나 물이

---

4) 심플리키우스, 『자연학』, 24. 26, A 5. 거스리(W. K. C. Guthrie), 『희랍철학사』(*The History of the Greek Philosophy*), 1권, p.121에서 재인용.

농축되면 흙이 된다는 비약이다. 물이 얼음이 되는 것은 경험될 수 있다. 그러나 얼음과 흙을 혼동해서는 안 될 것이다. 흙→돌의 과정은 문제가 없다. 그러나 어떻게 공기가 희박화될 때 불이 나올 수 있을까? 이에 대해『플루타르크 영웅전』을 쓴 신피타고라스주의 철학자 플루타르크는 아래와 같은 해석을 제공한다:

"아낙시메네스가 말하기를 촘촘하고 농축된 것은 차고(cold), 희박하고 느슨한 것은 뜨겁다(hot). 따라서 그가 말하기를 사람은 그의 입으로 뜨겁게도, 차게도 숨을 쉴 수 있다, 왜냐하면 입술이 호흡을 누르고 압착하면, 호흡은 차다, 그러나 호흡이 열려진 입술에서 나오면, 그것은 희박하게 되고 따뜻하게 된다."5)

우리가 흔히 경험하는 입으로 바람 뿜기의 경우 입술을 작게 하면 농축화―나오는 호흡은 빠르고 차다. 반대로 입술을 벌리면 희박화―나오는 바람은 느리고 덥다. 이런 단순한 사실에서 아낙시메네스는 희박화를 뜨거움(hot)과 결부시킨다. 따라서 공기가 희박화할 때 불이 나온다는 아낙시메네스의 주장이 납득될 수 있는 것이다.

따라서 또한 우리가 알 수 있는 것은 아낙시메네스의 농축 (condensation)과 희박(rarefaction)이 오늘날의 압력 개념과 완전히 일치하지 않는다는 점이다. 농축과 희박을 입술의 개폐 정도에 따라 규정하고 있는 것이다. 그러나 2,500년 전에 그 정도의 물리학적 개념 형성을 할 수 있었다는 것은 놀라운 일이다.

---

5) 거스리(W. K. C. Guthrie), 『희랍철학사』, 1권, p.124에서 재인용.

3. 공기의 원리의 철학사적 의미

위에서 필자는 아낙시메네스의 원리(arche)가 하나가 아니라 둘 또는 셋이라고 해명했다. 공기라는 하나의 실체와 그것의 양태 변화로서 농축과 희박이 있다. 이는 또한 (물리적) 실체와 그것이 가지는 힘의 구분을 의미한다. 따라서 여기서 아리스토텔레스의 실체-속성의 범주가 그 원시적인 형식에서 드러나고 있다. 또는 사물과 그것의 상태(condition)를 구별하는 사유의 발전이 일어나고 있다. 이런 의미에서 공기는 원리(arche)이자 동시에 무한자(apeiron)이다. 공기는 그 자신의 상태 변화에도 불구하고 여전히 공기 자체로 머무르고 있다. 아낙시메네스의 공기 개념이 아낙시만드로스의 무한자 개념의 퇴보가 아니라 도리어 그 Apeiron의 내용적 충족이다. 공기 자체가 Apeiron의 내용 규정이 되는 것이다. 아낙시만드로스는 변화와 생성의 이론적 구조를 무한(unlimited, boundless)이라고 불렀지만 아낙시메네스는 그런 무한(unlimited, boundless)한 것이 공기라고 천명한 것이다.

그밖에 또한 공기의 원리가 좋은 점은 그것이 어디에서나 편재하기 때문에 물, 불, 흙 등보다 더욱 보편성을 가진다는 점이다.

4. 공기의 신비주의

또한 공기는 호흡과 관련되고 이는 바로 생명을 지시하는 것이다. 고대의 신비적 공기 이론은(오르페우스 교) 인간의 영혼을 우주적 생명의 한 부분으로 보고 우리가 숨쉴 때 우주적 생명이 우리의 영혼 속으로 들어온다는 생각을 했다. 즉 호흡을 통해 우주적 영혼과 개인적 영혼이 교감한다는 것이다. 이런 공기는 신적이라고 할 수밖에 없다. 고대인들은 공기 자체를 영혼과 동일시하기도 한다. 이런 면에서 우리나라에 유행하는 단전호흡의 수행과도 비교될 수 있겠다. 호흡을 통해서 우주의 정기를 빨아들인다는 사상은 그리스의 공기의 신비주의와 상통한다. 디오게네스는 "우리 안의 공기는 신(神)의 작은 한 부분이다"라고 말했다고 한다.6)

---

6) 거스리(W. K. C. Guthrie), 『희랍철학사』, 1권, p.130에서 재인용.

파르메니데스(1): 파르메니데스 단편 「존재와 사유」

우리는 지금껏 논리의 탄생을 위한 예비조건으로서의 철학사를 공부했다. 특히 그리스의 자연철학은 논리학과 형이상학의 발생을 위한 지반을 마련했다. 서양의 논리학을 탄생시킨 장본인은 아리스토텔레스이다, 하지만 '있음은 있다'라는 동일률을 최초로 표명한 사람은 파르메니데스이다. 요즘 보면 별것도 아닌 발견같이 보이나, 이는 논리학의 발전에 있어서 달에 최초의 발자국을 남긴 우주비행사 암스트롱의 작은 한 발자국과도 같다. 파르메니데스의 사유가 없었더라면 오늘날의 디지털 발전과 컴퓨터의 출현도 없다. 이는 생성의 철학에 대한 존재의 철학이며 감성의 철학에 대한 이성의 철학이며 경험과 관습보다도 오직 올바른 사유를 진리로 인정

하는 인간정신의 화약고이다. 따라서 이 강의 파르메니데스 (1)에
서는 그의 원문을 번역하는 데 한정한다. 이는 그리스어에서 옮긴
것이 아니라 딜스(Diels)라는 사람이 독일어로 번역한 것을 다시
한국어로 번역한 것이다.1)

서양철학사에서 최초로 사유와 논리의 진리를 밝히는 파르메니
데스의 단편. 이는 시가의 형식을 취하고 있다.2) 이에 따르면 파르
메니데스는 진리를 찾기 위해 준마가 달린 마차를 타고 달린다. 인
적이 없는 민 길과 어두운 밤의 여로를 통과해 그는 드디어 밝은
진리의 성문 앞에 도달한다. 그 문 앞에서 그는 소녀의 인도를 받
는다. 진리의 신전에서 그는 드디어 여신을 만나고 그녀에게서 참
다운 지혜에 관해 듣는다. 다음이 그 내용이다.

1. 여신은 나를 자비롭게 맞아주었다. 그녀는 그녀의 손으로 나
의 오른손을 잡아주었으며 말씀을 들려주었다. 젊은이여, 당신은
불멸의 마부와 그리고 당신을 이곳까지 싣고 온 준마와 더불어 우
리의 집으로 왔다. 기뻐하라! 당신이 이곳으로 온 것은 어떤 나쁜
운명이 아니다; 왜냐하면 그 길은 사람 사는 곳에서 멀리 떨어져

---

1) 파르메니데스의 단편에 관한 자세한 정보는 김내균, 『소크라테스 이전의 그
리스 철학』(교보문고, 1996), 165~215쪽 참조.
2) 김내균, 『소크라테스 이전의 그리스 철학』, 166쪽: "파르메니데스의 철학
시는 원래 『자연에 관하여』라는 제목의 책이었는데, 그 일부가 섹스투스
엠피리쿠스와 심플리키오스의 덕택으로 남아 지금까지 전해지고 있다. 파르
메니데스의 시는 「서문」에 이어서 두 부분으로 크게 나뉜다. 「탐구의 길」
(진리의 길)과 「억견의 길」이 그것이다. 이 가운데 단편 8은 대략 60행으
로 이루어져 있고, 최초로 괄목할 만한 철학적 논증을 포함하고 있다".

있기 때문이다. 도리어 그것은 법과 정의이다. 이제 당신은 모든 것을 알아야 한다; 잘 연마된 진리를 위한 불굴의 마음과 더불어 그 위에 참된 확실성이 깃들지 않는 의견(doxa)까지도 알아야 한다. 당신은 비록 참된 확실성이 없다고 할지라도 후자의 지식까지도 알아야 한다. 더욱이 그런 지식이, 모든 것을 관통할 때, 당신에게 시험적이고 개연적인 방식으로 나타난다고 할지라도 그렇다.3)

2. 좋다, 이제 나는 당신에게 어떤 탐구의 방식이 유일하게 사유될 수 있는지를 말하겠다. 당신이 듣는 말을 잘 새겨두시오:
첫 번째 길은: 있음은 있음이며 있지 않음은 없다는 것이다. 이것은 확신의 길이다; 왜냐하면 이는 진리를 따르기 때문이다.
다른 길은: 있지 않음이 있다는 것이며 있지 않는 것이 요청된다는 것이다. 이 길은, 내가 당신에게 말하지만, 탐구될 수 없다: 왜냐하면 당신은 있지 않음을 인식할 수도 말할 수도 없기 때문이다.

3. 왜냐하면 사유와 존재는 동일하기 때문이다.

4. 어떻게 정신을 통하여 결석한 것이 출석한 것으로 간주되는지를 정신차리고 살펴보아라; 왜냐하면 정신은 있음을 있는 것과의 혼합체로부터 분리하지 못하기 때문이다: 다시 말해 질서에 따라 흩어지는 있음(존재자)을 분리하지도 못하고, 한 덩어리로 뭉치는

---

3) 파르메니데스의 단편 1은 원래 이보다 더 길다. 김내균, 『소크라테스 이전의 그리스 철학』, 167~168쪽 참조.

있음을 분리하지도 못했다.

5. 하나의 공통적으로 결합하는 것, 거기서 내가 출발하고 또한 그곳으로 나는 돌아간다.

6. 꼭 필요한 것은, 단지 있는 것만 있고 없는 것은 없다고, 말하고 또 사유하는 것이다. 이것을 명심하기 바란다. 왜냐하면 이것이야말로 내가 너를 그것으로부터 떼어놓기를 바라는 연구의 첫 번째 길이다. 그리고 또한 아무것도 모르는 유한한 인간들이 그 위에서 동요하는 우왕좌왕하는 그 길로부터도 너를 떼어놓기를 바란다. 이중머리. 왜냐하면 어리석은 생각이 그들의 마음속에서 왔다 갔다 하기 때문이다. 이 어리석음은 말 못하고 보지 못하게 만든다. 우둔하고 망설이는 덩어리들, 그들에게 존재와 비존재는 동일한 것으로 간주되고 동시에 그렇지 않다. 그들에게 모든 경우 상충하는 통로가 있다.

7. 왜냐하면 비존재가 있다고 하는 사실을 이론의 여지가 없이 증명하기는 불가능하기 때문이다; 차라리 이런 연구 방식으로부터 너의 생각을 멀리하라. 그리고 경험 많은 관습이 너를 이 길로 강제해서는 안 된다. 아니다, 사유로서, 내가 말한 바의, 다투는 시험을 결정하라.

8. 그런데 단지 하나의 이정표가 남는다; 즉 있음은 있다: 왜냐하면 태어나지 않았기 때문에 그것은 멸망하지 않는다. 그것은 그

구성에 있어서 완전하고 부동적이며 끝이 없다. 그리고 그것은 과거에도 없었고 미래에도 없을 것이다; 왜냐하면 그것은 지금 전체로서, 일자로서, 결합시키는 것으로서 존재하기 때문이다. 여기에 대하여 너는 어떤 근거를 찾을 수 있느냐? 어떻게, 어디로부터 그의 성장을 찾을 수 있느냐? 그리고 비존재로부터의 그것의 성장을 너가 말하고 생각하는 것을 나는 허용하지 않겠다. 왜냐하면 있지 않음을 있다고 언표하는 것이나 생각하는 것은 불가능하기 때문이다. 어떤 책임감 때문에 조만간 또다시 없음과 더불어 생성하기 시작하느냐? 따라서 철두철미 있든지 아니면 없든지 둘 중의 하나이다. 그리고 확신의 힘은, 있지 않음에서 어떤 이것 이외의 것이 유래할 수 있다는 것을, 용인해서는 안 된다. 그를 위하여 정의의 신은 생성을 위해서도 소멸을 위해서도 존재를, 사슬에서 느슨히 하여, 풀어주지 않았다. 결정은 다음에 놓여 있다: 즉 있느냐 혹은 있지 않느냐! 한쪽 길은 사유불가능하고, 언표 불가능한 것으로서 물리치고(그것은 옳은 길이 아니다) 다른 길은 현존하고 실제로 참되다고 간주하는 것이 얼마나 필요한 일인지 이제 결정되었다. 어떻게 존재자가 멸망하며, 어떻게 그것이 생성하겠느냐? 왜냐하면 그것이 생성했다면, 그것은 있지 않고, 마찬가지로 그것이 미래에 있게 된다 해도 (현재에는) 있지 않다. 따라서 생성은 소멸되고, 소멸은 실종되어 버렸다.

그리고 그것은 분리가능하지 않다, 왜냐하면 그것은 철저히 동질적이기 때문이다. 그리고 여기 또는 저기에, 자신의 결합을 방해할 수 있는, 더 강한 존재가 있거나 더 약한 존재가 있지는 않다; 그것은 존재자로 충만해 있다. 따라서 그것은 완전히 결속하는 것이다; 왜냐하면 존재자는 존재자와 밀접히 부딪히기 때문이다.

출처도 없이, 중지도 없이 엄청난 속박의 한계선상에서 그것은 부동하고 불변적으로 놓여 있다; 왜냐하면 생성과 소멸은 멀리 추방당했고, 진실한 확신은 이들을 배척한다. 동일자로서 그리고 동일자 안에서 그것은 그 자체로서 머물러 쉬고 있다. 그렇게 그것은 확고하게 현장에서 머물고 있다. 왜냐하면 강력한 필연성이 그것을 둥글게 감싸는 경계선의 속박 안에 붙잡고 있기 때문이다, 왜냐하면 존재자는 어떤 종결 없이 있을 수 없기 때문이다: 왜냐하면 그것은 부족함이 없기 때문이다, 그에게 무언가 결여된다면 완전히 결여된다.

사유와 있음이 있다는 사상은 동일하다; 왜냐하면, 언표된 것으로서 존재하는 있음, 그 있음 없이는 사유를 만날 수 없기 때문이다. 존재자 밖에는 아무것도 없고 다른 어떤 것도 없다, 왜냐하면 운명의 여신 모이라가 그것을 완전하고 불변적으로 묶어 두었기 때문이다. 따라서 필멸의 존재들이 그들의 언어 안에서, 그것이 참이다, 라고 확정한 것 그리고 확신시킨 것은 다름 아닌 이름 곧 단순한 이름일 뿐이다: 이런 것들로서는 생성과 소멸, 존재와 비존재, 장소의 변화와 빛나는 색깔의 변화 등이 있다.

그러나 마지막 경계선이 존재하기 때문에, 그것은 모든 측면으로부터 완성되고, 중심으로부터 균형을 이루는, 하나의 둥근 공 모양의 물체와 유사하다. 그 경우 어떤 쪽이 더 크고, 어떤 쪽이 더 약할 필요가 없다. 왜냐하면 그것은 균형잡기를 방해하는 비존재도 아니고, 여기서는 더 많고 저기서는 적은 그런 존재자도 아니다, 즉 그것은 상처 나지 않은 것이다. 스스로 모든 측면으로부터 동일하고 균형 잡힌 상태에서 그것은 한계 지워진다.

이와 더불어 나는 나의 신뢰할 수 있는 진리에 관한 말과 사유를 마친다. 그런데 여기서부터 너는, 나의 말을 기만하는 바, 인간적인 가상의 견해를 배워라.

그들은 그들의 견해를, 두 가지 형태를 지칭하는 데서 확정한다 (그 중에서 사람들은 아마도 한 가지는 사용하지 않으려 할 것이다, 이 점에서 그들은 미혹에 빠진다). 그들은 형태를 대립적으로 구분하고, 특징들을 서로 분리한다: 여기서는 에테르 같은 불길, 부드럽고 가벼운, 그 자신과 어디서나 동일한, 그러나 타자와는 전혀 동일하지 않는 것; 그러나 전자는 독자적으로, 정확히 대립된다: 어두운 밤, 진하고 어두운 형상. 이런 세계구조를 나는 그럴싸한 것으로서 모든 부분에 있어서 너에게 전달한다; 죽어야 하는 인간들의 어떤 견해들이 너에게 가치를 가진다는 것은 불가능하다.

9. 그러나 모든 사물들이 빛과 어둠으로 지칭되고 난 다음에, 그리고 그들의 능력에 따라 이름으로서의 이것 그리고 저것에 분배되고 난 다음에, 모든 것은 동시에 빛과 볼 수 없는 밤— 이 둘은 균형을 이룬다— 에서 나온다. 즉 이들 둘 중의 하나 아래에 서지 않는 것은 아무 것도 없다.

10. 너는 또한 에테르의 존재와 그 속에 있는 성좌들 그리고 순수하고 맑은 태양불의 태우는 작용 등을 경험할 수 있다. 그리고 너는 둥근 눈을 가진 달의 왕복하는 본질과 작용을 탐구할 수 있다. 너는 또한 둥글게 에워싸는 하늘, 어디서 그것이 싹이 트는지,

그리고 어떻게 필연성이 그것을 단단히 묶고 있는지, 별들의 한계를 지키는지를 탐구할 수 있다.

11. 나는, 어떻게 땅과 태양과 달이, 그리고 보편적인 에테르와 은하수와 극히 떨어져 있는 올림포스와 별들의 따뜻한 힘들이 생성하기 위해 노력하는지를, 이야기하려고 한다.

12. 왜냐하면 좁은 고리들은 어두움과 더불어 이를 뒤따르는 섞이지 않는 불로써 채워져 있다, 그런 사이에 불꽃의 부분이 붕괴한다. 그리고 이런 중에 모든 것을 조정하는 여신이 있다. 왜냐하면 그녀가, 수컷에 암컷을 보내고, 역으로 암컷에다가 수컷을 보내어 교미하도록 보내어, 도처에서 소름이 끼치는 출산과 교미를 자극하기 때문이다.

13. 최초에 출산 또는 사랑의 신은 모든 신들에게 에로스를 고안해 낸다.

14. 달은 하나의 밤 빛이다, 땅 주위를 배회하는 이상한 빛이다.

15. 달은 태양광선을 꾸준히 바라보면서 있다.
15 a. 땅은 물 속에 뿌리를 가진다.

16. 어떻게 각자가 여러 모로 혼란스런 지체들의 혼합을 소유하고 있는지에 따라 정신은 사람을 돕는다. 왜냐하면 생각하는 것은

동일하며, 그것은 모든 그리고 각각의 사람에 있어서 내부적인 속성이기 때문이다. 즉 더 많은 것은 생각이다.

17. (자궁의) 오른쪽에서 (씨앗은) 남자아이가 되고, 왼쪽에서는 여자아이가 된다.

18. 여자와 남자가 사랑의 씨앗을 혼합하면, 여러 가지 피로 된 혈관에서 씨앗이 형성하는 힘이 잘 만들어진 신체를 형성한다, 단 그 씨앗이 균일한 혼합을 보존할 때. 왜냐하면 혼합된 씨앗들 가운데서 다양한 힘들이 다툴 때, 그리고 이들이 혼합된 신체 속에서 통일성을 이루지 못할 때, 그 힘들은 발생하는 생명을 양성(兩性)을 통해 공격하게 된다.

19. 이렇게 가상을 따라 이런 것들이 생겼다. 그리고 지금도 있고, 미래에도 성장할 것이며 종말을 맞이할 것이다. 그리고 이런 일들을 위해 사람들은 하나의 이름을 확정했다, 즉 각각의 것들에 대해서 기호를 붙이는 것이다.

파르메니데스(2): 「존재와 사유」의 해석

1. 존재와 생성의 대립

지난 시간 우리는 위대한 철학가 파르메니데스의 단편 「존재와 사유」(가칭)의 본문을 모두 읽었다.[1] 이는 어떤 해석 없이도 그 자체로서 잘 이해될 수 있는 하나의 체계적인 논문이다. 거기에는 최초로 존재의 진리를 발견한 선각자의 자기 인식이 잘 드러나 있었다. 일상적인 경험의 세계마저도 사유의 원리에 비추어 그 실재성

---

[1] 파르메니데스의 단편은 「자연에 관하여」라고 불렸다. 단지 필자는 그 내용에 비추어 그를 「존재와 사유」라고 부른다. 왜냐하면 존재 개념은 자연 개념에 대립되기 때문이다.

을 부정해야 하는 철학자의 고통이 거기 드러나 있었다. 자기가 발견한 진리가 논리적으로 확실하지만 그것이 일상적 경험의 세계와 너무나 다르기 때문에 고민하는 선각자의 모습이 있었다: 자신이 발견한 논리의 세계와 인간들이 그 안에서 살아가는 자연과 생성의 세계의 무서운 차이점을 인식한 파르메니데스는 일상적 세계의 진리를 결코 완전히 무시할 수 없었다. 따라서 파르메니데스는 자신의 논문을 두 부분, 즉 진리의 길과 가상의 길로 나누었다. 사유와 존재의 전반부, 즉 1단락부터 8단락까지는 진리의 길이고 그 후반부, 즉 9단락부터 19단락까지는 가상의 길이다 이는 전통적으로 억견(doxa)이라고 불린다.

논리와 사유의 발견이라는 엄청난 업적에도 불구하고 이런 것, 즉 비진리의 세계마저도 완전히 부정하지 못하고 다시 자신의 체계 속에 부분적으로 수용해야 하는 사정이, 그의 체계의 불완전한 면이라고 볼 수 있다. 파르메니데스의 철학은 운동과 존재를 철저히 분리하고 전자의 희생 위에 후자의 진리성을 정립하는 데 있다고 볼 수 있다.[2]

필자의 철학사적 견해에 의하면 이런 파르메니데스의 일면성을 극복하고 존재와 운동의 분리와 결합을 종합한 철학자는 아리스토텔레스이다.

그럼에도 불구하고 파르메니데스의 정신은 서구의 정신을 결정

---

2) 지난 제8강의에서 우리는 자연 개념에 탄생, 생성, 성장 등의 의미가 포함되어 있음을 배웠다. 이런 자연의 규정들은 포괄적으로 운동 개념 안에 포함될 수 있다. 이는 아리스토텔레스의 자연학이 말하고 있다. 참고로 아리스토텔레스는 운동을 공간운동, 상태변화, 생성, 소멸의 네 가지로 분류하고 있다.

하는 선구적인 결단을 보여준다. 그의 화두는 존재이다. 그는 존재 개념을 통하여 이오니아의 자연철학을 극복하고 그후의 그리스 철학을 발전 방향을 제시하는 역할을 했다. 파르메니데스의 존재 개념은 그의 단편 2단락과 3단락에서 가장 분명하고 간단하게 드러난다. 「존재와 사유」 2, 3단락을 다시 보자.

"2. 좋다, 이제 나는 당신에게 어떤 탐구의 방식이 유일하게 사유될 수 있는지를 말하겠다. 당신이 듣는 말을 잘 새겨 두시오:

첫 번째 길은: 있음은 있음이며 있지 않음은 없다는 것이다. 이것은 확신의 길이다; 왜냐하면 이는 진리를 따르기 때문이다.

다른 길은: 있지 않음이 있다는 것이며 있지 않는 것이 요청된다는 것이다. 이 길은, 내가 당신에게 말하지만, 탐구될 수 없다: 왜냐하면 당신은 있지 않음을 인식할 수도 말할 수도 없기 때문이다."

"3. 왜냐하면 사유와 존재는 동일하기 때문이다."

필자는 있음은 있음이며 있지 않음은 없다는 것이다 라는 파르메니데스의 주장을 서구의 존재론과 논리학의 출발점으로 본다. 고대 중국에서도 고대 그리스와 마찬가지로 자연철학(노자)과 실천철학(공자)은 있었고 후자는 동시대의 그리스보다 더 발전되었다. 그러나 서양철학을 고대 중국의 철학이나 인도의 그것과 구별시키는 결정적인 증거는 바로 파르메니데스의 존재론, 논리학이다. 특히 필자는 여기서 형식논리학의 탄생의 장소를 본다. 필자의 전공이 헤겔의 변증법적 논리이지만 그러나 사회적 의미에서 형식논리학을 더 중요시한다.

지난 2000년 7월 7일 대구 경북대학교 우당 교육관에서 있었던 헤겔 학회에서 연세대학교 철학과 윤병태 선생님은 변증법적 논리학은 형식논리학의 한 보충이다라고 말했다. 필자 역시 여기 동감했다. 헤겔의 변증법이 그토록 유명한 것은 서구에서 2천 년 이상 (형식)논리학이 학문의 도구로서 기능해 왔기 때문이고 변증법이 그런 보편적 학문(논리학)을 어떤 의미에서 극복했기 때문이다.

물론 형식논리학을 체계적으로 정립시킨 사람은 아리스토텔레스이지만 그 역시 파르메니데스의 존재-논리학 없이는 생성과 변화의 세계에 대항하는 불변적인 이념의 세계, 논리의 세계를 확신할 수 없었을 것이다. 철학이 영원 불변한 진리를 추구한다고 할 때 이 말은 일차적으로 존재의 형식을 분석하는 (형식)논리학을 지시한다고 보여진다. 근래에 와서 기호 논리학의 발전으로 2천 년 이상 동안 거의 그대로 유지되어 온 (형식)논리학의 모습이 많이 달라졌으나 그 본질에 있어서는 파르메니데스 아리스토텔레스의 존재-논리학의 관점을 유지하고 있다.

"있음은 있고 없음은 없다"라는 파르메니데스의 공식은 두 갈래로 나누어볼 수 있다. 첫 번째는 그것이 A = A 라는 형식논리학의 동일률 원리를 나타낸다는 것이다. 두 번째는 그것이 존재 개념을 실체화하여 영구 불변의 존재를 상정한다는 존재론의 원리를 나타낸다는 것이다; 다시 말하면 존재(being)는 존재 이외의 것이 될 수 없고 이는 동시에 자연철학의 원리, 즉 생성이나(becoming) 변화를 부정한다: 왜냐하면 공기가 압축되면 물로 변한다는 아낙시메네스의 자연철학은3) 공기 → 물이라고 간단히 도식화할 수 있다. 이는 공기라는 존재는 사라지고 물이라는 새로운 존재의 출현을 말한다. 파르메니데스가 볼 때 이는 있는 것이 있지 않음이 된다는 것이고 없음이 있음이 된다는 말이며 이는 오류이다.

따라서 무에서 유가 생기고 유에서 무가 생기는 자연의 세계, 현상의 세계는 그것이 아무리 우리 눈앞에 보이는 보편적인 사실이라고 할지라도 이성적인 판단에 위배되면 그것은 옳지 않는 것이다.

그러나 이런 생성과 변화는 우리의 삶에 필수적인 조건이다; 예를 들어 사람의 탄생과 죽음의 경우를 고려해 보자. 우리는 영혼불멸의 믿음을 가지고 있기 때문에 탄생과 죽음의 수수께끼를 어느 정도 이해한다. 그러나 특히 죽음의 경우, 영혼이라는 실체가 없고 간단히 그것이 삶의 끝을 뜻한다면 파르메니데스의 입장에서는 죽음 곧 무(無)가 있다는 역설이 발생한다. 이것이 생활 세계적인 인식이다: 여기서는 존재도 있고 무(無)도 있다는 이율배반이 성립한다. 없는 것도 있다고 말하며 살아야 하는 세상이 현실이다. 사람들은 이렇게 없는 것도 있다고 표상하며 살아간다. 우리는 죽음을 현상을 자연의 한 현상으로 생각하고, 특히 동양에서는, 죽음이 수반하는 고통 따위만 없다면 거기 하등의 의문을 품을 필요가 없다. 그러나 파르메니데스의 사유지평에서는 죽음은 논리적 모순이고 이런 것은 인식할 수도 말할 수도 없는 것이다. 죽음(비존재)은 이에 따르면 가상이다: 죽음은 없다.

죽음이 있다고 할 경우, 이를 파르메니데스는 있지 않은 것이 요청된다고 표현한다, 그러나 이 역시 이해는 되지만 논리적 사

---

3) 이 책 제9강의 "아낙시메네스와 공기의 철학" 참조.

유에는 위배된다고 그는 생각한다. 다시 말하면 사람들은 비록 그것이 없는 것이라고 할지라도 현실적인 필요성 때문에 그것을 요청한다는 것이다. 없는 것, 있지 않는 것이 요청된다.[4]

임마뉴엘 칸트의 요청의 사상, 실천이성의 요청의 사상(Postulat der praktischen Vernunft)과 논리적으로는 동일한 생각이 여기 나타난다.[5]

그러나 이런 자신의 발견이 상식에 비추어 너무나 이질적인 것이어서 그는 단락 8에서 존재냐, 생성이냐 둘 중의 하나를 택하라는 하는 양자택일의 논리로 우리를 강요한다.

"결정은 다음에 놓여 있다: 즉 있느냐 혹은 있지 않느냐! 한쪽 길은 사유불가능하고, 언표 불가능한 것으로서 물리치고(그것은 옳은 길이 아니다) 다른 길은 현존하고 실제로 참되다고 간주하는 것이 얼마나 필요한 일인지 이제 결정되었다. 어떻게 존재자가 멸망하며, 어떻게 그것이 생성하겠느냐? 왜냐하면 그것이 생성했다면, 그것은 있지 않고, 마찬가지로 그것이 미래에 있게 된다 해도 (현재에는) 있지 않다. 따라서 생성은 소멸되고, 소멸은 실종되어 버렸다."[6]

생성과 소멸은 우리 주위에서 매일 보는 친근한 것이어서 우리는 거기에 대해 하등의 의문이 없다. 그러나 파르메니데스의 사유는 그런 일상적인 믿음과 느낌을 의심한다. 나중에 생성 소멸하는

---

4) 사실 이 문제는 플라톤 철학에 있어서 하나의 핵심적인 문제이며 헤겔을 비롯한 서구 형이상학의 주요 문제이다.
5) 칸트는 인간의 도덕적 노력의 지속적 수행을 위해 신의 존재, 영혼의 불멸성 그리고 자유 등을 실천이성이 요청한다고 주장한다.
6) 이 책 제10강의.

존재자들은 유한자로서, 우연한 존재로서 자리매김되고, 이런 존재와 비존재 사이에 있는 상대적 가유(假有)를 플라톤은 '존재다운 존재'(ontos on)와 대립시킨다. 아리스토텔레스는 존재의 의미의 다양성을 말한다.

2. 사유와 존재

필자는 위에서 파르메니데스의 교설을 (1) A = A 라는 형식논리학의 한 원리, 즉 동일률이며 (2) 참다운 존재를 찾는 존재론의 출발이라고 설명했다.

"있는 것은 있다"라는 문장에서 그 내용을 추상하면 바로 A = A 라는 동일률의 공식이 주어진다. 물론 이를 공식화 한 사람은 파르메니데스가 아니라 아리스토텔레스이다. (2)의 작업 역시 아리스토텔레스가 완성한다.

파르메니데스는 형식논리학을 만들려고 하다가 동일률의 공리를 발견한 것이 아니라 존재의 의미를 캐묻다가 그런 생각에 도달한 것이다. 그가 말하는 사유란 다름아니라 동일률을 말한다. 따라서 그는 사유와 존재는 동일하다라고 말한다. 그는 감각이나 경험, 전통, 사회적 통념 따위가 아니라 오직 사유 하나로서 존재의 진리를 포착한 것이다. 사유는 달리 말하면 이성이라고도 하겠다.

그런데 어떤 연구자들은 파르메니데스가 be 동사의 기능을 혼동했기 때문에 "존재는 존재하고 생성은 존재하지 않는다"라는 역설을 펼친다고 주장한다: 그들에 의하면 be 동사는 (1) is, (2) exist

등의 뜻이 있는데 파르메니데스는 (2) exist 의 뜻으로만 be 동사를 본다는 것이다.[7]

여기에 대한 필자의 반격은 이렇다: 그렇다면 be 동사의 두 가지 뜻 중 어느 것이 더 근원적인가? Is 인가 아니면 Exist 인가?

보통 문장에서 is(이다)는 연결사 또는 술어의 역할을 한다. 예를 들면 'Socrates is a man'이라는 문장의 경우 is 동사는 단순한 연결의 뜻 이외에 다른 의미는 없다. 이런 be 동사의 기능을 문법적으로는 계사(Copula)라고 한다; 경우에 따라서 이 계사는 없어도 의미전달에 아무런 지장이 없다: 가령 'Shakespeare is the best poet in England'이라는 문장의 경우 'Shakespeare the best poet in England'라고 하여도 뜻은 통한다.

또는 'The sky is blue'라는 문장의 경우 이는 'the blue sky'와 뜻이 같다. 결론적으로 문장의 계사(copula)로서의 be 동사는 독자적인 뜻이 없다. 거기에 비해 존재로서의 be 동사는 그 자체로서 고유한 뜻을 가진다. 예를 들어 '토끼'라는 말과 '토끼가 있다'라는 문장은 다양한 차원에서 엄청난 의미의 변동을 가져온다.[8] '토끼'라는 개념은 그것이 실재로 존재하든지 않든지 이해될 수 있다. '도깨비'라는 개념을 생각해 보면 더 분명히 이런 사실을 깨달을 수 있다. 이를 전통철학에서는 '본질'과 '실존'이라고 구분하였다.

따라서 존재 또는 실존(= exist)을 단순한 문법적인 계사와 같은 차원에서 보는 것은 허용되지 않는다. 파르메니데스가 be 동사의

---

7) 예를 들면 거스리(W. K. C. Guthrie), 『희랍철학 입문』 참조.

8) 이런 맥락에서 중세 철학은 본질과 실존을 구분했고 칸트는 "존재는 실재적 술어가 아니다"라는 유명한 명제를 남긴 것이다.

의미를 실존(exist)에만 국한했기 때문에 변화와 생성을 부인하는 강력한 일원론의 철학을 정립했다는 거스리(G. K. Guthrie)의 주장은 오류이다. 이는 또한 언어분석철학이 가지는 일반적인 약점을 보여주고 있다.9)

---

9) 거스리(W. K. C. Guthrie), *The Greek Philosophers*, pp.47~48 참조. 거 기서 거스리는 이렇게 기술한다: "To Parmenides, the first to reflect consciously on the logic of words, it seemed that to say that a thing is could and should mean only that it exists, and this thought came to him with the force of a revelation about the nature of reality. His whole conception of the nature of reality springs from the attribution of this single, metaphysical force to the verb 'to be'." 이 말은 파르메니데스가 be 동사의 다양한 의미 중에서 오직 exist만을 인정했다는 것이다. 그러나 이는 극히 단순한 생각이다. 위의 본문에서 필자가 밝힌 것처럼 참다운 존 재 개념을 최초로 밝힌 것이다; 즉 존재의 유일성, 불변성 그리고 자기동일 성이 바로 파르메니데스의 통찰이다.

파르메니데스(3):
파르메니데스의 사유 개념과 유물론

1. 거스리의 파르메니데스 해석 비판

지난 강의에서 우리는 파르메니데스의 존재론 및 논리학에 대한 하나의 비판적 견해를 소개했었다. 필자가 그리스 철학 해석의 길잡이로 삼는 거스리(W. K. C. Guthrie) 역시 전형적인 영미철학적 오류를 범하고 있었다. 필자가 영미철학적 오류라고 일컫는 사태는 쉽게 말해 (1) 형식논리학을 절대화하고, (2) 언어분석을 철학분석으로 대체하는 일군의 현대적 경향을 말한다. 이들의 큰 문제는 지금 주어진 사실이나 이론을 무역사적으로 타당하게 본다는 것이다. 이들의 큰 약점은 형식논리학마저 역사적 산물이라는 것을 인식하기 싫어하고 또 논리학과 철학의 몇 개의 범주들을 무시간적 진리로 보는 집착이다.

영미 언어분석철학자들이 금과옥조로 숭배하는 논리학 혹은 기호논리학 등을 필자도 결코 부정하지 않는다; 왜냐하면 우리의 연구 대상도 '논리학'이다. 그러나 미국에서 공부한 한국인 철학가들의 경우 언어실증주의 내지 논리실증주의 경향이 강하다. 필자 역시 이들과 동일하게 논리학을 철학(사)의 중심으로 생각한다, 적어도 서양철학의 경우에 그렇다: 존재론, 윤리학, 인식론 혹은 해석학 등이 한때 철학의 중심임을 주장했다. 그러나 논리학은 도구과학으로서 그 가치를 꾸준히 유지해 온 철학의 고유한 영역이다.

요즘 한국의 사상계는 동양철학(김용옥의 노자, 각종 주역 해설) 또는 한국철학(단군, 각종 수련 사상)의 전성기를 맞고 있다고 할 수 있다. 그러나 동양사상 또는 한국사상 등은 논리학의 결여로 인해 그 학문적 방법론의 구축이 어렵다.

다시 말하면 각종 민족주의적 사상의 경우 그 문헌학적·고증학적 진실성의 문제를 접어두고도, 그 주장하는 것이 진리인지 아니면 단순한 의견(doxa)을 구별할 수 있는 논리학적·인식론적 기초를 무시하고 있기 때문에 학적 발전에 별로 도움이 되지 않고 있다; 예를 들면 서양의 경우에는 하다 못해 비학문적인 대중철학의 경우도 그 사상의 전개에 있어서 항상 증명, 정의, 판단, 추론 등의 논리적 과정을 취하고 있음을 쉽게 볼 수 있다.

이처럼 종합과 분석, 연역과 귀납, 오류추리, 귀류법 등의 논리학적-철학적 방법론과 원인-결과, 실체-속성, 질과 양, 현실과 가능, 형상과 질료 등의 존재론적 범주에 대한 인식의 결여로 인해 동양

철학은 그 보편적 기능을 상실하고 있다.[1]

이야기가 많이 옆으로 나갔는데, 이제 다시 우리의 주제인 파르메니데스의 존재-논리학과 거스리의 해석으로 돌아가자.

거스리(W. K. C. Guthrie)는 그의 저서 『희랍철학 입문』(박종현 역 61쪽 이하)에서 파르메니데스가 be 동사의 두 가지 뜻(① 있다, ② 이다)을 분간하지 못하고 be 동사를 '있다'의 뜻으로만 이해하기 때문에 자연의 변화와 생성을 부인하고 오직 불변적인 하나의 존재만을 인정했다고 풀이한다. 또 그는 become 동사에도 같은 사태가 일어난다고 말한다(① 생성, ② 변화).

이런 태도가 철학적 문제를 언어적으로 환원하여 문제 자체를 해체하는 전형적인 언어-분석적 태도이다. 만약 거스리의 말처럼 파르메니데스가 be 동사의 양의성을 몰라서 그의 철학을 세웠다면, 우리나라에서는 파르메니데스의 이론은 아무런 가치를 발견하지 못할 수 있다; 왜냐하면 한국어에는 '있다'와 '이다'는 완전히 다른 말이기 때문이다, 심지어 이 두 단어는 품사도 서로 다르다.

'이다'로서의 be 동사는 다른 말로 연결사 혹은 계사(Copula)라고 한다. 이런 계사로서의 be 동사는 문법적으로 중요할지 모르나 사태적으로(sachlich) 혹은 현실적으로 그렇게 중요한 뜻은 없다; 많은 경우 그것을 생략해도 뜻이 통한다; 예를 들어, 빨간 꽃(red flower)이라는 형용사의 부가적 용법의 경우와 꽃은 빨갛다(The flower is red.)라는 형용사의 술어적 용법의 경우 사태적인, 현실적인 차이점은 없다. 단지 같은 사태를 발화자(Speaker)의 관심에

---

1) 이 책 제1강의 참조.

따라 달리 표현하는 차이 뿐이다.

파르메니데스의 관심은 빨간 꽃이 하얗게 되거나 혹은 시들어 사라져버리는 그 변화와 생성의 문제를 철학적-논리적으로 의문시한 것이다.

2. 파르메니데스의 사유 개념

여기서 지적하고 싶은 것은 파르메니데스에 있어서 사유(νοειν, Denken)가 의미하는 것이다.2) 필자는 이 책 제11강의 2절 "사유와 존재"에서 파르메니데스의 사유 개념을 A = A 라는 동일률이라고 풀이했다. 다시 말하면 파르메니데스는 온갖 종류의 사유를 고려하고 있는 것이 아니라 존재의 자기 동일성을 확인하려고 한 것이다: 그는 사유 혹은 생각 개념의 다의성을 고려하지 못했다. 아마도 이는 최초로 사유 개념을 추출하고 정립하는 경우 어쩔 수 없이 생겨나는 편협성이라고 생각한다. 이런 파르메니데스의 사유 개념의 협의성 때문에 후대에 많은 오해가 발생했다. 그 중에 하나는 니체(F. Nietzsche)의 경우이다.

니체는 파르메니데스의 사유를 주관적인 사유, 즉 나의 생각으로 생각하고 그런 관점에서 이렇게 말한다:

"파르메니데스는, 인간은 있지 않은 것은 생각하지 않는다고 말했다. 우리는 그 반대편에 서서, 생각될 수 있는 것은 분명히 일종의 허구에

---

2) 이 책 제11강의 2절 "사유와 존재" 참조

지나지 않는다고 말한다."[3]

니체의 이러한 파르메니데스 비판은, 필자의 소견에 따르면, 주객 대립에 근거하는 근대적인 오해를 보여준다; 즉 존재를 객관에 사유를 주관에 대응시키기 때문에 이런 오해가 발생한다. 객관적인 사물들은 나의 생각에 관계없이 존재한다. 니체가 말하는 것처럼 우리의 생각은 표상, 상상, 관념 등으로서 외부세계와 무관할 수 있다. 그러므로 (니체에 있어서) 생각은 허구에 지나지 않는다. 그러나 파르메니데스가 생각하는 사유 개념은 이와 다르다; 파르메니데스는 그의 글에서 이렇게 말한다.

"왜냐하면 당신은 있지 않음을 인식할 수도 말할 수도 없기 때문이다."
"3. 왜냐하면 사유와 존재는 동일하기 때문이다."(Tò γàρ αὐτò νοε
îν ἠστîν τε καì εἶναι)[4]

여기서 알 수 있는 것은 인식, 말, 사유의 개념이 서로 교환될 수 있다는 것이다. 파르메니데스는 비존재에 대해서 그것을 인식할 수도, 말할 수도, 생각할 수도 없다고 주장한다. 비존재를 인식하거나, 말하거나 생각하면 모순이 발생한다. 이는 주위에서 우리가 흔히 경험하는 사실과는 괴리가 있어 보인다. 왜냐하면 위에서 니체가 말하는 것처럼 우리는 흔히 존재하지 않는 것을 말하고 생각하기 때문이다. 그러나 파르메니데스에 의하면 존재하지 않는 것은

---

3) 요하네스 힐쉬베르거, 『서양철학사』(상), 강성위 역, 71쪽에서 재인용.
4) 이 책 제10강의 참조.

말할 수도, 생각할 수도 없다. 어디서 이런 차이가 오는 것일까? 그것은 파르메니데스와 우리의 존재 개념이 다르기 때문이다, 그러나 파르메니데스의 말이 맞다. 왜냐하면 없는 것, 즉 아무 것도 없는 것에 대해 우리는 결코 사유하거나 인식할 수 없기 때문이다: 파르메니데스는 절대적인 존재의 의미를 규정한다. 그리고 우리가 일상생활에서 없다고 하는 것은 주관적인 것, 즉 나에게 보이지 않는다, 혹은 찾을 수가 없다, 혹은 잊어버렸다 등의 사건을 말하는 것이다. 그리고 니체가 말하는 것, 즉 허구나 상상도 완전히 없는 것, 즉 절대적 무라고 할 수는 없다. 가상의 세계 가령 문학이나 예술의 대상도 현실에는 없지만 그렇다고 완전히 없는 것이라고 할 수는 없기 때문이다; 그런 것들은 우리의 상상의 세계에 존재하는 것이다.5) 이런 맥락에서 볼 때 니체가 말하는 허구 혹은 거짓 등도 없는 것이 아니라 실은 있는 것이다. 그러므로 니체는 파르메니데스를 부정할 수 없다.

그러면 과연 인식, 말 그리고 사유의 공통성은 무엇일까? 예를 들어 다음과 같은 문장을 한 번 보자: '영구 없다.'

이때 우리는 분명 비존재, 즉 없음에 대하여 말한다. 그러나 파르메니데스가 본다면 이 문장은 모순적이다; 이 문장의 주어 '영구'는 존재를 말한다, 그리고 술어 '없다'는 비존재를 말한다: 파르메

---

5) 이렇게 존재의 의미의 다양성을 통해 파르메니데스 철학의 경직성을 수정하여 형이상학을 완성하는 것이 아리스토텔레스의 업적이다. 아리스토텔레스는 "존재의 의미는 다양하다"라고 하면서 파르메니데스의 명제를 극복해 나간다. 그러나 파르메니데스는 그런 복잡한 생각을 하지는 않고 단지 절대적 의미의 없음과 있음을 말하고 있을 뿐이다. 헤겔의 변증법 역시 이 사실, 곧 비존재를 존재로 인식하는 인간의 정신 작용을 중시한다.

니데스에 의하면 없는 것에 대하여는 인식할 수도 말할 수도 없다.6)

또 이 문장을 파르메니데스 방식으로 재구성해 본다면 존재=비존재 라는 형식으로 바뀌며, 이는 형식논리적으로 모순이다. 따라서 존재=존재 라는 형식만이 참이며 결국 파르메니데스가 본 것은 존재=존재 혹은 이 공식이 더욱 보편화된 후대의 표현 곧 A = A, 동일률인 것이다. (혹은 이것의 다른 표현인 모순율 곧 A ≠ B의 형식을 취한다면 존재 ≠ 비존재)

따라서 필자의 소견을 따르면 파르메니데스가 주장한 것은

(1) 존재 = 존재
(2) 존재 ≠ 비존재

라는 원리이며 후대에 (아리스토텔레스에 의해) 이들이 형식논리학의 법칙인

(가) 동일률 A = A
(나) 모순율 A ≠ B

로 보편화된 것이다.

따라서 인식, 말 그리고 사유의 공통성은 동일률인 것이다. 파르

---

6) "영구 없다"라는 문장은 "영구가 여기에 없다"라고 (여기)가 보충되면 뜻이 잘 통한다. 따라서 "영구 없다"라는 일상적인 문장은 절대적인 없음을 말하는 것이 아니라 상대적 없음, 즉 공간적·장소적 비존재를 말한다.

메니데스가 말하는 것은 동일률과 더불어 그것의 기초가 되는 영원하고 불변적이며 유일한 존재, 곧 신 개념의 정립이다.[7]

그리고 파르메니데스의 '사유' 개념이 보통의 '사유' 곧 주관적-이성적 활동의 총체로서의 '생각' 개념과 다르다는 것은 그의 철학시 단락 8에서 확실히 드러난다.

"그리고 비존재로부터의 그것의 성장을 네가 말하고 생각하는 것을 나는 허용하지 않겠다. 왜냐하면 <u>있지 않음</u>을 있다고 <u>언표하는</u> 것이나 생각하는 것은 불가능하기 때문이다. 어떤 책임감 때문에 조만간 또다시 없음과 더불어 생성하기 시작하느냐? 따라서 철두철미 있든지 아니면 없든지 둘 중의 하나이다. 그리고 확신의 힘은, '<u>있지 않음</u>'에서 어떤 이것 이외의 것이 유래할 수 있다는 것을, 용인해서는 안 된다. 그를 위하여 정의의 신은 생성을 위해서도 소멸을 위해서도 존재를, 사슬에서 느슨히 하여, 풀어주지 않았다. 결정은 다음에 놓여 있다. 즉 있느냐 혹은 있지 않느냐! 한쪽 길은 사유 불가능하고, 언표 불가능한 것으로서 물리치고(그것은 옳은 길이 아니다) 다른 길은 현존하고 실제로 참되다고 간주하는 것이 얼마나 필요한 일인지 이제 결정되었다."[8]

인용문 첫째 밑줄 친 부분에서 다시 반복되는 것은 생성의 사실을 말하는 것 자체가 불가능하다는 것이다. 이는 위의 예문 '영구는 없다'의 경우와 비슷한 논리를 말한다;[9] 이 문장이 '있음'을 '있

---

7) 물론 파르메니데스는 자신의 존재 개념을 신 개념과 연결시키지는 않고 있다. 그러나 궁극적으로는 그의 존재 개념은 신개념으로 돌려 생각되어야 한다.

8) 이 책 제10강의.

9) "영구 없다"보다 더욱 적절한 표현은 "영구 죽었다"이다.

지 않음'으로 즉 존재를 비존재로 표현하는 모순을 범한다면 이번에는 있지 않음을 있다고 언표하는 인식하는 경우를 한번 고려해보자: 예를 들어 '영구가 태어났다'라는 탄생의 문장을 고찰하자. 탄생이나 생성의 개념은 무(비존재)에서 유(존재)로의 이동을 의미한다. 탄생이나 출산은 인간 사유의 한계를 보여준다: 예를 들어 나의 둘째 딸은 앨범 뒤져보기가 그녀의 중요한 취미의 하나이다. 그런데 그녀는 엄마, 아빠 그리고 언니만 있고 자기는 없는 사진을 보면 "아빠 소린이는 어디 있어?"라고 물어본다. 우리는 기독교를 믿기에 "너는 그때 아직 하늘나라에 있었어"라고 응답한다.

더 나아가서 우리가 생명의 탄생이나 사물의 생성을 말할 때 우리는 흔히 "무로부터 나왔다"라고 말한다. 탄생이나 생성은 개념적으로 말한다면 무에서 유로의 이동인 것이다.

그런데 이 경우, 즉 탄생을 설명할 때 우리는 실은 무(無)를 일종의 유(有)로 표상하고 있다. 그러나 엄밀히 생각하면 무에서 아무 것도 나올 수 없다; 왜냐하면 무(無)란 문자 그대로 "아무 것도 없다"는 뜻이기 때문이다. "ex nihilo nihil fit"(무에서는 무만 나온다)라는 중세철학의 격언이 타당한 것이다. 이런 이유에서 파르메니데스는

"비존재로부터의 그것의 성장을 너가 말하고 생각하는 것을 나는 허용하지 않겠다. … 그리고 확신의 힘은, '있지 않음'에서 어떤 이것 이외의 것이 유래할 수 있다는 것을, 용인해서는 안 된다."

라고 말한 것이다. 그는 무(=비 존재)로부터의 생성이나 성장을 부

정한다. 설령 우리가 수천 년간 보고 경험한 사실이라 할지라도 출산이나 생성은 논리적 모순을 함축하고 있는 것이다.[10]

파르메니데스의 사유를 따르면 생성 또는 소멸이란 무(無)를 있는 것으로 보아야 한다는 모순을 범하기 때문에 그는 이들, 즉 생성과 소멸을 부정한다. 죽음의 경우에도 우리는 유 → 무로의 이동을 말한다. 그러나 이런 설명 역시 파르메니데스에 의하면 무를 실체화하는 것이다. 다시 말해 "이미 없는 것"(無) 자체를— 어떤 의미에서 — 유(있는 것)로 표상하고 있다. 따라서 필자의 소견에 따르면 사람들이 흔히 말하는 것처럼, 파르메니데스는 생성은 부정하고 존재만 긍정한다는 학설은 수정·보충되어야 한다(힐쉬베르거 철학사 참조).

파르메니데스는 그런 주장을 이렇게 근거 지우고 있는 것이다: 생성은 비존재(없음)를 존재(있음)로 표상하지 않고서는 불가능하다. 그러나 이는 모순이다. 따라서 생성은 불가능하다.

따라서 파르메니데스는 '있지 않음'에서 어떤 이것 이외의 것이 유래할 수 있다는 것을, 용인해서는 안 된다라고 말한다.[11]

이 말은 '있지 않음'에서는 오직 '있지 않음'만이 나온다는 뜻이

---

10) 이런 의미에서 엘레아 학파는 불교의 사상과 동일한 문제의식을 내포한다. 생로병사의 현상계에서 자성(自性)을 부정하고 색즉시공(色卽是空)을 주장한 대승불교의 교리는 파르메니데스와 일치한다. 그리고 놀라운 것은 파르메니데스의 제자 제논은 공간운동의 불가능성을 논리적으로 증명했는데 대승불교의 대가인 용수도 운동의 부정을 증명한다는 점이다. 그런데 파르메니데스와 불교의 차이점은 전자는 현상계(= 감각계, 물질계)를 부정하지만 이성적으로 파악된 존재는 긍정한다는 점이다. 후자의 경우 거칠게 말해 신비주의(= 깨달음)를 통해 불변자(= 불성)를 추구한다는 점이다.

11) 이 책 제10강의.

다. 여기서 철학 격언 "ex nihilo nihil fit"(무에서는 무만 나온다)
이 유래하는 것 같다.

우리는 앞에서

(1) 존재 = 존재
(2) 존재 ≠ 비존재

라는 두 가지 경우를 분석해 보았다. 이제는 존재와 무의 세 번째
등식을 보자: 그것은

(3) 비존재 = 비존재

라는 등식이다.

이 세 번째 공식은 타당하다, 그러나 이는 결국 없다는 것이니,
남는 것은 (1) 존재 = 존재 라는 파르메니데스 최초의 입장이다. 따
라서 파르메니데스는 사유와 있음이 있다는 사상은 동일하다 라고
말한다.[12]

이것이 파르메니데스의 사유 개념이다. 이것을 무시할 때 사유
= 존재 라는 파르메니데스 철학의 기초가 흔들린다.

결론적으로 오늘날의 관점에서 볼 때 형식논리학의 '동일률' 법
칙과 '존재'라는 개념이 서로 아주 밀접히 연결되어 있다는 사실이
다.

---

[12] 이 책 제10강의.

3. 파르메니데스의 유물론

버넷(J. Bernet)은 파르메니데스의 철학을 유물론으로 해석했는데 이는 개연성이 있기는 하나 옳지는 않다.13) 그러나 버넷이 그렇게 생각할 수 있는 텍스트 자리가 있기는 하다: 파르메니데스의 문장의 단락 8에 존재 개념의 물질적 표상이 서술되어 있다.

"그리고 그것은 분리가능하지 않다, 왜냐하면 그것은 철저히 동질적이기 때문이다. 그리고 여기 또는 저기에, 자신의 결합을 방해할 수 있는, 더 강한 존재가 있거나 더 약한 존재가 있지는 않다; 그것은 존재자로 충만해 있다. 따라서 그것은 완전히 결속하는 것이다. 왜냐하면 존재자는 존재자와 밀접히 부딪히기 때문이다."14)

여기서 볼 수 있는 것처럼 파르메니데스는 존재를 분리가능, 동질성, 강약, 충만, 충돌 등의 술어로 묘사하고 있는데 이는 분명 물질적 속성이다.

그러나 마지막 경계선이 존재하기 때문에, 그것은 모든 측면으로부터 완성되고, 중심으로부터 균형을 이루는, 하나의 둥근 공 모양의 물체와 유사하다. 그 경우 어떤 쪽이 더 크고, 어떤 쪽이 더 약할 필요가 없다. 왜냐하면 그것은 균형잡기를 방해하는 비존재도 아니고, 여기서는 더 많고 저기서는 적은 그런 존재자도 아니다, 즉 그것은 상처 나지 않은 것이다. 스스로 모든 측면으로부터 동일하고 균형 잡힌 상태에서 그것은 한계 지워진다.15)

---

13) 이 책 제10강의.
14) 이 책 제10강의.

여기서도 파르메니데스가 존재 개념을 공간적·물질적으로 표상하고 있음이 드러난다. 이것을 볼 때 파르메니데스가 아직 비물질적 정신의 개념에는 상도하지 못함을 알 수 있다.

거스리는 버넷의 견해에 반박하면서 이렇게 말한다: 그러한 특수한 문제는(유물론과 유심론의 문제) 아직 우리들이 물질적인 것과 비물질적인 것이 구별되기 전의 시기를 다루고 있으니까, 중요하지도 않거니와 정녕 반박할 여지조차 없다.16)

그런데 필자의 소견을 따르면 이런 공간적·물질적 존재의 표상은, 그가 일상적 세계를 완전히 부정하지 못하고 가상의 길까지 자신의 사상체계에 수용한 것과 마찬가지로, 파르메니데스의 체계의 불완전성이라고 생각한다.17)

---

15) 이 책 제10강의.
16) 거스리(W. K. C. Guthrie), 『희랍철학 입문』, 박종현 역, 64쪽.
17) 이 책 제11강의 참조. 그리고 아리스토텔레스가 파르메니데스의 일자 존재론을 부정하는 중요한 논거도 바로 이 8단락이다. 여기서 파르메니데스는 상당히 자연철학적인 사상을 보여주고 있다.

소크라테스와 플라톤의 관계:『테아이테토스』분석

1. 소크라테스의 교육학, 철학의 방법론: 무지의 지와 산파술

인류의 위대한 스승인 소크라테스의 사상과 철학을 다 말하기란 쉽지가 않다. 여기서는 주로 그의 교육학적·철학적 방법론인 산파술의 문제만을 간략히 고찰해 보기로 하자.

소크라테스는 그의 제자인 플라톤의 진술에 의하면 당시 가장 지혜롭고 올바른 사람이었다. 소크라테스는 당시의 젊은이들에게 올바른 삶의 방식과 덕과 지혜 그리고 영혼의 중요성을 가르쳤다. 이런 중요한 시대적·실천적 사명을 수행하면서 소크라테스는 자신의 철학적·방법론적 개념을 정립했다고 한다; 이는 아리스토텔레스에 의하면 귀납적 추리(inductive arguments)와 보편적 정의(universal definition)이다.[1] 귀납 또는 귀납적 추리란 아리스토텔레스에 의하면 개별자(particular)에서 보편자(universal)를 추리하는 논리적 과정을 말한다. 예를 들어 훌륭한 항해사가 그 방면의 전문가이고 또 훌륭한 운전사 역시 그 방면의 전문가라면 우리는 "훌륭한 사람은 전문가이다"라고 일반적으로 추론할 수 있다.[2] 오늘날 이런 귀납추리는 과학적으로 타당한 것으로 볼 수는 없지만 상식적 판단에는 많이 활용되고 있다. 우리 속담에 "하나를 보면 둘을 안다"는 것이 있는데 이 역시 귀납법을 암시하는 것이다.

이보다 더 중요한 사실은 그가 철학사적으로 최초로 정의(定義, definition), 혹은 '보편적 정의'(universal definition)라는 문제를 제기했다는 점이다.[3] 소크라테스 보편적 정의라는 문제를 가지고 당시의 지혜롭다고 자처하던 사람들의 무지를 폭로하였다. 예를 들면 그가 사람들에게 "덕(德)이 무엇이냐?"라고 물어보면 사람들은 그에게 "나라를 다스리거나 유용하다거나 현명한 것이 덕(德)이다"라고 답한다. 그러면 소크라테스의 반문은 "그것은 덕(德)에 관한 보기, 즉 하나 하나의 덕을 나열한 데 지나지 않고, 덕(德) 그 자체는 아니다"라고 했다.[4] 이는 달리 말하면 소크라테스가 구체적인, 개

---

1) 아리스토텔레스, 『형이상학』, 1078b 27 참조.
2) 거스리(W. K. C. Guthrie), 『희랍철학사』(*A History of Greek Philosophy*), 3권, p.426 참조.
3) 아리스토텔레스, 『형이상학』, 1078b 17이하 참조.
4) 요하네스 힐쉬베르거, 『서양철학사』(상), 강성위 역, 104쪽.

별적인 사례(instance, example)와 보편적 개념 혹은 보편적 정의
를 구분했다는 뜻이다. 오늘날 우리가 상식으로 구분하는 보편과
특수 혹은 본질과 현상 등의 범주는 소크라테스에 기인한다. 소크
라테스가 추구한 덕(德) 그 자체 혹은 덕(德)의 정의를 실체화, 형
이상학화한 것이 바로 플라톤의 이데아이다.

이런 보편자 문제와 더불어 소크라테스는 산파(産婆)술을 자신
의 교육철학적 원리로 내세운다. 이는 필자의 견해에 따르면 서양
의 교육과 철학의 중요한 개념이다. 이는 중요한 문제이니 만큼 플
라톤의 대화『테아이테토스』에서 직접 인용한다.

> "나는 산파의 역할을 하지 않으면 안 되도록 신이 정해 놓은 걸세.
> 그리고 낳는 일은 하지 못하도록 막아버렸네. 그러므로 실제로 나 자신
> 은 전혀 지혜가 있는 사람이 못 되며, 또 나로서는 자기 자신의 정신에
> 서 그런 지혜의 발견은 전혀 볼 수 없네. 그러나 나와 가까이 있는 사
> 람이나 나와 교제를 하는 사람은, 처음에는 전혀 무지하게 보는 사람이
> 없지 않지만, 누구나 이 교제가 깊어짐에 따라, 만일 신이 용납하기만
> 하면 그 사람 자신이 보기에도 그리고 다른 사람의 생각에도, 놀라울
> 만큼 진보하게 된다는 것은 의심할 수 없는 일이네. 그런데 이것은 분
> 명한 사실이지만, 나에게서 그들이 배워서가 아니라, 자기 스스로 여러
> 가지 훌륭한 것을 출산하는 것일세."[5]

이 대목에서 필자는 서양의 교육방법론, 학습론의 뿌리를 인식
한다. 우리는 배운다, 공부한다 라고 할 때, 흔히 독서나 주입식 수
업 혹은 암기를 통한 지식의 습득을 말한다. 공부를 잘한다 함은

---

5) 플라톤,『테아이테토스』, 150c. 최민홍 역,『플라톤 전집』, 5권, 237쪽.

주어진 내용이나 교과서를 이해하고 시험을 잘 본다는 것을 뜻한다. 이는 결국 순응 내지 적응을 잘한다는 것이다. 이런 풍조는 성현의 말씀이나 경전을 무조건 옳다고 보고 맹목적으로 수용하는 전근대적 학습 때문에 생긴 것이다. 그러나 위의 소크라테스의 교육론, 학습론 그리고 진리론은 그렇지 않다. 교사는 진리나 지식을 전달하고 가르치는 자가 아니라 학생 스스로 진리와 지식을 산출하게끔 도와주는 자에 불과하다. 소크라테스는 자기를 "남자를 위하여 산파 역할을 하는 것이며" 또 육체의 해산이 아니라 "정신의 해산을 돌보는" 역할로 생각한다.6) 인류의 영원한 교사 소크라테스 자신은 (진리와 지식이라는) 아기를 낳지 못하도록, 즉 불임으로 규정된다.

이런 사상은 또 '무지(無知)의 지(知)'라는 소크라테스의 유명한 명제와 관련이 있다. 플라톤의 초기 대화편인 『변명』을 보면 당시의 사회풍조가 잘 나타나 있다. 당시의 지식인이라고 뽐내던 소피스트들은 스스로 사회적인 능력과 기술을 돈을 받고 가르치고 있었다, 즉 그들은 토론이나 재판 혹은 대중집회에서 상대를 압도하는 변론술, 웅변술을 팔고 다녔었다. 위에서 말한 사회적인 능력과 기술을 흔히 덕(德, arete)이라고 부른다. 이는 동양적인 군자의 덕(德)과는 다소 다른 개념이다. 그 뜻은 탁월성, 뛰어남(excellence)이다.7) 그런 사회 분위기에서 소크라테스는 델포이의 신탁에서 그

---

6) 『테아이테토스』, 150b. 최민홍 역, 『플라톤 전집』, 5권, 237쪽.

7) 동양의 덕이 주로 이해심, 참을성, 인내, 도덕성 등 내면적이고 소극적 의미인 데 비해 서양의 덕(virtue)은 탁월성, 훌륭한, 용기, 전투, 승리, 명예 등의 외향적이고 사회적이며, 기술적인 면이 강하다. 사실 virtue를 덕(德)으로 번역하는 것은 무리가 있다.

가 세상에서 가장 현명한 자라는 말을 듣는다.[8] 그러나 그는 이를 즉시 인정하지 않고 왜 다른 당시의 똑똑한 사람들을 놔두고 자신이 가장 현명한 자인지를 계속 스스로 물어보고 또 당시의 현명한 사람들을 만나 그들의 지혜와 식견을 판단한다. 위에서 미리 언급한 것처럼 당시의 유명한 사람들은 덕이 무엇이냐 하는 질문에 대해 한결같이 특수한 답을 제시한다. 그러나 소크라테스가 묻는 것은 arete(= 덕)의 일반적인 정의(定義)인 것이었다: 소크라테스는 덕(德)의 본질을 물었는데 사람들은 덕(德)의 특수한 경우를 나열한 것이었다. 그런데 당시의 지식인들과 소크라테스의 차이점은 전자는 덕(德)의 본질이 모르면서 잘 안다고 착각한 것이요, 후자는 모르면서 모른다고 스스로 인식한 것이다. 바로 그런 이유로 해서 소크라테스는 델포이의 신탁, 즉 자신이 당시 가장 현명하다는 명제를 이해하기에 이른다.

소크라테스는 따라서 이런 결론에 도달한다:

"분명히 저 사람은 나보다 더 지혜롭지 못하다. 그 사람과 나는 선(善)이나 미(美)에 대해서는 전혀 아는 바가 없는데도, 그 사람은 자기가 모르는 줄을 모르고 있다. 그러나 나의 경우는 어떠한가? 나는 내가 모르는 것을 알고 있는 것이다. 그것이 대수로운 것은 아니겠지만, 나는 내가 모르는 것을 분명히 알고 있기에 그 사람보다 더 지혜로운 것이 아닐까?"[9]

그러나 소크라테스는 자신이 진리를 모르지만 무엇이 허위인지

---

8) 플라톤, 『변명』, 최민홍 역, 『플라톤 전집』, 3권, 27쪽 이하 참조.
9) 『변명』, 최민홍 역, 『플라톤 전집』, 3권, 29쪽.

는 잘 파악하고 있었고 따라서 당시의 소피스트들의 잘못과 또 지도자들의 무지를 여지없이 폭로할 수 있었다.

그리고 그는 허위를 벗기고 상대의 약점을 노출함으로써 진리를 찾는 젊은이들이 스스로 지식을 잉태하고 산출하게끔 도와주었다. 따라서 젊은이들은 소크라테스에게서 배워서가 아니라 그와 교제하는 가운데서 "자기 스스로 여러 가지 훌륭한 것을 출산하는 것일세"라는 말이 나오는 것이다.

그런데 이런 일련의 사건이 그가 억울하게 독배를 마시게 되는 원인이 되었다: 그는 다시 말하면 당시의 불순한 지식인이었었고 청년들에게 불온한 이념을 선동하고 반정부적인 일을 사주, 교사한 죄목으로 고발되었던 것이었다. 그는 오늘날의 양심수이고 비전향 사상범인 것이었다. 이런 사정은 오늘날과 다를 바가 없다. 세상은 돌고 도는 것이고 참으로 "해 아래 새것이 없다"는 성서의 구절을 상기시킨다.

필자는 소크라테스의 산파술(maieutic)에서 서양적 학문과 교육의 이념을 본다. 이는 외부적인 것, 예를 들면 교사나 교재 등이 아니라 인간의 내면적인 영혼, 정신이 진리와 지식의 모태라는 것이다. 교사나 교재는 영혼이 진리를 산출할 수 있도록 도와주는 산파와 참고서의 역할에 불과한 것이다. 지식의 자기 산출이 (Selfproduction of knowledge) 학교교육의 최종목표가 되어야 한다. 따라서 많이 배우고 암기하는 것이 아니라 스스로 발견하고 발명하고 창조하는 것에 교육의 목표가 있다는 것이다. 이런 의미에서 현재 한국의 입시위주의 주입식, 암기식, 문제풀이식 학습은 철저히 잘못된 것이다. 공식을 이용한 응용문제의 풀이가 아니라 그런 공식과 원리를 스스로 도출하고 이해하며 다른 것들(공식, 원리)과의 연관성을 추구하는 눈을 열어주도록 해야 한다. 이는 또 성현의 말씀은 무조건 외운다는 동양적·유교적 교육원리와도 다른 것이다.

이런 소크라테스의 고유한 교육방법론인 산파술은 그의 제자 플라톤에 의해 상기설로 바뀌게 된다.

2. 산파술에서 상기설로: 소크라테스와 플라톤의 인식이론

필자의 의견에 따르면 무지의 지와 또 그와 연결된 산파술은 소크라테스의 고유한 학설이며 그에 반해 플라톤의 다른 대화편에 나오는 상기설(anamnesis)은 플라톤이 그의 스승의 산파술을 지양하여 만든 플라톤의 고유한 학설이다. 지금까지 이 두 가지 서로 연관되어 있는 유사한 학설들의 저자가 누구인지 하는 문제가 명시적으로 논의되지 않았었다. 왜냐하면 이들 모두 플라톤이 저술한 대화편에서 출현하기 때문이다. 그런데 '무지의 지'가 나오는 플라톤의 작품 『변명』은 플라톤의 초기 대화편이고 '산파술'이 나오는 작품 『테아이테토스』는 보통 플라톤의 후기 대화편으로 알려져 있다.10)

---

10) 거스리(W. K. C. Guthrie)에 의하면 플라톤의 후기 대화편의 4작품, 즉 『파르메니데스』, 『테아이테토스』, 『소피스트』, 『정치가』 등은 서로 긴밀히 연관된 내용과 구성을 보여주고 있다. 또 그는 위의 네 작품은 여기서 배열된 순서대로, 즉 『파르메니데스』, 『테아이테토스』, 『소피스트』, 『정치가』 의 차례로 읽혀져야 한다고 주장한다. 거스리, 『희랍철학사』(*A History of*

왜냐하면 『테아이테토스』에서 나오는 세 사람의 화자는 『소피스트』에 다시 등장한다.11) 그리고 『파르메니데스』와 『소피스트』와 『정치가』는 내용적으로 서로 유사하다. 뒤에 다시 언급하지만 본인의 학설은 『파르메니데스』와 『소피스트』와 『정치가』를 플라톤의 작품이 아니라 아리스토텔레스의 작품으로 간주한다. 소위 플라톤의 후기 4부작 중에서 『테아이테토스』만을 플라톤에게 귀속시킨다.12)

또 더 나아가서 본인은 칼 포퍼(Karl Popper)와 같이 『테아이테토스』가 『국가』보다 더 일찍이 만들어진 작품이라고 생각한다. 13)

Greek Philosophy), 5권, 33쪽 참조.

11) 『테아이테토스』편 마지막에서 소크라테스와 테아이테토스 그리고 테오도로스는 내일 아침 일찍 그 장소에서 다시 한번 더 만나기로 약속한다. 『테아이테토스』, 210d. 그리고 『소피스트』편 처음 작중화자 테오도로스는 이렇게 말한다:

"어제의 약속에 따라 우리도 어김없이 왔으며 게다가 보다시피 외국 손님까지 한 사람 데리고 왔어요. 이 분은 엘레아 출신으로, 파르메니데스나 제논 학파에 속하는 사람이며, 철학에 매우 조예가 깊은 분입니다." 『소피스트』, 216a, 최민홍 역, 『플라톤 전집』, 5권, 126쪽.

12) 사실 이런 주장은 그리스 고전철학계에서 미친 소리로 간주될 것이다. 가톨릭대학교의 고대철학 전문 이창우 교수에게 나의 이런 구상을 피력했더니 그는 "우리 같은 전공자가 그런 말을 하면 미친 놈이라고 할거예요"라고 언급했다. 그러나 안재오 같은 고대철학 비전문가가 그런 말을 한다면 사람들은 그것을 객기로 여길 것이라고 그는 암시했다. 그러나 필자는 나름대로의 논변을 가지고 있으니 필자의 주장에 반대한다면 그 증거와 논변(argument)을 보여주기를 바란다.

13) K. R. Popper, *The Open Society and its Enemies*, Vol.1 Plato(London: Routledge & Kegan Paul, 1949), p.321 ff. 참조. 포퍼가 전통적인 견해와는 달리 『테아이테토스』를 초기 대화편에 귀속시키는 이유는 아리스토텔레스가 소크라테스의 업적으로 돌리는 몇 가지 항목이 『테아이테토스』에서

필자는 포퍼의 이 학설을 계승하여 플라톤 사유의 발전이 『테아이테토스』 → 『메논』 → 『국가』 → 『파이돈』의 순서로 발전한다고 간주한다; 이는 사상적으로 산파술 → 상기설 → 이데아설 → 영혼의 불멸설 이라는 순서로 발전한다는 것이다.14) 그리고 더 나아가서 초기 대화편은 가능한 소크라테스의 말이나 생각을 가능한 플라톤이 자기 생각을 개입하지 않고 역사적 사실 그대로 재현하려 했을 것이라고 간주한다. 그런데 그런 과정에서 발생하는 문제 때문에 소크라테스의 사상에서 벗어나 플라톤 자신의 고유한 학설을 창조하게 되었을 것이라는 가설이다.

이는 같은 주제를 다루는 창작 시기가 다른 두 편의 대화편을 비교한다면 분명히 파악된다. 예를 들어 소크라테스의 죽음을 다루는 초기 대화편인 『변명』과 성숙기의 대화편인 『파이돈』을 대조

다시 나타나기 때문이다. 즉 귀납법과 산파술 그리고 무지의 지 등이 『테아이테토스』에 보이기 때문이다. 또 초기 대화편의 결론이 대부분 미완결적인데 『테아이테토스』 역시 그런 모양을 하고 있다는 점이 이 작품의 초기성을 말한다.

그리고 『테아이테토스』에 나타난 "너 자신을 알라"(Know thyself)라는 구절이 의미가 초기 대화편인 『변명』에 나타난 그 구절의 의미와 같이 "너 자신 얼마나 무지한가"의 뜻으로 사용된 점이다.

그리고 포퍼에 의하면 현재의 『테아이테토스』는 그 초판이 아니라 재판(a second edition)이라고 한다. 왜냐하면 『테아이테토스』 말미에는 소크라테스의 재판이 임박함을 예시하고 있으나 서론 부분에는 그렇지 않다는 사실이다. 즉 이 대화를 기록한 작중의 화자 에우클레이데스는 임박한 재판과 죽음과는 무관한 상황에서 소크라테스와 테아이테토스가 대화한 것을 소크라테스에게서 듣고 다시 여유 있게 그 내용을 편집한 사실이다.

14) 물론 영혼설, 상기설, 형상 같은 개념이 순차적으로 하나씩 하나씩 나타나는 것이 아니라 플라톤의 대화편에 혼재되어 있다. 그러나 그런 개념들이 체계적으로 이론화되는 것은 위에서 말하는 순서대로이다.

하면 어떻게 플라톤의 사상이 발전했는가를 금방 알 수 있다. 전자에서는 소크라테스는 사후의 세계에 대해 확신이 없다; 죽음이 소멸인지 아니면 시인들의 표현처럼 더 좋은 곳으로의 여행인지 소크라테스는 확실하게 알 수 없다.[15] 그러나 후자에서는 영혼의 불멸이 증명되고 따라서 죽음은 찬양되고 철학의 임무가 죽음의 연습이라고 담대하게 외친다.[16]

산파술의 하나의 약점은 청년들이 그들의 영혼에서 출산의 고통을 겪고 나서 진리뿐만 아니라 허위까지도 출산해 낼 수 있다는 것이다, 물론 이럴 경우 소크라테스라는 위대한 영적인 산파가 그 옆에 있다면 잘못된 생각을 깨우쳐주고 다시 올바른 사유와 지식을 유도할 수 있겠지만 그렇지 않다면 어떻게 거짓이나 허위로부터 진실을 분별할 수 있을까 하는 의문이 생긴다. 다시 말해 젊은 영혼이 올바른 지식의 씨앗을 잉태하지 않으면 그 출산은 결실을 거둘 수 없다. 그래서 소크라테스는 이렇게 고백한다:

"그런데 내가 갖고 있는 산파술에는 … 다음과 같은 것이 포함되어 있네. 즉 청년들이 골똘히 생각한 끝에 낳은 것이 모방한 것이며, 가짜인지, 아니면 참된 것이며, 진짜인지 검사를 할 수 있다는 것이네."[17]

이런 허위와 오류의 문제를 다루는 것이 『테아이테토스』의 근본

---

15) 『변명』, 최민홍 역, 『플라톤 전집』, 3권, 56쪽 이하 참조.
16) 필자는 이런 관점에서 가지고 가톨릭대 학생들에게 『변명』과 『파이돈』에서의 죽음의 의미의 차이점 규명하라고 리포트 주제를 주었는데 거기서 상당히 훌륭한 결실을 거두었다.
17) 『테아이테토스』, 최민홍 역, 『플라톤 전집』, 5권, 237쪽.

적인 과제이다. 여기서 비로소 인식론의 문제가 플라톤 철학에 등
장한다.18) 그러나『테아이테토스』편에서 플라톤은 허위와 오류의

18)『테아이테토스』에서는 지식을 감각과 동일시하는 의견이(Perception is
Knowledge) 논박되고 또 인간이 만물의 척도이다(man is the measure of
all things)라는 프로타고라스의 명제가 논박된다. 그럼에도 불구하고 참된
지식의 실체가 밝혀지지는 않는다. 이것이 밝혀지는 것은『국가』에서이다.
거기서는 참된 지식이 이데아 자체라고 규정함으로써 존재와 지식을 일치
시킨다.『테아이테토스』의 중요한 기여는 (1) 직접적인 지식은 단순한 요소
를 지향하는데 여기에는 오류가 없다. (2) 오류는 판단, 즉 두 가지 대상의
결합의 수준에서 비로소 발생한다는 것이다. 그리고『테아이테토스』에서는
"만물은 생성(生成), 유전(流轉)한다"는 헤라클레이토스의 사상과 "참된
존재는 일자이고 불변적이다"라는 파르메니데스의 사상이 병립되어 있다.
결국 플라톤의 이데아란 "존재와 사유는 동일하다"라는 파르메니데스의 사
상 그리고 "직접적인 지식은 오류가 없다"는『테아이테토스』의 사상이 결
합되어 나타난 하나의 성과이다. 그리고 헤라클레이토스적인 생성과 변화의
세계를 사유(지성)에 대비되는 감성의 세계에 배당함으로서 플라톤은 그의
고유한 두 세계이론(실재계와. 생성계, 형상과 개체, 가지계와 가시계)을 펼
쳐 나갈 수가 있었다. 이것이『국가』에서 나타나는 동굴의 비유 혹은 선분
의 비유의 출처가 된다.
당대의 소피스트들은 파르메니데스의 논리를 이용해서 자신들의 논지, 즉
"거짓은 없다"를 정당화시킨다. 왜냐하면 파르메니데스를 따르면 인간은 존
재하는 것만을 생각하거나 말할 수 있는데 거짓이나 오류란 문자 그대로
존재하지 않는 것 혹은 존재하지 않는 것을 있다고 말하는 것이기 때문이
다. 소피스트들은 거짓 혹은 오류를 존재하지 않는 것을 생각하는 일이라고
규정한다(False Judgment as thinking the thing that is not); 이에 비해 플
라톤은 오류를 혼동(mistake A for B)이라고 규정한다. 즉 내가 소크라테
스를 테아이테토스와 혼동한다면 이는 오류이다. 즉 잘못된 판단(False
Judgment)이다. 이는 내가 마음에 가지고 있는 이미지와 현실의 지각을 일
치시키지 못하기 때문에 일어난다. 따라서 플라톤의 인식론은 종전의 산파
술에서 기억의 이론으로 변화된다. 잘못된 판단, 즉 오류는 지각과 사고(기
억)의 상호관계에서 결정된다. 이를 위해 플라톤은 무려 17가지의 지각-사
고의 관계를 규정한다.
그리고 플라톤은 직접 지각된 것은 오류가 없다는 생각에 상도한다.

문제를 제대로 해결하지 못하고 마감한다.

프로타고라스를 비롯한 당대의 소피스트들은 거짓 또는 오류를 존재하지 않는 것을 생각하거나 말하는 것이라고 규정한다. 그런데 우리가 10, 11, 12강의에서 이미 공부한 것처럼 파르메니데스의 사유를 따르면 있는 것에 대해서 생각하거나 말할 수 있고 없는 것에 대해서는 그럴 수 없다는 귀결이 나올 수 있다. 따라서 그들은 오류 혹은 거짓이란 없다는 궤변을 주장한다.[19] 이것을 논파하는 것이 『테아이테토스』편의 하나의 중요한 과제이다. 플라톤은 소피스트들과는 달리 오류가 전혀 존재하지 않는 것을 생각하거나 말하는 것이 아니라 과거의 기억와 현재의 지각의 혼동이라고 새롭게 규정한다. 즉 내가 소크라테스를 심미아스로 착각하는 경우 오류가 발생한다는 것이다. 이는 인식론의 큰 발전이다. 즉 A를 B로 혼동하거나 착각할 때 오류가 발생한다는 것이다. 따라서 소피스트들의 주장은 논파된다. 이런 문제의 해결을 위해 플라톤은 밀납(왁스)의 비유를 고안해 낸다. 인식이란 마치 도장을 인주(밀납)

이런 허위의 존재를 인정하지 않고는 거짓이나 가상 혹은 허위를 설명할 수가 없다. 아리스토텔레스는 그가 쓴 『소피스트』에서 "없는 것도 (어떤 의미에서는) 있다"라고 해명함으로써 플라톤이 해결하지 못한 거짓과 허위의 문제를 원천적으로 해결할 수 있었다. 이는 파르메니데스 원칙(있는 것은 있다, 없는 것은 없다)의 수정을 의미한다. 그리고 더 나아가 아리스토텔레스는 거짓이 무를 말하는 것이 아니라 (요소들의) 잘못된 결합에서 발생한다는 것을 알아내었다. 이것이 후에 그의 범주론과 논리학의 기초가 되었다.

19) 이런 주장은 우리의 상식과 일치하지 않는다, 왜냐하면 우리 주위에서 아니 우리 스스로 거짓과 오류가 판을 치는 것을 우리는 매일 경험하기 때문이다.

에 찍는 것 같다는 이론이다. 이 경우 오류의 문제가 깨끗이 해명
된다: 오류란 마치 도장을 잘못 찍는 것 같다. 다시 말해 이미 각
인된 밀납(인주) 위에 엉뚱한 도장이 찍히면 오류가 발생한다는 것
이다.

이런 맥락에서 기억 혹은 상기라는 문제가 플라톤의 사유영역에
서 중요한 의미를 지니게 되었다. 이는 다시 말해 소크라테스의 산
파술에서 플라톤의 상기설로 넘어가는 이유가 된다. 그래서 플라톤
은 지식의 기원을 지각이나 영상이 인간의 영혼에 그 형태를 각인
함으로써 이루어진다는 일종의 경험주의적인 입장을 내세운다. 즉
인간의 영혼에 밀랍 덩어리가 있는데 우리의 경험이 그 밀랍 표면
에 형태를 각인함으로써 지식이나 기억이 발생한다는 것이다.[20]

"그럼 이야기를 진행시키기 위해, 이렇게 간주해 주게. 즉 우리의 마
음 속에는 소재(素材) 그대로의 납(蠟)이 있다고 그렇게 생각해 주게.
… 그리고 그 속에 무엇이든지 우리가 기억하려고 하는 것을 우리가
보는 것 중에서나 듣는 것 중에서, 또는 자기가 생각해 낸 것 중에서도,
그 지각(知覺)이나 상기(想起)에 지금 말한 납으로 그 형적(形跡)을
남기게 했다고 하세. 그것은 바로 가락지에 달려 있는 도장자국을 내는
경우와 같은 걸세."[21]

---

20) 이는 후일 아리스토텔레스의 인식이론의 토대가 된다. 아리스토텔레스는 인
   간의 영혼은 선천적으로 백지(tabula rasa)와 같다고 주장하고 외부의 존재
   가 감각에 각인됨으로써 지식이 발생한다는 경험주의를 말한다.
21) 『테아이테토스』, 191c-d. 최민홍 역, 『플라톤 전집』, 5권, 313~314쪽. 이
   부분을 콘포드(F. M. Cornford)는 이렇게 영역하고 있다:
   "Socr. Imagine, then, for the sake of argement, that our minds contain a
   block of wax, which in this or that individual may larger or smaller,
   and composed of wax that is comparatively pure or muddy, and harder

여기서 인식이란 도장과 인주(혹은 왁스)의 모델로써 설명되고 있다. 그런데 이 인식모델은 원초적인 인식 가능성은 잘 묘사하고 있지만 여전히 불충분하다. 만약 그런 우리의 인식을 위해 그런 밀납(왁스) 판이 필요하다면 엄청나게 많은 수의 왁스 판이 있어야 할 것이다. 그리고 다른 문제는 망각이다. 즉 한 번 각인된 지각이나 이미지라고 할지라도 시간이 흐른 뒤 사라질 수 있다. 또 다른 문제는 내가 경험하거나 지각하지 못한 무수한 사물에 대한 판단에 대해 위의 밀납 자국 비유는 아무런 설명을 할 수 없다는 것이다. 내가 보지 못한 사물에 대한 참과 거짓의 결정은 밀납 자국 모델로써는 할 수 없다.

결론적으로 밀납 자국 비유는 참된 지식의 근원과 출처를 알려주기는 하지만 그것이 개인적 경험에 의존하기 때문에 많은 문제를 내포한다. 특히 거짓과 오류는 여전히 이론적으로 설명이 안 되고 있다.[22]

---

in some, softer in others, and sometimes of just the right consistency.
Thea. Very well.
Socr. let us call it the gift of the Muses' mother, Memory, and say that whenever we wish to remember something we see or hear or conceive in our minds, we hold this wax under the perceptions or ideas and imprint them on it as we might stamp the impression of seal-ring. Whatever is so imprinted we remember and know so long as the image remains."
F. M. Cornford, *Plato's Theory of Knowledge*(London: Routledge & Kegan Paul, 1973), p.121.
22) 밀납이론으로 인식과 오류를 잘 설명할 수 없게 되자 작중의 소크라테스는 새장이론을 제시한다. 여기서 새장이란 기억을 상징하는 것이다. 새장, 즉 기억은 탄생시 텅 비어 있다고 한다. 그후 경험과 학습에 따라 기억의 새장

3. 상기설과 영혼불멸의 결합:『메논』

『테아이테토스』편에서 플라톤은 지식의 문제를 가능한 경험주의적으로 풀어보려고 했으나 번번이 실패해야만 했었다. 즉 밀납이론이나 새장이론으로 지식과 오류의 근원을 해명해 보려고 했으나 매번 불충분하였다.

그런데 그외에도『테아이테토스』편에는 플라톤 철학의 향후의 발전을 위한 여러 가지 중요한 문제가 함축되어 있었다:『테아이테토스』의 중요한 기여는 (1) 직접적인 지식은 단순한 요소를 지향하는데 여기에는 오류가 없다. (2) 오류는 판단, 즉 두 가지 대상의 결합 자세히 말해 잘못된 결합에서 발생한다는 것이다.

『메논』에서 플라톤은 인식을 상기(想起, recollection)라고 새롭게 규정한다. 그러나 이 상기는『테아이테토스』에서와 같은 경험주의적 요소가 아니라 선천적인 요소와 결부되어 있다. 여기서 말

은 점점 많은 새들로 차게 된다. 지식이란 마치 새장 안의 각종 새들과 같다는 것이다. 그리고 또 플라톤은 지식의 소유(所有)와 지식의 소지(所持)를 구분한다. 소유는 가능적인 인식이고 소지는 현실적인 인식이다. 즉 소유된 경험이나 지각도 기억을 못하는 수가 있다는 것이다. 새장이론 역시 오류의 문제를 완전히 해결할 수 없다, 왜냐면 오류나 무지(無知) 역시 새장 안에 있기 때문이다.

이 문제, 즉 오류와 거짓의 문제는 아리스토텔레스의 입장 즉 허위나 거짓이 존재한다는 이론을 받아들여야 비로소 풀린다. 이는 더 나아가 無도 존재한다. 즉 없는 것도 있다고 해야 할 때 비로소 풀린다. 이 주장이 아리스토텔레스의『소피스트』의 주제이다. 이는 파르메니데스 원리를 부정해야 비로소 해결되는 것이다. 아리스토텔레스는 그의『형이상학』에서 존재의 의미는 다양하다고 강조한다. 결국 없음까지 존재의 영역으로 확장해야 세상을 충분히 이해하는 것이다.

하는 상기는 개인적인 지각이나 학습을 통해 얻어진 지식이 아니라 불멸적인 영혼의 선천적인 인식을 말하는 것이다. 이를 플라톤은 아래와 같이 표현한다:

"… 인간의 영혼이 불멸하고 어떤 때에는 끝장이 나서 이것을 죽음이라고 부르고 어떤 때에는 다시 살아나서, 결코 소멸되는 일이 없으니, 인간은 되도록 일생 동안 경건하게 인생을 마쳐야 한다는 걸세. … 그런데 영혼은 불멸하여 자주 태어났으며, 따라서 현세(現世)의 것이나 저승의 것이나 즉 모든 것을 잘 알고 있으며 따라서 배워서 안 것이 아니네. 그러므로 덕에 대해서나 그밖의 것에 대해서도 전에 알고 있던 것을 상기한다고 해서 조금도 이상할 것이 없네. 그리고 모든 삼라만상은 본성(本性)에 있어서 동족(同族)이며, 영혼은 모든 것을 알고 있으므로 꾸준히 탐구하기만 하면 모든 것을 하나의 기억에서 상기(想起)하는 것은 가능한 일이네. 탐구니 앎이니 하는 것도 결국은 상기이네."[23]

이 문장에는 피타고라스 학파의 윤회설(輪回說)과 만물동족설(萬物同族說)이 내재되어 있고 그런 바탕 위에서 상기설(想起說)이 소개되고 있다. 그런데 플라톤의 탐구열은 전래된 학설의 무조건적 맹종이 아니라 그것을 다시 해석하고 특히 수학을 통해 증명하려고 한다는 점이다.

이제 작중 인물인 소크라테스는 아무것도 배우지 않은 노예소년을 상대로 지식이 학습이 아니라 상기임을 증명한다. 노예소년은 기하학을 배우지 않았지만 소크라테스의 유도에 따라 피타고라스의 정리를 스스로 도출해 낸다.[24] 사실 수학적 지식은 경험적으로

---

23) 플라톤, 『메논』, 최민홍 역, 『플라톤 전집』, 3권, 76~77쪽.

설명될 수 없는 것이다. 독일의 위대한 철학자 칸트(I. Kant)가 흄(Hume)적인 경험주의, 회의주의를 극복하고 선험철학(先驗哲學)을 수립할 수 있었던 것도 수학 때문이었다.

이런 선천적인 지식의 가능성 때문에 플라톤은 『테아이테토스』에서와는 달리 『메논』에서는 억견(doxa)과 지식(episteme)을 분리시킨다.25) 그런데 거기서 아직 덕(德, arete, virtue)과 지식은 분리되어 있다.

---

24) 『메논』의 주제는 소위 '학습의 역설', 즉 사람은 아는 것을 배우느냐 아니면 모르는 것을 배우느냐 하는 당시의 철학적 난문(難問)을 푸는 해결책으로 집필되었다. 이것이 역설인 까닭은 (1) 만약 배운다는 일이 아는 것을 배운다고 한다면 실은 배울 필요가 없다, 왜냐면 아는 것을 배울 필요가 없기 때문이다. (2) 배운다는 일이 모르는 것을 배운다면 이는 불가능한 일이다, 왜냐하면 사람이 진짜 모르는 것은 배울 수도 없기 때문이다. 이런 상황에서 플라톤은 인식을 기억 혹은 상기라고 규정함으로써 이 난문을 타개한다.

25) 『테아이테토스』에서는 지식을(knowledge) 올바른 의견(true belief) 혹은 올바른 억견에 이유(logos)를 덧붙인 것으로 잠정적으로 규정했었다. 의견(belief)이란 억견이라고 말하기도 하는 그리스어 doxa의 번역이다. 이는 『파르메니데스』에서 나오는 것으로 확실하지 않은 견해를 의미한다. 거기서 의견이란 생성, 소멸하는 자연 현상에 대한 지식을 말한다. 이 책 제10, 11, 12강의 참조.

플라톤의 철학의 독립선언: 『국가』

1. 사회 변혁의 열정

플라톤의 대화편『국가』에 대해서 알아야 할 내용이 엄청 많지만 우리의 책에서는 플라톤 철학의 발전사적 맥락에서 몇 가지만을 언급하려고 한다. 우선 이 저서는 플라톤이 소크라테스의 철학을 극복하고 동시에 당대의 수많은 철학적인 도전과 난제를 극복하면서 생성된 플라톤 철학의 독립선언이요, 자기 주장이라는 점이다. 이는 이 대화편이 소크라테스의 1인칭 서술로 되어 있다는 점에서 드러난다.[1] 이 대화에서도 관례처럼 소크라테스를 주인공으로 세우기는 했으나 소크라테스가 직접 자기 사상을 말하는 것처럼 꾸며져 있다. 이는 실은 플라톤 자신이 일인칭으로 자기 철학을 전개하는 것으로 이해를 해야 한다. 더욱이 이 책에서는 플라톤의 친형제들인 글라우콘과 아데이만토스가 소크라테스와 대화하는 것이 주된 내용을 이루는데 이 역시 재미있는 장면을 상기시킨다; 즉 이는 플라톤과 그의 형제들이 당시 사회와 국가에 대한 열정적인 개혁의 구상을 토론하는 장면을 연상시킨다. 따라서 이 대화의 소크라테스는 역사적 실존인물로서의 소크라테스와는 거의 관계가 없고 사회개혁, 정치개혁의 열정에 불타는 플라톤 자신의 대변인에 불과하다.

플라톤의 관심은 처음부터 실천적·사회개혁적이었다; 그는 국가 전체의 개혁을 원했고 이상국가(理想國家)를 실현시키기 위해 어떤 조처를 취해야 하는지를 탐구하고 또 실제로 이상국가의 수립을 위해 참여하고 헌신했다, 물론 결실은 없었지만. 결국 플라톤 철학의 목표와 지향성은 사회의 변혁과 개혁이었다; 당시의 아테네의 민주정치는 타락하여 참주정치, 중우정치, 전제정치로 변해 있었고 당시의 정권은 외국에 있는 한 반정부 인사를 처형하기 위해서 철인 소크라테스에게 그 외국인을 국내로 데려오라는 어처구니없는 명령을 내리기까지 했었다.[2]

플라톤이 말하는 이상국가란 간단히 말해 어떤 특수층만이 행복한 나라가 아니라 모든 계층이 행복한 나라이다. 그는 이렇게 말

---

1) 『변명』역시 소크라테스의 일인칭으로 서술되고 있다. 그러나 차이점은 전자가 가능한 당시의 소크라테스 재판과정을 그대로 재현시키려고 한다면 후자는 플라톤의 고유한 사상을 전개한다는 점이다.
2) 플라톤, 『변명』참조. 그런데 소크라테스는 이 명령을 거부한다.

한다:

　　"… 우리는 이 행복하다고 생각하는 나라를 어느 특수층의 행복을
위해서가 아니라 전 국민의 행복을 위해 이끌어 나가야 하네. …"3)

　　그러나 이런 실천적 관심도 철학적 토대 없이는 피상적인 열정
에 불과하다.4) 단순한 윤리적 · 도덕적 열정은 반대자를 만나면 금
방 깨어져버릴 수 있다. 플라톤은 자기의 실천적 관심에 대한 이론
적 토대를 원했었다. 이는 그 당시의 문맥에서 볼 때 소피스트들의
상대주의적인 도덕관, 사회관 그리고 형이상학, 인식론에 대한 비
판을 토대로 비로소 가능해지는 어려운 작업이었다. 이런 험난한
지적 여정을 보여주는 작품이 우리가 앞에서 다룬 저술 『테아이테
토스』였다. 그런 과정에서 파르메니데스의 존재론이 결정적인 역
할을 하였음을 앞에서 암시했었다.5)

　　그리고 또 앞에서 언급한 것처럼 소피스트들의 오류이론을 반박
한 것이 플라톤의 위대한 업적이었다.6) 이처럼 존재와 인식에 대

---

3) 플라톤, 『국가』, 최민홍 역, 『플라톤 전집』, 1권, 152쪽.
4) 그런데 플라톤의 국가개혁의 방향이 좀 문제가 될 수는 있다; 즉 그는 민주
　　주의보다는 전체주의 혹은 공산주의를 지향하기 때문이다. 이런 연유에서
　　칼 포퍼(K. Popper) 같은 사람은 플라톤을 열린 사회의 적으로(the enemy
　　of the open society) 간주하기도 한다. 그러나 필자는 플라톤이 당시의 아
　　테네의 민주주의를 비판하고 당시의 스파르타나 크레테 같은 획일적인 사
　　회를 동경한 이유가 아테네 민주주의 정치의 부패와 격심한 빈부의 차이에
　　서 온다고 본다; 민주주의와 시장주의(자본주의)는 동전의 양면과 같다. 칼
　　포퍼, 『열린 사회와 그 적들』, 이명현 · 이한구 역(전2권, 민음사, 1982) 참
　　조.
5) 155쪽 각주 25) 참조.

한 플라톤의 확고한 견해가 『국가』라는 전무후무한 위대한 철학적 업적을 가능케 했던 것이다.

그런 과정에서 플라톤은 상기(想起)라는 중요한 인식론적 개념에 도달하였고 『메논』편에서는 이 상기이론을 경험적인 관점에서 선험적인 관점으로 바꾸어 놓았는데 이는 영혼불멸설과 더불어 『국가』에서 본격적으로 펼쳐질 이데아설을 위한 하나의 기반을 형성했다. 또한 『테아이테토스』에 나오는 중요한 사상, 즉 단순한 것(요소, element)은 직접 체험되고 이것은 전혀 오류에 빠질 수 없다는 생각은 역시 이데아 개념의 초석을 이룬다. 이런 직접지(直接知)의 개념 때문에 플라톤은 지식과 억견을 명백히 구분하고 전자는 전달되거나 학습되는 것이 아니라 마치 증인이 눈으로 보는 것처럼 확실히 명백히 확실하게 알려지는 것으로 생각했다. 이런 견해는 『국가』 5권에 상세히 서술되어 있다.

2. 지식과 이데아

플라톤은 『국가』 5권에서 비로소 국가 전체의 개혁과 이상국가의 수립이라는 중차대한 실천의 문제를 넘어서 그 실천을 가능케

---

6) 가령 프로타고라스의 '인간 척도설'(homo mensura)에 의하면 각 개인은 존재와 진리의 준거틀이 된다. 누가 한 말, 어떤 주장이라도 틀렸다고 할 수 없다. 틀린 것이나 잘못은 없다. 소피스트들은 객관적 잘못과 오류를 부정했다. 그들은 시비(是非), 선악(善惡)의 구별을 무시했다. 따라서 그들의 주장을 따르면 권력자의 강압이나 폭력도 나쁘다고 판정할 수 없고, 억울하게 피해를 당한 약자들이 하소연할 수도 없다.

하는 형이상학과 인식의 문제를 거론하기 시작한다. 그는 존재의 인식이라는 이론적 문제에 대한 자신의 대담한 견해를 거침없이 피력하고 있다. 우선 몇 개의 문장을 직접 보면서 지식과 이데아의 관계성을 규명해 보자. 소크라테스는 글라우콘에게 이렇게 말한다:

"그렇다면 지금 말한 것과는 반대로 미의 본질이 실재(實在)한다는 것을 믿고, 그 본질과 그 본질을 본뜬 것을 구별할 수 있는 능력의 소유자, 즉 본뜬 것을 본질로 생각하지 않고, 후자에 대해 혼돈하거나 착각을 일으키는 일이 없는 사람을 꿈꾸고 있다고 할 수 있을까, 그렇지 않으면 눈을 똑바로 뜨고 있는 사람으로 간주해야 할까?"
"그야 눈을 똑바로 뜨고 있는 자라고 생각합니다."
"분별 있는 사람은 지식을 소유하고 있으며, 사색하는 인간은 한갓 의견(意見)을 소유하고 있다고 말하는 것이 옳지 않겠나?"[7]

앞에서 여러 번 언급한 지식(knowledge, episteme)과 의견(opinion, doxa)의 구분이 여기서 명백히 밝혀지고 있다. 지식은 참다운 존재, 즉 실재(實在)를 인식하는 것이고 의견(意見)은 본뜬 것, 즉 모방을 아는 인식이다. 또 지식은 똑바로 눈뜨고 보는 것이며 의견(意見)은 혼돈이나 착각이나 꿈과 같은 것이다. 여기서 실재란 이데아를 말하며 이는 다시 미(美) 자체(the beauty itself) 혹은 선(善) 자체(the good itself)라고 표현된다. 다시 말해 파르메니데스의 존재 개념을 플라톤은 미(美) 자체 또는 선(善) 자체라고 돌려 해석한다.

또 『국가』 6권에서는 철학자와 이데아지식의 관계를 논한다:

---

7) 『국가』, 최민홍 역, 『플라톤 전집』, 1권, 229쪽.

"철학자는 언제나 불변의 것을 파악하는 자이며" 또한 그는 "생성(生成)과 소멸에 의해 동요되지 않고 언제나 확고한 실재를 제시해 줄 만한 학문에 대해서 적극적인 열의를 가지고 있어야 한다."[8] 철학자는 "선(善)의 실상(實相)" 즉 선의 이데아를 배워야 할 최고의 학문으로 인정한다, 왜냐하면 선의 이데아로 말미암아 다른 사물이 유익하고 유용하게 되기 때문이다.[9]

3. 동굴의 비유

플라톤은 이데아의 지식을 태양빛에 비유한다. 그런데 이 지식은 사실 눈에 보이는 세상을 향한 것이 아니라 눈에 보이지 않는 세계, 즉 이데아 세계를 향한 것이다. 플라톤이 이데아를 설명할 때 눈으로 보는 것 같은 뚜렷한 형태의 비유를 들지만 실은 이데아는 눈으로 볼 수 없는 가지적(可知的, intellectual)인 존재를 말한다. 눈으로 보이는 자연의 세계는 가시적(可視的, visible)이다. 이런 이데아 세계의 도입을 위해 플라톤은『국가』7 권에서 유명한 '동국의 비유'를 서술한다.

플라톤에 따르면 세상 사람들은 눈으로 만물을 보면서 살고 있지만 실은 감옥에 사는 죄수들과 같다; 왜냐하면 그들은 참다운 존재인 이데아를 모르고 살기 때문이다. 세상의 사물들은 플라톤의 생각에 따르면 이데아의 복사 내지 모방이다. 뒤에서 다시 설명하

---

8)『국가』, 최민홍 역,『플라톤 전집』, 1권, 237쪽.
9)『국가』, 최민홍 역,『플라톤 전집』, 1권, 265쪽.

겠지만 아름다운 사물들을 아름답게 만들어주는 것은 아름다움의 이데아 때문이다. 현실의 아름다움은 금방 시들고 부패하지만 아름다움의 이데아는 영원하고 불변적이다.

이처럼 이데아를 모르고 살아가는 사람들은 마치 동굴 속에서 살아가는 사람들 같다. 그들은 동굴 안에 살기 때문에 태양과 현실의 사물들을 직접 보지 못하고 그 그림자들만 보고 살아간다. 그러나 철학자는 그들을 동굴 밖으로 인도하여 실재의 사물들을 보여주어야 할 의무가 있다, 설령 그들이 싫어하거나 당황할지라도 '미 자체' 혹은 '선 자체'를 보여주어야 한다. 그런데 이런 이데아들은 육신의 눈이 아니라 영혼의 눈으로만 보여진다; 즉 그들은 가시적인 존재가 아니라 가지적인 존재들이다. 다시 말해 감성이 아니라 지성으로 파악되는 존재가 이데아인 것이다. 여기서 우리는 다시 파르메니데스의 사상과 부딪힌다: 존재하는 것은 사유하는 것과 같다. 눈에 보이는 것은 존재의 진상을 밝히지 못하고 오히려 생각과 정신이 참다운 존재를 만난다는 그리스 사유의 근본적인 요소이다.

플라톤의 동국의 비유를 직접 들어보자:

"그렇다면 글라우콘, 앞에서 이야기한 것에 비유 전체를 결부시키지 않으면 안 되네. 시각을 통하여 나타나는 공간은 죄수들의 거처로 비겨보고, 그 속의 불빛은 태양의 기능에 견주어보게. 또 위로 올라가서 위에 있는 사물을 관조하는 것은, 영혼이 가지계(可知界)로 올라가는 것으로 생각한다면, 자네가 듣고 싶어하는 나의 의견을 제대로 이해하게 될 걸세. 그러나 나의 견해가 옳고 그른 것은 오직 신(神)만이 알 걸세.

그러나 어쨌든 나의 견해는 이러하네. 가지계에서의 선(善)의 실상(이데아)이 존재하는데, 그것도 노력해야 겨우 볼 수 있네. 그러나 그렇

게 되면 역시 그 실상이 모든 일상적인 것, 또는 아름다운 것의 원인이
되네. 즉 가시계(可視界)에서는 빛과 광명의 주인을 낳고, 가지계에서
는 그 자신이 주인이 되어 진실과 지성을 공급하는 것이라고 생각해야
할걸세. 그리고 공사를 가리지 않고, 뜻있는 행동을 하려는 사람은 선
의 이데아를 보지 않으면 안 된다는 것이네."10)

여기서 보면 선의 이데아가 가지계에서도 가장 높은 자리를 차
지하며 주인의 위치에서 모든 진실과 지성을 공급하는 것으로 묘
사되어 있다. 그리고 가시계의 빛과 광명의 주인을 낳고 마치 세상
에 광명을 주어 환하게 비치는 태양의 역할을 이 선의 이데아가
행한다는 것이다. 이는 마치 신적 존재에 비유될 수 있다. 이렇게
선의 이데아를 최고의 가치로 삼는 플라톤의 관심세계는 앞에서
말한 것처럼 시급한 현실개혁과 이상국가의 수립이었다. 그래서 그
는 "뜻있는 행동을 하려는 사람은 선의 이데아를 보지 않으면 안
된다"고 강조한다.

이런 이유는 다음과 같다: 선(善)의 개념 속에는 인간사회의 존
립을 위한 모든 필요한 것이 담겨 있다. 선(善)은 '착하다'라는 윤
리적 가치뿐만 아니라 좋다 혹은 일체의 좋은 것을 말한다. 우리가
"그는 좋은 사람이다"라고 말할 때 혹은 "(경치가) 참 좋다"라고
하는 것은 정말 좋은 것을 말한다. 좋음은 일체의 도덕적·윤리
적·미학적·기술적·심리적·정서적 가치를 총칭하는 말이다.
따라서 플라톤이 말하는 것처럼 욕구하는 사람, 의욕하는 사람 그
리고 행동하는 사람은 이런 좋은 것(善)을 목표로 한다.

---

10) 『국가』, 517bc. 최민홍 역, 『플라톤 전집』, 1권, 280~281쪽.

선(善)은 인간과 인간을 결합시킨다, 반면에 악(惡)은 인간 관계를 황폐화시킨다; 악이 지배하면 서로 불신하고 증오하고 죽이려 한다. 그런데 소피스트들은 이런 선악의 구별을 폐기하고 그 기준을 없애려 했고 결국 힘의 논리 내지 '강자의 이익이 정의이다' 같은 극히 반사회적인 입장을 표명했던 것이었다.

선(善) 개념은 사랑과 정의라는 다소 이질적인 가치도 포함한다. 이는 마치 공자의 인(仁) 개념과 비슷하다.[11] 즉 선의 직접적 표현은 사랑이고 선에 지혜를 (분배법칙) 더하면 정의가 나온다. 플라톤이 세우려던 이상국가는 선의 이데아, 즉 선의 개념 위에 기초하는 것이다.

---

11) 이 책 제3강의 참조.

『파이돈』: 이데아설, 영혼의 불멸설, 상기설

1. 진정한 철학자 소크라테스[1]

플라톤의 성숙기의 대화편인 『파이돈』의 주제는 영혼불멸이다. 이는 소크라테스가 독배를 마시기 바로 전 한나절 그의 감방에서 다가올 죽음을 예견하면서 영혼의 불멸과 선(善)의 이데아를 생각하는 심오한 사상을 다룬다. 이 대화편의 주인공인 소크라테스는

---

[1] 엠파스 백과사전, 철학 항목: "철학 곧 필로소피(Philosophy)란 말은 원래 그리스어의 필로소피아(philosophia)에서 유래하며, 필로는 '사랑하다', '좋아하다'라는 뜻의 접두사이고 소피아는 '지혜'라는 뜻이며, 필로소피아는 지(知)를 사랑하는 것, 즉 '애지(愛知)의 학문'을 말한다." 따라서 철학자는 애지자, 즉 지혜를 사랑하는 자의 뜻이다.

그의 친구 심미아스에게 "철학자는 죽음에 임하여 기뻘 수밖에 없는 없다는 까닭과, 또한 죽은 후에 저 세상에 가서 가장 큰 복을 가질 수 있다는 것을 증명하려고" 한다.[2]

소크라테스는 "죽음이란 영혼과 육체의 분리"라고 가르치면서 이는 원래 죽음이란 완전한 파멸이 아니라, 영-육 이원론에 근거하여 영혼이 육신을 떠나는 것으로 간주한다.

철학자는 육신보다 영혼을 더 돌보는 사람이다. 그는 좋은 음식, 옷, 쾌락보다는 영적인 것에만 집중한다, 그래서 진정한 철학자 소크라테스는 이렇게 말한다:

"그와 같은 경우에 철학자는 누구보다도 그 영혼을 육체에서 해방시키려는 사람이라고 해야겠지?"[3]

따라서 철학자는 가능한 영혼을 육신에서 해방시키려고 노력한다. 죽음이란 것은 영혼이 육신에서 분리되어 해방되는 것이다. 따라서 진정한 철학자는 죽음을 두려워할 필요가 없다, 오히려 죽음을 달게 받아들인다. 철학자는 플라톤이 묘사하는 소크라테스에 의하면 "죽음을 연습하는" 자이다. 철학 역시 죽음의 준비이자 연습이다.

---

2) 플라톤, 『파이돈』, 최민홍 역, 『플라톤 전집』, 6권, 30쪽.
플라톤의 대화 『파이돈』은 을유문화사의 세계사상교양전집 후기 1권(최명관 역)으로 나와 있고 또 최민홍 역 『플라톤 전집』(상서각), 6권에 각각 실려 있다.
3) 『파이돈』, 최민홍 역, 『플라톤 전집』, 6권, 31쪽.

"그런데 언제나 진정한 철학자만이 이처럼 영혼을 육체에서 해방시키려고 노력하네. 철학자들의 소망이란 바로 육체에서 분리되어 해방되는 것이 아니고 무엇이겠나? … 그런데 심미아스, 진실한 철학자는 누구보다도 죽음을 두려워하지 않고 죽음을 연습한다네."4)

육체는 죽어서 없어지지만 영혼은 그와는 달리 영원한 존재이다. 그런데 영혼이란 단순히 끝없이 존재할 뿐 아니라 이는 지식과 진리의 기능을 가지고 있다: 영혼은 정의, 진, 선, 미 등을 인식한다. 이처럼 영혼에 도덕적 기능뿐만 아니라 인식론적 기능을 부여하는 것이 플라톤의 영혼이론의 특징이다.5)

철학자는 진리의 애인으로서 마땅히 영혼의 능력을 존중한다. 따라서 철학자는 성적 쾌락이나 육신의 향락보다는 영혼만을 소중히 여기고 영적인 것에만 집념한다. 그런데 플라톤이 말하는 '영적인 것'이란 종교적인 것이라기보다는 지적·정신적인 가치를 말한다. 이는 결국 정의, 선 그리고 미를 추구하는 사람이다. 소크라테스는 영혼은 감각적·물질적 대상을 추구하는 것이 아니라 불멸의 존재인 이데아를 인식한다. 소크라테스는 심미아스에게 영혼의 불멸과 이데아설을 연결시키기 위해서 그의 교육적 방법인 문답법을 계속한다:

---

4) 『파이돈』, 최민홍 역, 『플라톤 전집』, 6권, 34쪽.
5) 이는 또한 소크라테스의 도덕적 주지주의(moral intellectualism)와 일맥상통한다. '도덕적 주지주의'란 범죄나 악덕을 무지의 소행으로 간주하는 입장을 말한다. 거스리, *The Greek Philosophers*, p.76 이하 참조. 소크라테스의 사상은 "아무도 고의적으로 나쁜 일을 하지 않는다, 덕은 지식이다, 악덕은 무지(無知)이다" 등으로 대변된다. 이는 알면서도 악을 저지를 수 있다는 주의주의(voluntarism)와 다른 사상이다.

"그렇다면 이것은 어떻게 생각하나? 심미아스, 정의(正義) 자체란 있다고 생각하나, 없다고 생각하나?"

"제우스에게 맹세코, 있다고 생각합니다."

"그리고 또한 미(美)나 선(善) 자체는 어떻게 생각하나?"

"물론 있습니다."6)

위의 예문에서 등장하는 정의 자체(the justice itself), 미 자체 (the beauty itself) 혹은 선 자체(the good itself) 등이 바로 플라톤의 이데아를 의미한다. 영혼은 순수한 사유이며 이는 이데아들을 인식한다. 이데아들 역시 불변적인 존재이다: 개별자들이 변화 소멸하는 것과는 달리 이데아들은 개별자들의 본성 혹은 모범으로서 영원히 동일하게 존재한다.

2. 이데아설

1) 원형과 모사로서의 이데아설

정의 자체(the justice itself), 미 자체(the beauty itself) 혹은 선 자체(the good itself) 등은 영혼의 대상이다. 신체의 기관은 이들을 결코 보거나 만지거나 할 수 없다. 영혼과 마찬가지로 그 대상들 역시 영원불변하다. 이를 이데아(Idea) 혹은 형상(Form)이라고 부른다.

---

6) 『파이돈』, 최민홍 역, 『플라톤 전집』, 6권, 32쪽.

정의(Justice)의 경우 정의로운 사람 a, b, c가 있을 때, 이들을 정의롭게 만들어주는 것을 정의의 이데아라고 한다. 정의의 이데아란 정의의 보편적인 본질이다. 마찬가지로 아름다운 것 a, b, c, d … 등이 있다고 할 때, 그들의 공통성은 아름다움 자체, 즉 미의 이데아이다. 이처럼 개개의 아름다운 사물이나 아름다운 경치와 독립되어 아름다움 자체가 있다는 것이 플라톤의 이데아설의 요체이다. 그런데 플라톤은 미(美) 자체, 즉 미의 이데아가 아름다운 사물이나 사람보다 선행한다고 한다: 예를 들면 우리가 줄리앙이란 석고상을 보고 소묘를 하는 경우를 생각해 보자; 이때 석고상이 플라톤의 이데아에 해당하고 그려진 소묘는 개별자에 해당한다.

이 관계를 좀더 일반화한다면 '미 자체'가 줄리앙에 해당하고 미인이나 아름다운 경치 등은 소묘에 해당한다.

이처럼 이데아론은 원형(paradigm)과 모사(copy)의 관계로 세상을 바라보는 것이다.

2) 이데아와 도형

이데아설을 좀더 설명한다면 기하학의 원이나 점 혹은 선 등의 개념에 대해 한번 상상해 보면 쉽게 이해가 될 것이다.[7] 예를 들어 선의 경우 그 정의는 길이만 있고 넓이는 없는 도형을 말한다. 그런데 실제로 우리가 그리는 선(線)은 길이 뿐만 아니라 넓이도 있다.[8] 점도 마찬가지이다. 유클리드 기하학에 의하면 점은 위치만

---

7) 플라톤의 철학과 수학의 관계를 이해를 위해서 김남두, 『플라톤 철학과 수학』 참조.

있고 길이나 두께는 없다.[9] 그러나 우리는 그런 점의 정의를 가지고 실제로 점을 종이 위에 찍는다면 그 점은 항상 어떤 넓이를 가진다.

이처럼 도형의 정의와 실제로 그려진 도형은 완전히 일치하지가 않는다. 그럼에도 불구하고 우리는 불완전한 현실의 도형을 보면서 그 도형의 정의를 생각한다. 또한 도형의 정의에 따라 주어진 종이 위에서 그 도형을 그리거나 작도한다.

이런 도형의 정의를 그 도형의 이데아에 비길 수 있고 종이 위에 그려진 실제의 도형을 개별자(the particular)에 비길 수 있다. 이를 도표화한다면 아래와 같다.

기하학　　↔　　플라톤의 철학

선의 정의(Definition)　↔　이데아

실제의 (그어진) 선　↔　개별자

3) 완전과 불완전 : 동일성 개념의 경우

'동일성'(identity)이란 논리적인 개념의 경우도 위에서 든 기하학

---

8) 유클리드의 『기하학 원본』에 따르면 선의 정의는 "A line is breadthless length"라고 되어 있다. 즉 선이란 넓이나 폭이 없는 길이이다. 그러나 실제의 선은 넓이를 가지고 있다. 이것이 수학과 물리학의 차이이다.

9) 『기하학 원본』의 점에 대한 정의는 "A point is that which has no part"이다. 점은 부분을 갖지 않는다. 그러나 우리가 아무리 작은 점을 찍어도 그 항상 부분은 있다. 즉 다시 말해 점의 넓이가 있다는 것이다.

의 경우와 마찬가지이다: 우리는 두 가지 이상의 사물들을 서로 비교할 때 같다(동일하다) 혹은 다르다(동일하지 않다)라는 술어를 사용한다. 그러나 완전히 동일한 것은 어디에도 없다. 아무리 똑같아 보이는 일란성 쌍둥이라고 할지라도 완전히 서로 같지는 않다. 그렇다면 인간은 도대체 어떻게 동일성이란 개념을 알았을까? 이런 사정을 플라톤은 『파이돈』 대화편에서 이렇게 표현하고 있다:

> "그렇다면 결국 같은 것들이란 <동일한 것> 자체는 아닐테지?"
> 소크라테스가 이렇게 물었네.
> "저는 전혀 같은 것으로 생각하지 않습니다, 소크라테스 선생님."
> "그런데 이와 같은 것들이 <동일한 것> 자체와는 같지 않지만 자넨 이와 같은 것에서 <동일한 것> 자체를 파악하게 되고 인식하게 되는 것이 아니겠나?"[10]

여기서 보는 <동일한 것 자체>란 동일성의 이데아를 말한다. 플라톤의 설명을 따르면 우리는 비슷한 것에서 동일성을 인식하고 있다는 것이다. 예를 들어 모양이 같은 볼펜 두 개를 서로 비교해 보자: 그 둘은 모양, 크기, 무게, 기능 등이 거의 100% 같지만 '완전히 동일하다'라고 말할 수는 없다. 그리고 만약 완전히 같다고 할지라도 위치는 다르다: 서로 다른 공간을 점유하고 있는 것이다.

다시 말하면 우리는 불완전한 현실의 동일성에서 완전한 이상적인 동일성을 파악하고 있다는 것이다.

이런 철학을 플라톤주의라고 한다. 그리고 플라톤의 이데아설은

---

10) 『파이돈』, 최민홍 역, 『플라톤 전집』, 6권, 43쪽.

많은 비판이 있기는 하나 아직까지도 완전히 극복된 이론은 아니다. 그 이론은 아리스토텔레스를 통해 보편적 개념, 본질 등으로 살아 있다.

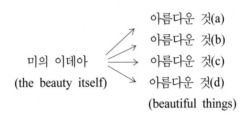

미의 이데아와 사물의 관계

3. 상기설

플라톤의 인식론은 기본적으로 상기설이다. 우리는 이미 『테아이테토스』에서 플라톤이 오류 발생의 문제를 다룰 때 기억 또는 상기를 인식의 문제와 결부시켰고 그후 『메논』과 『국가』 등을 통해 상기를 선천적 인식의 가능성과 연결시켰음을 공부했다.

상기(anamnesis)란 기억과 같은 말이다.

우리가 감각의 눈을 가지고 어떻게 영원한 형상, 이데아를 알 수 있을까? 하는 문제에 대한 답변이 바로 상기설이다.

플라톤의 『파이돈』편에는 플라톤 철학의 핵심이라고 할 이데아설과 영혼의 불멸설이 위에서 본 것처럼 잘 나타나 있었다. 또한 플라톤은 그의 인식이론으로서 상기설(anamnesis)을 주장하여 영

혼의 불멸설과 이데아설을 연결하고 하고 있다.[11]

위에서 제시된 문제, 즉 지상의 어느 곳에서도 동일성의 이데아가 발견될 수 없다면 도대체 우리는 어떻게 '동일한 것 자체'를 인식할 수 있었을까? 이 문제에 대해 플라톤은 '영혼의 선재설', 즉 영혼은 사람이 태어나기 전부터 존재하고 그런 영혼이 이데아의 지식을 가지고 있었다는 이론을 전개한다.

> "그렇다면 지식이란 상기(想起)이며, 따라서 우리의 영혼은 육체 속에 들어가 묶이기 이전에 어디엔가 있었다고 말한 우리의 주장을 자네는 어떻게 생각하는가?"[12]

여기서 말하는 지식이란 감각적·경험적 지식을 말하는 것이 아니라 이데아에 관한 지식, 즉 불멸의 진리를 말한다. 그런 지식이 가능한 것은 "영혼이 육체 속에 들어가 묶이기 이전에 어디엔가 있었"기 때문에 가능하다. 영혼은 그 탄생 이전에 이미 존재하고 있었다는 것이다.

플라톤은 여느 때처럼 소크라테스의 입을 빌려서 자기의 학설, 즉 상기설을 설명한다.[13]

---

11) 플라톤에 의하면 영혼은 출생 전부터 있었다(영혼 선재설). 탄생 전 영혼은 순수한 이데아를 알고 있었다. 그런데 영혼은 탄생 전, 즉 육신을 입기 전, 망각의 강 하데스를 건너면서 이데아의 기억을 상실한다고 한다. 출생 후 이데아가 잠재된 사물을 볼 때 그 속에 숨은 이데아를 영혼이 상기함으로써 인식이 이루어진다.

12) 『파이돈』, 최민홍 역, 『플라톤 전집』, 6권, 66쪽.

13) '영혼의 선재설'(the theory of preexistence of the soul)과 '상기설'(the theory of recollection)은 그러므로 상호 불가분리적이다. 또한 영혼의 선재

"우리가 만일 이 세상에 태어나기 이전에 그것을 알고 있었다면, 그리고 그것을 가지고 태어난 것이라면, 태어나기 전이나 태어난 순간에도 알고 있었을 게 아닌가? 우리가 지금 논의하는 것은 <같은 것>뿐만이 아니라 <아름다운 것> <선량한 것> <올바른 것> <경건한 것>을 비롯한 이밖의 모든 것에 <존재 자체>라는 말을 붙일 수 있는 것이 아니겠나? 그러므로 우리는 이 세상에 태어나기 이전에 모든 것을 이미 알고 있었다고 분명히 말할 수 있지 않겠나?"[14]

인용문에서 소크라테스는 여러 가지의 이데아들, 예를 들면 <동일한 것 자체>, <아름다운 것 자체>, <선량한 것 자체>, <올바른 것 자체>, <경건한 것 자체> 모두가 상기를 통해 우리에게 알려진다고 한다. 즉 "우리는 이 세상에 태어나기 이전에 모든 것을 이미 알고 있었다고" 한다. 사망이 영혼과 육신의 분리라고 한다면 출생이란 영혼과 육신의 (신비한) 결합이다. 영원하고 불변적인 이데아의 이론은 인간이 탄생하기도 전에 순수한 영혼으로서 존재하며 더 나아가 그런 영혼이 이데아를 알고 있었다고 하는 엽기적인 사유에 도달한다.

상기설이란 영혼이 이 세상의 사물들에서 그가 예전, 즉 출생하기 이전에, 보았던 이데아를 상기할 때 비로소 참다운 인식이 생긴다는 학설이다.

이데아를 인식하는 것은 육신, 즉 신체 감각기관이 아니라 바로 영혼이다. 이처럼 영혼불멸설은 상기설을 통해 이데아설과 연결되어 있다.

설은 영혼의 불멸설에 포함되는 이론이다.
14) 『파이돈』, 최민홍 역, 『플라톤 전집』, 6권, 44~45쪽.

『파이돈』의 극중 주인공인 소크라테스는 이렇게 말한다:

"… 한평생 육체로부터 벗어나기를 힘써 온 영혼, 즉 진실과 지혜를 사랑해 온 영혼은 항상 죽는 연습을 해온 것이라네. 철학이란 죽는 연습을 하는 게 아니겠나?"
"그야 물론입니다."
"그와 같은 상태에 있는 영혼은 무형의 세계, 다시 말해서 신성하고 불멸하며, 예지적인 세계로 향하는 것이며, 그곳에 이르면 영혼은 인간의 실수와 어리석음과 공포와 정욕, 그밖의 인간적인 번뇌에서 벗어나 커다란 행복을 얻게 될 것이며, 따라서 마치 비법을 이어받은 사람들이 말하듯이, 영원히 신들과 함께 있는 것이 아니겠나? …"15)

여기서 플라톤은 영-육의 이원론 사상이 극명히 나타난다: 플라톤은 영혼은 불가시적이고 불변하는 신적인 것이며 반대로 육체는 가시적이고 변화하며 사멸하는 것이라고 가르친다. 따라서 철학자는 한평생 육체를 벗어나려고 노력하며 나날이 '죽는 연습'(μελέτη θανάτου)을 한다. 또 영혼은 역시 불가시적이고 불변적이며 완전한 이데아를 인식하고 육체, 즉 신체적 감각기관들은 가시적이며, 가변적인 현실의 사물들을 인식한다. 소크라테스와 같이 죽는 연습을 하는 철학자들은 영혼(정화된 영혼)이 누리는 신적인 축복을 받는다.

이런 생사관, 사후세계관, 영혼 불멸설 등이 있었기에 소크라테스는 죄 없이 독배를 마시면서도 태연히 세상을 하직할 수 있었었던 것이다. 독배를 마신 소크라테스가 제자들에게 한 최후의 말은

---

15) 『파이돈』, 81a. 최민홍 역, 『플라톤 전집』, 6권, 52쪽.

"오, 크리톤, 아스클레피오스 신에게 닭 한 마리를 바쳐야 하네, 잊지 말고 드리도록 하게"였다.[16)

소크라테스에 대한 플라톤의 최종적인 평가는 이렇다:

"에케크라테스, 그분의 최후는 이러하였네. 나는 내가 알고 있는 사람들 중에서 가장 훌륭하고 지혜로우며 의로운 사람이었다고 장담할 수 있네."[17)

4. 참여이론(the theory of participation): 이데아설의 문제점 발생

이데아설, 상기설 그리고 '영혼의 불멸설' 등으로서 플라톤은 인류의 위대한 스승이었던 소크라테스의 죽음에 대한 철학적인 의미를 부여하려고 했다: 철학사상 이렇게 한 인물의 생애와 철학사상이 잘 조화되는 경우도 드물 것이다, 물론 그것은 소크라테스 자신의 철학이라기보다는 플라톤의 철학적 각색이라고 생각된다.

그런데 플라톤 철학의 핵심적인 학설인 이데아설은 소크라테스의 죽음과 더불어 완성되고 끝나는 것이 아니라 실은 새로운 도전과 위협에 처하게 된다. 여기서 필자의 새로운 학설을 펼치게 된다.[18)

---

16) 최민홍의 각주에 의하면 아스클레피오스는 아폴론의 아들로서 의술의 신이라고 한다. 『파이돈』, 최민홍 역, 『플라톤 전집』, 6권, 99쪽 참조.
17) 『파이돈』, 최민홍 역, 『플라톤 전집』, 6권, 99쪽.
18) 이 책 제14, 15, 16강의 참조.

그러나 우선 플라톤의 『파이돈』 대화에서 벌써 그런 거대한 철학의 지각변동을 알리는 징조가 곳곳에 나타나 있다.[19] 아리스토텔레스가 쓴 『파르메니데스』 대화와 또 그의 『범주론』에서 진정한 플라톤의 사상으로서 지칭하는 것도 플라톤의 수많은 대화편 중에서도 『파이돈』 대화이다.[20]

『파이돈』에서 이데아(형상)는 개별자의 원인으로서 나타난다. 아름다운 사물이 아름다운 까닭은 아름다움의 이데아 혹은 형상 때문이라는 것이다. 이 책 172쪽에 그려진 '미의 이데아와 사물의 관계'를 다시 보자.

마치 파란 물감을 물에 뿌리면 물 전체가 파랗게되는 것처럼 이데아 역시 그런 방식으로 개별자들에게 작용한다. 종이나 천이 파랗게 물드는 원인은 파란 물감 때문이다. 이와 마찬가지로 '아름다운 것'(beautiful things)이 아름다운 이유, 원인은 '아름다움'(the beauty) 자체 때문이다. 이는 달리 말하면 아름다운 여인이 아름다운 이유는 그 여인이 가진 아름다움 때문이라는 것이다. 이는 당연한 소리 같지만 플라톤의 경우 특이한 문제는: 그 여인이 없다고

---

19) 플라톤의 『파이돈』 대화는 필자의 견해에 의하면 플라톤 철학의 완성이며, 결정판이다, 물론 플라톤은 그외에도 많은 대화편을 썼지만 『파이돈』처럼 체계적으로 플라톤의 사상이 서술된 곳도 드물다. 그리고 이데아설도 그것이 함축하는 논리적·존재론적 문제가 이 책에서 극명하게 드러난다. 이는 이데아설의 완성이자 동시에 종말을 암시한다. 여기에 아리스토텔레스가 철학의 왕국에 새로운 왕자로서 나타나는 단서가 있다.

20) 미리 말한다면 지금까지 플라톤의 저술로 알려져 온 『파르메니데스』 대화편을 필자는 아리스토텔레스의 저작으로 돌린다. 그 이유는 플라톤이 그 작품을 저술했다면 큰 모순이 발생하기 때문이다. 다음 강의, 즉 이 책 제14강의부터 이 문제가 본격적으로 논증될 것이다.

할지라도 아름다움 자체가 스스로 (어디엔가에) 존재하고 있다는 것이다. '아름다움'(the beauty) 자체가 먼저 홀로 서 있고 '아름다운 것'(beautiful things)은 전자를 모방하거나 참여한다. 따라서 플라톤은 이렇게 진술한다:

> "… 언제나 많은 사람들의 논란의 대상이 되고 있는 아름다움 자체와 선 자체 그리고 큰 것 자체며, 그밖의 모든 것이 있다는 것을 전제로 하여, 나는 다시 출발하려고 하네."[21]

여기서 우리가 간파할 수 있는 것은 이데아설이 플라톤의 생존 당시에 이미 충분히 전달되고 또 논란의 대상이 되었다는 것이다. 그럼에도 불구하고 플라톤은 미(美)의 이데아, 선(善)의 이데아 그리고 대(大)의 이데아 등이 독자적으로 존재한다는 자신의 신념을 재천명한다. 그리고 위에서도 상세히 언급한 것처럼 '아름다운 것'이 아름다운 이유, 원인은 '아름다움' 자체 때문이라고 설명한다. 여기서 플라톤은 참여(participation, μέθεξις)라는 사상을 도입한다:

> "자네가 나의 견해에 동의하였다면 다음과 같은 문제에 대해서 생각해 보세. 만일 아름다움 자체 외에도 다른 어떤 것이 아름답다고 한다면, 그것은 다름 아닌 아름다움 그 자체에 참여하기 때문이라고 나는 생각하고 있는데, 자네는 이러한 나의 견해에 동의하고 있는가?"[22]

---

21) 『파이돈』, 100b. 최민홍 역, 『플라톤 전집』, 6권, 76쪽.
22) 『파이돈』, 100c. 최민홍 역, 『플라톤 전집』, 6권, 78쪽. 최민홍의 번역은 "… 그것은 다름 아닌 아름다움 그 자체를 갖추고 있기 때문에 아름다운

플라톤은 참여의 이론을 보편화시켜 범유적(汎有的)으로 이를 적용시킨다: 미의 이데아, 선의 이데아뿐만 아니라 큰 것, 작은 것 등도 모두 그들 각각의 이데아에 참여하기 때문에 크고, 작아진다고 한다. 또한 하나, 둘 등의 개수도 하나 자체, 둘 자체에 참여하기 때문에 그렇다고 한다. 이런 다소 기이한 생각을 하는 플라톤의 표현을 직접 보자:

"… 그리고 큰 소리로, 무엇이든지 존재하는 것은 그 본질에 참여하기 때문이며, 다른 까닭은 아무 것도 알지 못하고, 단지 그것들이 각각 그 본질에 참여하는 것만을 안다고 말하며, 또한 둘의 원인은 오직 둘 자체에 있으므로, 이것이 둘을 둘로 되게 하는 것이며, 또 하나 자체에 참여함으로써 어떤 하나가 된다고 단언할 수 있을 것이 아닌가? …"23)

그런데 플라톤 자신도 실은 이 참여라는 개념을 논리적으로 설명할 수 없었다. 따라서 그는 이데아와 개별자의 참여관계를 신비한 것으로 간주해야 했다:

"… 그것이 어떻게 아름다움 자체에 참여하는가는 알 수 없네. 그렇지만 그것은 어떠한 모양으로든지 아름다움 자체에 의하여 아름다워진다는 것을 강경히 주장하네. …"24)

앞에서 언급한 '원형-복사'의 이론으로도 해결되지 않는 부분이

것이라고 나는 생각하고 있는데, …"이다. 필자는 참여 개념을 강조하기 위해 이를 약간 수정했다.

23) 『파이돈』, 101c. 최민홍 역, 『플라톤 전집』, 6권, 78쪽.
24) 『파이돈』, 100d. 최민홍 역, 『플라톤 전집』, 6권, 77쪽.

이데아설에 내포되어 있었다: 이런 원형-복사(모방) 관계는 하나의 비유에 불과할 뿐이었다. 그것은 학습이나 예술, 문화의 영역에서는 타당한 이론이나 실제 세상을 설명하기에는 미흡하다. 모방을 통해 무언가를 만드는 경우 행위자나 창조자가 필요하다. 그런데 이데아를 모방하여 개별자를 만든다면 『티마이오스』에 나오는 것 같은 '데미우르고스' 같은 조물주가 존재가 요청되는데 이 역시 문자 그대로 받아들이기 어려운 설명이다.

또한 앞에서 말한 대(大)의 이데아, 소(小)의 이데아 혹은 둘(2)의 이데아 등 수학적 이데아들의 경우 이데아가 더 완전하고 개별자는 불완전하다는 말을 할 수가 없다, 즉 대(大)의 이데아가 큰 물건보다 더 완전하다고 하기도 어렵다: 더욱이 『파르메니데스』 대화편에서 보여지는 것처럼 경우 소(小)의 이데아가 작은 물건보다 더 크다는 역설이 발생한다(분할의 역설).25)

따라서 플라톤은 『파이돈』편에서 이들 이데아를 마치 물감이나 약처럼 생각하고 있다; 즉 개별자들에게 이들 이데아가 침입하면 개별자들은 이데아를 닮아간다는 방식이다. 달리 말해 이데아를 원인 개념으로 풀이한다. 이것이 참여이론의 핵심이다. 플라톤은 이렇게 서술한다:

"… 각각 형상이 존재하며, 다른 것들은 여기에 참여함으로써, 그 명칭을 얻게 된다. …"26)

---

25) 제16강의 5절 "분할의 패러독스" 참조.
26) 『파이돈』, 102b. 최민홍 역, 『플라톤 전집』, 6권, 79쪽.

플라톤은 『파이돈』편에서 시종 개별자가 형상에 참여한다는 표현을 쓰지만 실제 그가 염두에 두고 있는 것은 형상이 개별자에 참여하는 것이다; 혹은 형상이 개별자 안에 들어가는 것이다. 이 문제에 대한 전거는 다음의 구절이다:

"그렇다면 심미아스는 소크라테스보다 크고, 파이돈보다는 작다고 자네가 주장할 경우에, 자네의 주장은 실제로 심미아스 속에 둘이, 즉 큰 것과 작은 것이 있다고 말할 수 있게 되지 않겠는가?"
"물론입니다."[27]

이 구절이 플라톤의 이데아설의 존립을 위협하는 문제의 구절이다. 플라톤은 대(大), 소(小) 등 수학적(양적) 범주마저 이데아로 취급함으로써 후에 엄청난 소용돌이 속으로 말려든다.[28] 위의 인용문에 의하면 파이돈이 제일 크고 그 다음은 심미아스이고 소크라테스는 가장 작다, 즉 파이돈 > 심미아스 > 소크라테스의 순으

---

27) 『파이돈』, 102b. 최민홍 역, 『플라톤 전집』, 6권, 79쪽.
28) 아리스토텔레스의 『범주론』(Categories)에 의하면 대, 소들은 양(量)의 범주가 아니라 관계의 범주로서 분류된다. 플라톤의 이데아설에 대한 아리스토텔레스의 근본적 불만의 하나는 전자가 관계의 범주마저 이데아로 취급했다는 것이다. 아리스토텔레스, 『형이상학』, 990b15.
"더욱이 더 정확한 논변 중에는 어떤 것들은 어떤 독자적인 종류도 없다고 우리가 거기에 관하여 말하는 <u>관계성의 이데아</u>로 귀결되며 다른 것들은 <u>제3인간</u>을 언급한다."(밑줄은 필자)
여기서 볼 수 있는 것처럼 관계의 범주를 실체화(= 이데아화)할 때, 그리고 제3인간 논변(The third man argument)이 이데아설의 최대의 약점인 것을 알 수 있다. 관계범주의 실체화(이데아화)는 『파르메니데스』 대화의 '분할의 역설'로 나타난다. 결국 '분할의 역설'과 '제3인 논변'이 플라톤의 이데아설이 가지는 아킬레스의 근육임을 알 수 있다.

로 키가 크다. 그런데 형상이론(= 이데아설)을 따르면 큰 것은 큼 자체에 참여함으로써 커진다; 즉 파이돈이 큰 이유는 그가 큼의 이데아에 참여하기 때문이다. 그런데 크다, 작다 하는 양의 범주들은 실은 항상 상대적이다: 그들은 같은 종(種) 내에서 다른 개체들과 비교되어 크거나, 작은 것이다. 그러나 플라톤은 이런 비교 내지 관계의 개념마저 실체화하기 때문에 큰 혼란을 야기한다. 심미아스는 파이돈보다 작고 소클라테스보다 더 크다는 경험적 사실을 이데아설로 설명하기 위해서 플라톤은 심미아스가 작음의 이데아와 큼의 이데아를 다 가지고 있다고 해명한다. 이런 설명의 불합리성을 더 이상 논증할 필요는 없을 것 같다.

파이돈이 심미아스보다 큰 것은 양자의 키를 서로 비교할 때 비로소 알려지는 사실이다. 플라톤의 입장을 대변하는 작중의 소크라테스는 다음과 같은 궤변을 늘어놓는다:

"그런데 자네는 심미아스가 소크라테스보다 크다는 것을 결코 문자 그대로 인정하지는 않는다. 심미아스가 소크라테스보다 큰 것은, 그가 심미아스라는 사실 때문이 아니고 그가 가진 큼 때문이다. 그리고 그가 소크라테스보다 큰 것은 소크라테스가 소크라테스이기 때문이 아니고, 소크라테스가 크기의 관점에서 작음을 가지고 있기 때문이다."29)

---

29) 플라톤, 같은 책 79쪽. 102c. 필자는 최민홍의 번역에서 약간을 수정했다. 원래의 번역은 이렇다:
"그런데 자네는 심미아스가 소크라테스보다 크다는 것이 결코 옳지 않다는 것을 인정할 게 아닌가? 심미아스가 소크라테스보다 큰 것은, 그가 심미아스이기 때문에 큰 것이 아니고 그의 키 때문이 아니겠나? 그리고 그가 소크라테스보다 큰 것은 소크라테스가 소크라테스이기 때문이 아니고, 소크라테스가 심미아스와 비교할 때 심미아스보다 작기 때문이 아닌가?"(밑줄 친

여기서 소크라테스가 말하는 것은 심미아스가 소크라테스보다 큰 것은 양자를 비교해서 심미아스가 소크라테스보다 (머리 하나만큼) 더 크기 때문에 아니라 심미아스가 가지고 있는 큼의 이데아 때문이라는 것이다. 또는 소크라테스가 작은 이유는 역시 그가 가지고 있는 작음의 이데아 때문이다.

이는 다시 말하면 어떤 사람이 크고 작은 것은 그가 가진 대(大) 혹은 소(小)의 이데아 때문이라는 것이다. 따라서 "그렇다면 심미아스는 소크라테스보다 크고, 파이돈보다는 작다고 자네가 주장할 경우에, 자네의 주장은 실제로 심미아스 속에 둘이, 즉 큰 것과 작은 것이 있다고 말할 수 있게 되지 않겠는가?"라는 역설적인 생각이 나타나는 것이다. 이에 따르면 사람은 모두 '대(大) 자체'와 '소(小) 자체'를 모두 가지고 있어야 한다.

그러나 문제는 설령 우리가 대 자체와 소 자체를 모두 가지고 있다고 할지라도 누가 누구보다 더 크다는 사실은 서로 키를 비교, 대조한 다음에야 비로소 알려지는 사실이다. 다시 말하면 설령 큼의 이데아나 작음의 이데아가 있다고 할지라도 소크라테스가 심미아스보다 작다는 사실을 미리 알 수는 없다. 다시 말해 심미아스에게 큼의 형상과 작음의 형상 둘 모두 있다고 할지라도 언제 그런 것들이 표현되는지 모른다: 심미아스가 소크라테스 옆에 설 때는 심미아스가 가진 큼의 형상이 나타나고, 즉 '심미아스가 더 크다'라고 말한다. 그런데 심미아스가 파이돈 옆에 서면 그가 지닌 작음의

곳 비교)

프리드리히 슐라이어마허가 번역한 『파이돈』 참조: *Platon Werke in acht Bänden griechisch und deutsch*. Dritter Band. s.153.

형상이 나타난다. 즉 '심미아스가 더 작다'라고 말한다. 여기서 이 데아론 혹은 형상이론이 지니고 있는 치명적인 약점이 노출된다: 크다, 작다 하는 형용사들은 사물이 큼의 형상, 작음의 형상에 참 여함으로써 발생하는 것이 아니라 사물들을 서로 비교함으로써 비 로소 발생하는 것이다. 설령 아름다운 꽃이 아름다운 것은 플라톤 의 말처럼 그 꽃이 아름다움의 이데아에 참여하기 때문에 그런지 모른다. 그러나 크다, 작다는 그와는 다른 범주에 속하는 사건이다. 여기서 우리는 범주의 차이를 인식하는 것이다. 이 작업에 처음 착 수하고 또 완성하는 사람은 아리스토텔레스이다.[30]

결론적으로 말해서 크고 작은 것들의 불변적인 이데아가 있다고 할지라도 그들은 (경험적인) 비교함의 행위를 통해서 대상에 적용 되는 것이다.

이처럼 관계의 범주(the category of relation)란 서로 비교, 대조 되는 2개 이상의 대상들과 그리고 그들을 비교하는 제3자가 필요 하다. 독자적으로 존재하는 이데아나 형상 등으로 현실의 크고 작

---

30) 그런데 임마뉴엘 칸트 같은 철학자는 아리스토텔레스의 범주가 우연히 끌 어모아 놓은 것이라고 비판한다. 설령 칸트의 말에 타당성이 있다고 하더라 도 아리스토텔레스의 작업은 몇 천 년 전의 일이었다. 여기서 도리어 우리 는 아리스토텔레스의 위대성을 엿볼 수 있다. 칸트, 『순수이성비판』, B107, 전원배 역(서울: 삼성출판사), 117쪽. 거기에 이렇게 씌어 있다: "이러한 근 본 개념을 탐색한다는 것은 아리스토텔레스와 같은 두뇌가 예민한 사람에 게 알맞은 기도였다. 그러나 그는 아무런 원리도 가지고 있지 않았기 때문 에 이 근본 개념을 닥치는 대로 주워 모았다. 그리고 우선 열 개를 찾아내 서 범주(술어)라고 불렀다."
이런 불만에도 불구하고 칸트의 범주표 혹은 판단표도 양과 질 그리고 관 계 등 아리스토텔레스의 범주에 기인하고 있다.

음을 설명하기에는 많은 무리가 따른다.

5. 초월이냐 내재냐?: 형상이론의 양면성

위에서 상세히 논증된 것처럼, 플라톤이 주장하는 이데아의 참여설이 실은 치명적인 약점을 가지고 있음이 밝혀졌다. 특히 대(大), 소(小) 등의 범주들은 이데아-참여설로 도저히 설명하기 어려운 난점을 가지고 있다.

『파이돈』에서 플라톤은 "만일 아름다움 자체 외에도 다른 어떤 것이 아름답다고 한다면, 그것은 다름 아닌 아름다움 그 자체에 참여하기 때문이라고 나는 생각한다"라고 말한다. 이데아는 원형으로서 복사판인 개별자들 앞에 이미 존재하고 있다. 영혼이 육체보다 선행하는 것처럼 이데아는 개별자를 선행한다. 이데아는 영혼처럼 영원 불변의 존재이다. 그런데 현실에 존재하는 개별적 사물이 이데아를 모방한다는 모방설 혹은 원형-복사의 이론은 앞에서 이미 지적한 것처럼 은유적 · 상징적 해석은 되지만 본질적인 설명은 될 수 없다.31) 따라서 『파이돈』에서 플라톤은 원형-복사 이론 대신 개별자의 이데아 참여라는 참여이론을 내세웠다. 참여이론은 이데아가 개별자로부터 분리되어 존재한다는 이데아의 독자성, 그리고 이데아가 개별자들 위에 존재한다는 이데아의 초월성 등을 전제한

---

31) 이 책 171쪽 이하 참조. 개별자가 이데아를 모방한다거나 이데아의 복사(copy)라는 이론은 창조의 이론을 수반한다. 따라서 모방이나 원형-복사 이론은 그 자체로서 완전한 이론이 아니다.

다. 또한 참여설은 독자성과 초월성을 가진 이데아를 다시 개별자와 연결시키는 전략이다. 왜냐하면 이데아의 자립성, 초월성만이 강조되면 지상의 사물들과 이데아의 관련을 망각하기 때문이다. 천상의 존재가 아무리 훌륭하더라도 사람이 살아가는 곳은 생성, 소멸, 변화하는 지상이기 때문이다. 이처럼 이데아의 자립성도 살리고 개별자와의 연관도 긍정하는 것이 참여이론이다. 그러나 작중의 소크라테스도 솔직히 고백하는 것처럼 "그것이 어떻게 아름다움 자체에 참여하는가는 알 수 없네. 그렇지만 그것은 어떠한 모양으로든지 아름다움 자체에 의하여 아름다워진다는 것을 강경히 주장하네"32)라고 플라톤은 참여이론의 근거에 관해 (합리적) 설명보다는 (종교적) 신념을 표현하고 있다.

이런 참여설은 이데아의 초월성을 내포하였다. 그런데 대(大), 소(小)의 형상이 보여준 것은 황당한 귀결이었다. 그러나 그런 과정에서 플라톤은 이데아 내지 형상이 개별자에 내재(內在)한다는 새로운 사상을 도입했었다: 심미아스 속에 대(大)와 소(小)의 형상이 있다는 말을 한다. 그외에도 다른 구절에서 '크기 자체'가 우리 안에 있다고 말한다.33) 이런 내재적 이데아 이론은 이데아를 원인

---

32) 『파이돈』, 100d. 최민홍 역, 『플라톤 전집』, 6권, 77쪽.
33) 『파이돈』, 102d. 최민홍 역, 『플라톤 전집』, 6권, 79쪽 참조.
  거기 이렇게 씌어 있다: "나는 자네가 나의 견해에 동의해 주기를 바라고 이같이 설명하는 것이네. 왜냐하면 나는 이처럼 생각하기 때문에 즉 큰 것 자체는 큰 동시에 작을 수 있는 것이 아니며, 또 우리 속에 있는 크기 자체도 작게 되는 것을 용납하지 않네."
  초월적·내재적 이데아의 문제를 위해 거스리(W. K. C. Guthrie), 『희랍철학사』(A History of Greek Philosophy), 4권, p.353 이하 참조. 거기 이렇게 씌어 있다: "The duality 'Form themselves'(or 'in nature' 103b5) and

(cause) 개념으로 보고 있다는 사상과도 상응한다.34)

플라톤은 이데아들 즉 선(善) 자체, 미(美) 자체, 대(大) 자체들을 원인이라고 했다, 즉 그들이야말로 선한 행위와 아름다운 사람과 큰 물건의 참다운 원인이라는 것이다.35) 예를 들어 소크라테스가 억울하고 부당한 재판을 받고서도 도망치지 않고 감옥에 앉아 있는 원인은 그의 뼈나 근육 혹은 살 등의 육체적 원인이 아니라 최선(最善)을 택한 소크라테스 자신의 정신 혹은 영혼이 그 진정한 원인이라는 사상이다.36) 이처럼 선의 이데아의 경우 그 초월성과 내재성은 모순 없이 양립 할 수도 있다.

그러나 플라톤의 하나의 혼동은 그런 윤리적 · 정신적 이데아와 동일, 대, 소 같은 수학적 · 관계적 이데아를 동일한 평면에 두고

'Form in uns'(or other concrete objects) acquires importance later in the argument, but does not recur in other dialogues."

34) 가령 우리가 정의로운 행위를 하려고 할 때 그 원인 혹은 이유를 외부적 · 물리적으로 돌릴 수 없다. 이는 오직 정의를 추구하는 인간의 마음일 뿐이다. 이런 맥락에서 이데아를 원인으로 볼 수 있다. 이를 후일의 아리스토텔레스는 목적인 혹은 형상인 등으로 규정했다.

35) 『파이돈』, 100b 참조. 최민홍 역, 『플라톤 전집』, 6권, 76쪽. 거기에 이렇게 쓰어 있다: "… 이제부터 나는 자네에게 내가 지금까지 탐구해 온 원인의 종류를 설명하겠네. 나는 언제나 많은 사람들의 논란의 대상이 되고 있는 아름다움 자체와 선 자체 그리고 큰 것 자체며, 그밖의 모든 것이 있다는 것을 전제로 하여, 나는 다시 출발하려고 하네. 만일 자네가 이것을 인정한다면, 그리고 여기에 동의한다면 그 원인을 설명할 수 있을 것이며 또 영혼의 불멸에 대해서도 입증할 수 있으리라 생각하네."

36) 더 자세히 말한다면 선을 지향하는 소크라테스의 의지라고 할 수 있다. 『파이돈』, 97c 이하. 최민홍 역, 『플라톤 전집』, 6권, 73쪽 이하 참조. 만물의 근원이 정신이라는 아낙사고라스의 학설에 대해서 플라톤은 선과 정의가 모든 존재의 참된 원인이라고 주장한다.

설명하는 것이다. 대, 소 등의 이데아는 초월과 내재 어느 것도 제대로 설명을 할 수 없다. 위에서 누누이 설명한 것처럼 소크라테스 안에 소의 형상이 있다고(內在) 하더라도 전혀 사실의 설명이나 이데아설의 정당화에 도움이 안 된다. 마찬가지로 그런 이데아가 개별자 밖에 있다고 하더라도(超越) 소크라테스가 왜 심미아스보다 더 작은지를 전혀 설명할 수 없다. 그리고 또 다른 문제는 이데아가 개별자 안에 내재한다고 할 때, 이데아 자체의 자기 동일성 혹은 자립성이 문제시된다는 점이다; 만약 심미아스와 파이돈 둘이 다 큼의 형상을 가졌다고 한다면 '어느 것이 진정한 큼의 형상이냐'는 문제가 발생한다: 이런 경우 형상의 초월과 마찬가지로 내재도 심미아스가 소크라테스보다 더 크다는 현상을 설명할 수 없다.37)

그런데 플라톤은 이데아의 초월과 내재를 종합하는 해결책을 『파이돈』에서 추구한다, 다시 말해 형상은 그 자체로서 존립하면서 동시에 개별자들 안에서 작용한다는 것이다. 이런 플라톤의 전략의 첫째 경우는 위에서 언급한 선(善)의 이데아의 경우 이는 초월이며 동시에 내재라고 볼 수도 있다. 상기설에 따라 인간은 선의 이데아를 인식할 수 있다. 또한 그런 인식된 선의 이데아는 올바르

---

37) 그런데 앞에서 잠깐 언급한 것처럼 선의 이데아의 경우 말하자면 초월과 내재가 양립할 수 있다고 볼 수도 있다. 그럼에도 불구하고 이는 자립 존재로서의 이데아가 아니라 보편적 개념으로서의 이데아 아니 더 정확히 말하자면 질(quality)의 범주로서의 '좋음'을 말한다.
   목적 개념의 경우 형상의 초월과 내재가 결합될 수 있지 않은가 하는 생각을 해본다. 이 문제는 더 깊이 다루어져야 한다. 아리스토텔레스의 목적인 (final cause) 개념 참조. 아리스토텔레스, 『형이상학』, 1013a 25 이하 참조.

고 선한 행동의 원인이다. 두 번째는 플라톤이 거론하는 기수(홀수)라는 경우이다. 103e 이하에 나오는 플라톤에 의한 홀수의 설명은 대략 이렇다: 1, 3, 5, 7 등 2로 나누어지지 않는 수는 홀수라고 불린다. 그런데 가령 3은 홀수이지만 또 3이라는 명칭을 가진다. 5도 마찬가지이다. 3, 5, 7 등은, 플라톤의 언어에 의하면, 홀수라는 이데아를 가진다는 것이다. 또한 그들은 홀수의 이데아 때문에 결코 짝수가 될 수 없다. 이때 ─ 아리스토텔레스의 말을 하자면 ─ 홀수는 이데아이면서 동시에 1, 3, 5, 7 등의 속성이라고 할 수 있다. 다시 표현하면 홀수의 이데아는 개별자 밖에 있으면서도(초월) 동시에 안에 있다는 것이다(내재).[38]

지금 생각하면 너무나 간단한 사실이지만 그것을 최초로 착안한 플라톤의 경우 1, 3, 5, 7 등이 홀수로도 불린다는 것은 신기한 일이었을 것이다, 왜냐하면 3과 홀수란 서로 다른 두 개념이기 때문이다. 이런 사실을 플라톤은 이렇게 표현한다:

"… 홀수에는 언제나 홀수라는 명칭이 붙을 것이 아닌가?"
"물론 그렇습니다."
"그런데 이 홀수라는 명칭을 홀수 자체에만 사용하고 있는가? 그렇지 않다면 그 자신이 홀수 자체는 아니지만 홀수의 성질을 띠고 있기 때문에 홀수라는 명칭을 붙여야 할 것이 그외에도 있지 않겠나? …"[39]

---

38) 물론 요즘 같으면 집합이론이나 아리스토텔레스의 실체-속성(성질) 등으로 쉽게 이 현상을 설명할 수 있다. 즉 홀수의 집합은 1, 3, 5, …이다 라고 하거나 5는 홀수라는 성질이 있다 라고 하면 간단히 끝난다. 그러나 플라톤은 그의 이데아이론 때문에 이런 사실을 수용하기가 쉽지 않았다. "지금은 당연하지만 그때는 당연한 것이 아니었다"라는 독일의 속담을 상기하자.
39) 『파이돈』, 103e. 최민홍 역, 『플라톤 전집』, 6권, 81쪽.

어쨌든 대, 소 문제를 해결하기 위하여 플라톤은 이데아의 내재
설까지 동원해 보았다는 것이다. 이는 참여이론과는 전혀 다른 방
식으로 이데아와 개별자의 관계를 해명하려는 노력이다. 이런 이데
아의 내재설은『파르메니데스』대화에서는 분유(分有)설로 바뀌게
된다. 그리고 급기야는 이데아를 분할한다는 엽기적인 사유로 발전
하게 된다. 그러나 그 역할은 플라톤이 아니라 아리스토텔레스에게
로 넘어간다.

결론적으로 말해 이데아설은 이데아의 개별자에 대한 초월성과
내재성를 모두 갖추어야만 비로소 성립할 수가 있다.『파이돈』에
서 언급되는 소크라테스의 옥살이 에피소드나 홀수의 논증 등은
모두 이런 초월과 내재의 조화를 입증하기 위함이다. 그러나 불행
히도 플라톤은 대, 소 등의 관계의 범주의 특수성을 인식하지 못했
기에 문제의 해결보다는 문제의 제기에 그치고만 느낌이 있다.

형이상학과 논리학: 『파르메니데스』의 저자 문제

1. 19세기 플라톤 연구가들의 의심

플라톤의 후기 대화편 『파르메니데스』와 『소피스트』는 이제까지 플라톤의 기본적인 관심과 태도를 벗어나 자신의 고유한 학설인 이데아설을 비판적으로 다루는 논리학과 형이상학에 관한 걸작들이다.[1]

---

1) 이것들 외에도 『정치가』(Politikos)도 논리학적·인식론적 성격이 강한 후기 대화편으로서 『파르메니데스』 그리고 『소피스트』와 함께 일련의 연속을 이루고 있다.
   그리고 플라톤의 고유한 관점이란 잘 알려진 바, 그의 스승 소크라테스의 '지식의 갈망', '무지의 지', '죽음의 준비로서의 철학' 등의 관점을 형이상학

그런데 필자는 논리의 탄생이라는 각도에서 지금까지 플라톤의 저서로 알려진 위의 두 철학적 대화편을 아리스토텔레스의 저작으로 간주한다.[2]

조허(Socher), 위버벡(Überweg), 샤르쉬미트(Schaarschmidt) 등 몇몇 19세기 플라톤 연구자들은 플라톤 저서들 중 일부의 진품성을 부인했다: 이들은 대체로 플라톤의 후기 대화편으로 알려진 『소피스트』, 『파르메니데스』, 『정치가』 등을 부인했다. 그런데 필자는 한걸음 더 나아가서 이들 후기 대화편의 저자가 아리스토텔레스라고 믿는다.[3] 그렇게 생각하는 근본적인 이유는 이들 대화편

적・도덕적・인식론적・인간학적 측면에서 발전시킨 '이데아설'(두 세계 이론), '영혼의 불멸설' 그리고 '상기설' 등을 말하며, 이런 진정 플라톤적인 관점은 플라톤의 대작인 『국가』와 영혼과 이데아의 관계를 아름답게 표현한 『파이돈』 등에서 잘 표현되어 있다.

2) 『그리스인들의 철학』(*Die Philosophie der Griechen*)을 쓴 젤러(E. Zeller)의 서술에 의하면 플라톤의 저술들은 고래로부터 문헌학적인 시비의 대상이었다; 가령 예를 들어 프로클로스를 비롯한 5세기의 新플라톤주의자들은 어떤 근거를 가지고 플라톤의 대화편 『파이돈』을 플라톤의 저서로 인정하지 않았다고 한다: 그 (심리적) 이유는 그들이 『파이돈』에 나타나 있는 영혼불멸설을 믿지 않았기 때문이었다.
젤러(E. Zeller), 『그리스인들의 철학』(*Die Philosophie der Griechen in ihrer geschichtlichen Entwicklung*, Leipzig, 1992), 2부 1권, p.441 이하 참조. 그리고 고대의 비판가들은 플라톤이 선배 철학자들의 사상을 표절했다는 말까지 했다고 한다(같은 책, p.429 이하 참조).

3) 젤러의 진술에 의하면 조허(Socher)는 『소피스트』, 『정치가』, 『파르메니데스』 등을 부인했고 위버벡(Überweg)은 『파르메니데스』를 부인했으며, 샤르쉬미트(Schaarschmidt)는 『파르메니데스』, 『소피스트』, 『정치가』, 『크라튈로스』 그리고 『필레보스』를 부인했다고 한다. 위버벡은 그러나 샤르쉬미트의 학설을 지지하면서도 『크라튈로스』와 『필레보스』는 플라톤의 저작이라고 후자의 학설을 제한했다고 한다.

과 아리스토텔레스의 사상들과의 긴밀한 연관성 때문이다. 이들 대화편과 아리스토텔레스의 저서들의 일부 내용들은 사상이 동일하다. 이들은 사상의 계승적 발전적이 아니라 동일한 사상의 다른 표현이라고 해야 한다. 앞으로 이 문제를 자세히 다루겠다.

이러한 문제의 해명을 위해 이 강의에서 필자는 주로『파르메니데스』대화편과 아리스토텔레스의『범주론』,『형이상학』의 연관성을 다룬다. 미리 말한다면『소피스트』역시 아리스토텔레스의『범주론』과 관련된다. 그리고『정치가』는 아리스토텔레스의『니코마코스 윤리학』과 관련된다; 물론 이들은 앞으로 더 탐구되어야 할 과제이다.

그런데 필자의 의견에 반대하는 사람들은 이렇게 말할 수 있다: "플라톤 후기 대화편들과 아리스토텔레스의 저술들이 유사한 부분이 많다는 것은 오히려 플라톤의 후기 대화편의 진실성을 의미한다: 이는 아리스토텔레스가 플라톤에게 배웠다는 사실을 확인시킨다."

그러나 문제는 후기 대화편에 담긴 이데아설의 부정이라는 화두이다. 플라톤이 자신의 이데아학설을 스스로 비판했고 아리스토텔레스는 그런 비판된 이데아설을 토대로 자신의 이론을 발전시켜『형이상학』및『논리학』등을 수립했다면 필자의 생각은 올바르지 않다. 그러나 만약 플라톤이 자신의 학설을 비판하지 않았다면, 즉 제3자가 이데아설을 비판했고 그래서『파르메니데스』를 비롯한 대화편을 저술했다면, 다시 말해 위버벡(Überweg)이나 조허

젤러(E. Zeller),『그리스인들의 철학』(*Die Philosophie der Griechen in ihrer geschichtlichen Entwicklung*), 2부 1권, p.475 이하 참조.

(Socher)의 주장처럼 『파르메니데스』나 『소피스트』가 위작이라면 그 진짜 저자는 아리스토텔레스이다.

2. 플라톤 철학의 화약고: 제 3 인간 논변

19세기 후반에 플라톤 후기 대화편의 진본 시비가 있었다면 20세기 중반에는 다시금 플라톤의 『파르메니데스』의 논증구조에 대한 획기적인 인식의 전환이 있었고 『파르메니데스』와 아리스토텔레스의 『형이상학』 사이의 긴밀한 연관성이 확인되었다: 즉 아리스토텔레스의 『형이상학』 990b15 이하에는 아리스토텔레스가 플라톤의 이데아설을 비판하면서 그 정확한 근거로서 '관계의 이데아' 문제와 '제 3 인간 논변'을 언급하고 있다. 그런데 『파르메니데스』 대화에서 이에 상응하는 이야기가 나온다.

플라톤 역시 '관계의 이데아' 즉 대(大)의 이데아 혹은 소(小)의 이데아가 야기하는 문제를 의식하고 나름대로 해결하기 위해 노력했음을 우리는 앞의 강의에서 자세히 고찰했었다.[4]

블라스토스의 「파르메니데스의 제 3 인간 논변」이란 논문을 공

---

4) 이 책 185쪽 이하 참조. 그런데 『파르메니데스』편에서 다루어지는 관계의 범주 내지 이데아는 '주인과 노예'이다. 즉 주인이 주인인 까닭은 그가 주인이라는 이데아를 가지고 있기 때문이 아니라 그가 노예를 소유하고 있기 때문이다. 즉 노예가 없으면 주인도 없다. 이런 사회적 관계의 범주를 (초월적) 이데아설로 해명하기는 곤란하다. 133c 이하 참조. 아리스토텔레스의 『범주론』에서는 대-소의 범주 그리고 주인-노예의 범주를 모두 관계성의 범주 속에 포함시키고 있다. 아리스토텔레스의 『범주론』, 7b 15 참조.

부하기 전에 우리는 일단 『파르메니데스』 대화에 나오는 그대로 제3인간 논변을 해석해 보자. 『파르메니데스』 대화편의 화자 파르메니데스는 이데아설을 옹호하려는 젊은 소크라테스에게 이데아의 수가 무한히 많아야 함을 대(大)라는 개념의 예를 통해 증명한다.

그런데 형상-개체의 관계를 설명하는 '원형-모방' 이론이나 '참여 이론'은 형상의 수가 무한하다는 무한 후퇴(regress ad infinitum)의 모순에 빠진다. 이를 아리스토텔레스는 그의 형이상학에서 '제3인간 논변'이라고 불렀다. 이를 그림으로 그린다면 이렇다:

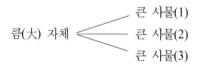

이것이 플라톤이 의도하는 형상-개체의 관계이다; 즉 큰 사물 (1), (2), (3)이 큰 것은 모두 그들이 큼의 이데아, 즉 '큼(大) 자체'를 분유하기 때문이다. 그러나 아리스토텔레스는 큼(大) 자체와 큰 사물들 사이에 공통성이 있다면 다시 이 양자를 묶어주는 제3의 이데아가 필요하다고 한다.

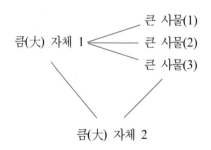

위의 그림에서 보는 것처럼 이데아와 사물에 공통적으로 내재하는 또 다른 이데아 '큼(大) 자체 2'가 탄생하는 것이다.

이런 방법으로 독자적이고 불변적인 플라톤의 이데아는 이제 그 독자성과 불변성을 잃는다: 이데아는 무한히 많은 것으로 상정된다: '무한 후퇴'(regress ad infinitum).[5] 따라서 작중의 파르메니데스는 소크라테스에게 "이리하여 자네에게는 각각의 형상은 벌써 하나가 아니라 무수하게 될 걸세"라고 말한다.[6]

3. 블라스토스에 의한 '제 3 인간 논변'의 재구성

20세기 중반, 자세히 말하면 1954년 미국의 플라톤 학자인 블라스토스(G. Blastos)는 「파르메니데스의 제 3 인간 논증」(The Third Man Argument in the Parmenides)라는 논문을 발표하여 플라톤 후기 대화편에 대한 새로운 논쟁의 장을 열었다. 이 논쟁은 최근까지 새롭게 진전되어 여러 가지 형태로 재구성되었다.[7]

---

5) 그러나 필자에 의하면 이데아설에 대한 이런 공격은 타당하지 않다. 그리고 아리스토텔레스에 의한 이런 제3의 인간 논지는 인위적이다.

6) 필자의 견해에 의하면, 아리스토텔레스는 이런 플라톤의 형상론의 모순이 속성(attributes)이나 술어를 실체화하는 데서 발생한다고 생각한다; 예를 들면 크다(large) 또는 그것의 명사형인 큼은 실체가 될 수 없는 양(quantity) 또는 관계(relatives)의 범주이다. 따라서 아리스토텔레스는 플라톤의 형상을 종이나 유의 개념으로 파악하거나 속성과 질의 범주로 돌려 해석함으로써 플라톤의 이데아 학설의 난점을 극복했다.

7) 블라스토스의 이론, 즉 '제3인 논증'의 전제들은 서로 불일치된다 (Inconsitency of Premises)를 반대하고 제3인 논증, 이데아의 무한후퇴를

블라스토스의 연구는『파르메니데스』편의 '제3 인간 논증'이 내부적인 모순을 가지고 있다는 사실이다. 이것을 명백히 지적한 것이 블라스토스의 업적이다. 그래서 블라스토스는 '플라톤 자신이 그의 논증을 정말로 믿었을까?' 하는 의구심을 표명하고 있다.

따라서 우리는 '제3 인간 논증'이 의도하는 것, 즉 '이데아설의 비판'도 타당하다고 보기 어렵다. 다시 말해 플라톤은 잘못된 몇 가지 가정 위에서 자신의 기존 학설인 이데아설을 비판하고 있다는 것이다. 이것은 도저히 받아들이기 어려운 이야기이다; 왜냐하면 우리가 플라톤의『파이돈』강의에서 본 것처럼 이데아설은 영혼의 불멸설과 동전의 앞뒤 면과 같은 관계이기 때문에 이데아설의 부정은 곧 영혼의 불멸설의 부정이다. 플라톤의 철학은 '영혼-육신, 이데아-개별자, 불변-변화'라는 근본적인 구조 위에 있기 때문이다. 따라서 플라톤이 자기의 이데아설을 부정하는 것은 극히 불가능한 일이다, 하물며 잘못된 전제를 가지고 자신의 영혼을 부정하는 것은 더욱 가당치 않다. 이는 결국 필자의 초지일관된 학설, 즉『파르메니데스』편은 플라톤의 저작이 아니며 더 나아가 아리스토텔레스의 저작이라는 것을 말한다.

물론 블라스토스는『파르메니데스』편이 플라톤의 저작이라는 것을 의심하지 않는다. 그러나 그의 연구가 보여주는 것은 도리어 플라톤의 자기모순이다. 따라서 필자는 블라스토스의 연구는 19세기

긍정하는 학설을 위해 S. Marc Cohen의 "The Logic of the Third Man", *The Philosophical Review*, Vol 80, Issue 4(Oct., 1971), 448~475 참조. 또한 Branden Fitelson의 The Third Man Argument — Notes & Reflections(http://philosophy.wisc.edu) 참조.

의 많은 플라톤 연구자들의 진본 시비를 더 구체적인 증거를 가지고 지지한다고 생각한다.

블라토스의 공로는 『파르메니데스』 대화 중에서 소위 제3 인간 논증으로 알려진 부분 즉 132a～133a을 형식-논리적으로 재구성한 것이다. 그는 132a1～132b2를 다음과 같이 논리적으로 규정한다:

"내가 생각하기에는, 자네는 다음과 같은 이유에서, 각각 하나의 형상이 존재한다고 생각하고 있는 것이 아닌가? 즉 많은 것이 크다고 자네에게 생각될 경우에, 그 모든 것을 바라볼 때 자네에게는 어떤 하나의 같은 형상(Form)이 있는 것처럼 생각되는 것이 아닌가? 그리고 거기서 자네는 <대>가 <하나>라고 생각되나 보지?"[8]

이런 문장을 블라스토스는 다음과 같이 일반화시킨다:

(A1) "만약 a, b, c,라는 얼마간의 사물들이 모두 F라면, 하나의 F-ness 라는 단일한 형상, 즉 그 형상을 통해 a, b, c,를 모두 F로 인지하는 F-ness 라는 단일한 형상이 존재해야 한다."[9]

---

8) 플라톤, 『파르메니데스』, 132a1. 최민홍 역, 『플라톤 전집』, 6권, 184쪽.
   최민홍의 원래 번역은 형상 대신 형태라고 한 것이다.
   "내가 생각하기에는, 자네는 다음과 같은 이유에서, 각각 하나의 형상이 존재한다고 생각하고 있는 것이 아닌가? 즉 많은 것이 크다고 자네에게 생각될 경우에, 그 모든 것을 바라볼 때 자네에게는 어떤 하나의 같은 형태가 있는 것처럼 생각되는 것이 아닌가? 그리고 거기서 자네는 <대>가 <하나>라고 생각되나 보지?"(밑줄은 필자)

9) 블라스토스(G. Vlastos), "The Third Argument in the Parmenides", in : *The Philosophical Review*, Vol. 63, Issue 3(Jul. 1954), 319～349.

여기서 a, b, c 등은 개별자를 가리키고 F는 하나의 속성 (character, property) 예를 들면 '크다' 혹은 '푸르다'를 나타내고 F-ness는 하나의 형상을 나타낸다; 여기서는 푸름 혹은 큼 등. 그 다음의 단계는 이렇다:

"만약 자네가 같은 방법으로 정신의 눈을 갖고 이 모든 것을 본다면, 그 모든 것이 그것에 의해 크게 보이는 또 하나의 대(大)가 나타나는 것이 아닌가?
그렇습니다 라고 소크라테스가 응답한다.
그러자 파르메니데스는 또 묻는다: 따라서 대(大) 자체와 그것을 분유(分有)하고 있는 것 외에, 또 하나의 대(大)의 형상이 나타나게 되는 걸세. 그리고 그 모든 것 위에, 그 모든 것이 그것에 의해 대(大)일 수 있는 또 하나의 대(大)의 형상이 나타나게 될 걸세. 이리하여 자네에게 는 각각의 형상은 벌써 하나가 아니라 무수하게 될 걸세."[10]

이 문장을 블라스토스는 또 이렇게 일반화시킨다:

(A2) "만약 a, b, c와 F-ness가 모두 F라면 F1-ness라는 또 하나의 다른 형상, 곧 그것을 통해 a, b, c와 F-ness를 모두 F라고 인지하는 F1-ness라는 또 하나의 다른 형상이 있어야 한다."[11]

블라스토스의 견해를 따르면 『파르메니데스』에 나오는 '제 3 인간 논변'은 위에서 그가 제시한 A1에서 A2를 연역적으로 도출하는 논증을 말한다. A1과 A2를 다시 한번 구조적으로 분석해 보자:

---

10) 『파르메니데스』 132a2. 최민홍 역, 『플라톤 전집』, 6권, 184쪽.
11) 블라스토스, "The Third Argument in the Parmenides", p.321.

A1과 A2는 모두 '만약 ~라면 ~이다'(If ~ then ~)라는 조건 문으로 규정된다.

(A1)

전건 : 만약 a, b, c라는 얼마간의 사물들이 모두 F라면,

후건 : 하나의 F-ness라는 단일한 형상, 즉 그 형상을 통해 a, b, c를 모두 F로 인지하는 F-ness라는 단일한 형상이 존재해야 한다.

(A2)

전건 : 만약 a, b, c와 F-ness가 모두 F라면

후건 : F1-ness라는 또 하나의 다른 형상, 곧 그것을 통해 a, b, c와 F-ness를 모두 F라고 인지하는 F1-ness라는 또 하나의 다른 형상이 있어야 한다.

그런데 A1과 A2를 비교해 보면 구조적인 불균형을 볼 수 있다; 왜냐하면 A2의 전건은 A1와 달리 F-ness 같은 형상을 포함하고 있기 때문이다. 이는 달리 말하면 F-ness도 F하다. 예를 들면 '큼 자체도 크다'라는 것이다. 다른 예를 들어 본다면 '미(美)의 이데아도 아름답다'는 것이다.[12] 이처럼 이데아 자체, 형상 자체도 서술될 수 있다는 가정을 형상의 '자기서술(The Self-Predication of

---

12) 이 문제는 어려운 철학적 문제를 야기한다. 미의 이데아도 아름답고 아름다운 꽃도 아름답다고 하면 이데아와 개별자 사이의 존재론적 차이를 망각하는 것이다. 이런 맥락에서 비트겐슈타인은 그의 『논리 연구』에서 파리의 박물관에 보관된 1미터 표준의 막대는 1미터가 아니다 라고 했다.

Form: 약자 SP) 가정'이라고 한다. 이를 다시 도식화한다면 이렇다:

(A3) "어떤 형상도 자기 자신에 관하여 술어가 될 수 있다. 큼 자체는 그 자신 크다. F-ness는 그 자신 F이다."[13]

이제는 (A1), (A2)의 후건을 비교해 보자. (A2)의 후건은 (A1)의 그것과는 달리 F1-ness, 즉 하나의 형상을 포함하고 있다.

이때 만약 형상을 개별자의 하나로 본다면 또 하나의 다른 형상이 나타나야 할 필요가 없다. 다시 말해 F-ness를 a, b, c와 같은 레벨의 존재, 즉 개별자 d로 볼 수 있다면 제2, 제3의 형상이 자꾸 나와야 할 필요가 없다.

따라서 a, b, c 등의 개별자는 F-ness, 즉 형상과 서로 다르다는 전제가 필요해진다. 이를 '비동일성의 가정'(The Nonidentity Assumption: 약자 NI)이라고 한다. 이를 블라스토스는 다음과 같이 도식화하고 있다:

(A4) "어떤 것이 특정한 성질을 가진다면 그것은 그 형상, 즉 이를 통해 우리가 그 성질을 파악하는 그 형상과 일치될 수 없다. 만약 x가 F라면 x는 F-ness와 일치될 수 없다."[14]

---

13) 블라스토스, "The Third Argument in the Parmenides", p.324. 이것의 원문은 이렇다:
(A3) "Any Form can be predicated of itself. Largeness is itself large. F-ness is itself F."

14) 블라스토스, "The Third Argument in the Parmenides", p.325. 원문은 다음과 같다:

블라스토스는 제 3 인 논변(TMA), 즉 (A1)에서 (A2)를 도출하는 논변을 타당하게 만들기 위해서는 (A1), (A2)외에 (A3), (A4)라는 가정이 필요하다고 주장한다. 그런데 문제는 플라톤은 과연 자신의 논변에 필요한 그런 숨겨진 가정들을 알았을까? 하는 문제가 생긴다. 이 문제는 앞으로 더 언급하고자 한다.

그런데 블라스토스에 의하면 (A3), (A4) 즉 SP, NI 가정은 서로 조화가 되지 않는다고 한다. 즉 (SP) : F-ness는 F이다, 와 (NI) : 만약 x가 F라면 x는 F-ness와 일치될 수 없다. 여기서 x 자리에 F-ness를 대입한다면 이런 결론이 나온다: 만약 F-ness가 F라면 F-ness는 F-ness와 일치할 수 없다. 따라서 SP와 NI 가설은 서로 양립할 수 없다. 이런 모순을 회피하기 위하여 블라스토스는 또 하나의 가정을 요청한다; (A4a) x의 값은 a, b, c 등 개별자에 국한된다.[15] 이는 그런데 (A2)와 모순된다. 따라서 '제 3 인 논변'은 자체 모순이다.[16] 이는 다시 말해 (A1)과 (A2)의 불일치를 말한다.

(A4) "If anything has a certain character, it cannot be identical with the Form in virtue of which we apprehend that character. If x is F, x cannot be identical with F-ness."

15) 블라스토스 자신은 (A4a) 전제를 이렇게 형성한다:
(A4a) "어떤 개별자가 어떤 성질을 가진다면, 그것은 그 형상 즉, 그것을 통해 우리가 그 성질을 인식하는 그 형상과 일치할 수 없다. 만약 x가 F라면 오직 그 값이 개별자 a, b, c 일 때에만 x는 F와 일치하지 않는다." "If any particular has a certain character, then it cannot be identical with the Form in virtue of which we apprehend that character. If x is F, x cannot be identical with F-ness when, and only when, the values for x are particulars, a, b, c, ⋯."

16) 이는 필자에 의한 블라스토스의 이론의 '돌린 해석'(Umdeutung)이다. 블라스토스 자신은 훨씬 복잡하게 설명한다.

블라스토스는 자신의 발견을 길게 설명하지만 필자는 간단하게 생각한다.

블라스토스의 '제3 인간 논변'의 공식화, 일반화의 공로는 이 논변의 기만성, 내지는 모순성을 명쾌히 밝혀주는 데 있다. 그 전까지 학자들은 이 논변을 의심하고 더 나아가 『파르메니데스』 전체를 의심했지만 구체적으로 무엇이 잘못되어 있었는지를 몰랐었다. 그런데 블라스토스가 (A3), (A4)라는 숨은 전제들을 밝혀냄으로써 이 논변의 자기모순성이 드러난 것이다. 따라서 블라스토스는 이렇게 말한다:

"만약 플라톤이 제3 인간 논변의 후반부를 정당화하는데 필요한 (그리고 충분한) 모든 전제들을 확인했더라면 그는 제3 인간 논변을 도무지 만들지 않았을 것이다."[17]

이런 맥락에서 필자의 해석은 이렇다: '제3 인 논변'의 문제는 형상의 무한후퇴, 즉 이데아설에서 형상이 자꾸만 발생하여 형상의 자기동일성을 파괴한다는 논변을 정당화하기 위해 (1) 한편으로는 형상이 개별자와 같다는 이야기를 하고 (2) 다른 한편 형상이 개별자와 다르다는 주장을 편다는 점이다. 필자의 (1) 가정은 블라스토스의 (A3)에 해당하고 (2) 가정은 블라스토스의 (A4)에 해당한다.

다시 말해 형상의 '자기서술'(Self-Predication)이란 형상 내지 이데아를 개별자와 같이 취급한다는 뜻이다. 물론 여기에는 플라톤 자신의 책임이 크다; 왜냐하면 플라톤은 다른 대화에서도 형상의

---

17) 블라스토스, "The Third Argument in the Parmenides", p.329.

자기서술에 해당하는 표현을 하기 때문이다.[18]

비동일성의 가정, 즉 (A4) 아니 정확히는 (A4a)는 형상이 개별자와 다르다는 것이다. 결국 이런 두 가지 서로 모순되는 가정들을 결합시킬 때 형상의 무한 후퇴라는 문제가 탄생하는 것이다. 즉 큼의 형상은 어떤 점에서, 즉 크다는 점에서는 개별자와 같다, 그리고 동시에 큼의 형상은 큰 것들과 (존재론적으로) 다르다. 이런 두 가지 서로 모순적인 가정을 결합시킬 때 '제3인간 논변'(TMA)이 발생하는 것이다.

코헨(S. Marc Cohen)은 블라토스와는 달리 자기서술(SP)이나 비동일성(NI)이라는 전제가 없이도 TMA가 발생할 수 있다고 주장한다.[19] 그런데 문제는 설령 그의 이론이 옳다고 하더라도 과연 플라톤 스스로가 이데아설을 부정했다고 보기에는 수많은 난점이 있다. 코헨의 설명을 따르면 플라톤의 '제3인간 논변'이 말하는 것은 원형-모사설이 잘못이라는 것이다. 원형-모사설을 아리스토텔레스는 '여럿 위의 하나'(One over many: 약어 OM)라고 간단히 표현했다.[20] 코헨의 주장은 이런 '여럿 위의 하나'라는 이데아설의 구조는 필연적으로 TMA 즉 무한후퇴(regress ad infinitum)를 야기한다는 것이다. 그러나 이런 이론은 플라톤 철학의 전면적인 파괴를 가져오는 것이기 때문에 나는 이를 거부한다. 이데아는 초월

---

18) 형상의 자기 서술에 관한 전거를 위해 블라스토스, "The Third Argument in the Parmenides", p.337 이하 참조.

19) S. Marc Cohen, "The Logic of the Third Man", in: *The Philosophical Review*, Issue 4(Oct., 1971), 448~475.

20) 아리스토텔레스, 『형이상학』, 990b.

적인 원형이다, 이것이 붕괴할 때 플라톤 철학은 더 이상 설 자리를 잃고 만다. 그리고 플라톤은 그의 최후의 작품이라고 할 그의 제7 서한과 법률 10권에서도 초월적 형상으로서의 이데아에 대한 신뢰를 잃지 않고 있다. 따라서 플라톤 자신이 스스로 제3 인간 논변을 통해서 자신의 학설을 부정했다는 것은 진실이 아니다.

4. 햇빛의 비유(130e~131c)

우리는 앞에서 '제3 인간 논증'(the third man argument, 약칭 TMA)을 통해 아리스토텔레스가 플라톤의 이데아설과 분유설을 비판하고 있음을 보았다.[21] 그런데 이는 형상과 개체를 동일한 평면에 설치하기 때문에 가능한 것이었다; 필자의 견해로는 플라톤은 형상과 개체 사이에 존재론적 차이를 설정하기 때문에 결코 '제3 인간 논증'처럼 제2의 형상, 제3의 형상 등이 발생할 수 없다.

---

21) 분유(分有, μεταλαμβάνω)설과 참여(μέθεξις, μετέχω)설: 둘 다 형상과 개별자의 관계를 규정하는 이론이다. 분유설은 이데아의 초월성을 인정하지 않고 이데아가 개별자 안에 내재되어 있다는 이론이다. 이는 주로『파르메니데스』편에서 두드러진 특징이다. 플라톤이 쓴 것이 확실한『파이돈』과 그렇지 않은『파르메니데스』를 비교해 보면 형상과 개별자들의 관계규정이 미묘하게 다른 것임을 알 수 있다. 즉 전자에서는 개별자가 형상에 참여한다: 아름다운 것은 아름다움 자체에 참여한다.
그에 반해 후자에 있어서는 개별자가 형상을 가지고 있다고 한다: 사물들이 형상을 분유, 즉 나누어 가진다. 참여와 분유는 양자 비슷한 면이 있지만 문맥에서 볼 때 뚜렷한 차이가 드러난다.『파르메니데스』에서 보면 분유는 개별자가 형상을 자기 속으로 수납한다 혹은 흡수한다(in sich aufnehmen) 는 방식으로 관계를 가진다.

왜냐하면 형상은 개별 사물의 본질(essence)인 것이다: 인간을 인간으로 만들어주는 것 바로 그것이 인간의 형상이다. 따라서 제 3인간 또는 '형상의 자기서술'(the self-predication of forms, 약칭 SP) 논지는 다분히 작위적이다: 이는 아리스토텔레스가 자기의 철학적 지반을 마련하기 위하여 스스로 문제를 제기하고 또 풀이한다.[22]

그리고 『파르메니데스』에는 '제3인간 논변' 외에 또 다른 여러 가지 논리로서 이데아설을 비판하고 있다. 그 중 대표적인 것이 '햇빛의 비유'와 '분할의 패러독스'이다.

이데아-분유설은 형상이 하나이며 동시에 여럿이라는 역설을 해결해야 한다; 즉 형상이 자기동일성을 가지고 홀로 서 있으며 동시에 여러 개체들 안에 나누어져 존재하기 위해서는 그것이 하나이며 여럿이라는 형식논리학적 모순을 범해야 한다, 따라서 드라마 중의 파르메니데스는 이렇게 말한다:

"그렇다면 형상은 하나요 또한 같으면서 <여럿>이고 개별적인 것 속에서 전체로서 동시에 있게 되며, 이리하여 형상은 자신으로부터 떠나 있게 될 것일세."[23]

이런 이데아-분유설 비판에 대해 그 옹호자인 드라마 중의 소크

---

22) 아리스토텔레스가 고의적으로 플라톤 학설에 관련한 그런 아포리아(난제)를 발명하지 않고 도리어 당시에 플라톤 학설에 관련한 그러한 문제들이 이미 제기되어 있었을 가능성도 있다. 이 경우 아리스토텔레스는 그런 비판들을 취사 수용하고 그에 대한 답안을 만들어 자신의 철학을 형성한 것이다.
23) 『파르메니데스』, 131b. 최민홍 역, 『플라톤 전집』, 6권, 182쪽.

라테스는 햇빛이론으로 응수한다:

"만일 <하나>이면서도, 같은 햇빛이 곳곳에 동시에 있으면서도, 자기
자신으로부터 떠나 있지 않는 것처럼 각각의 형상도 <하나>이고 같으
면서, 모든 것에 동시에 있지 않습니까?"[24]

이런 햇빛 비유는 이데아분유설의 방어를 위한 적절한 설명이
된다. 그런데 작중의 파르메니데스는 햇빛을 천막으로 바꾸어 놓고
생각한다.

"<하나>이고 같으면서 곳곳에 동시에 있다는 자네의 설명은, 천막을
많은 사람들의 머리 위에 펼치고, 한 장의 천막이 전체로서 많은 사람
들의 머리 위에 있다고 말하는 것과 같네. 자네는 그렇게 생각하지 않
는가?"[25]

하나의 형상을 천막에 비유하고 개체들을 그 천막 밑에 있는 사
람들의 머리로 간주한다. 이 경우 형상은 그 전체로서 개체에 나누
어져 있는 것이 아니라 실은 그 부분으로서 각각의 개체와 관련하
는 것이다. 따라서 태양을 이데아에 비유하는 소크라테스의 전략은
성공할 수가 없다.

이런 사항을 작중의 파르메니데스는 이렇게 표현한다:

"그 경우에 천막은 전체로서 각자의 머리 위에 있는가, 아니면 천막

---

24) 『파르메니데스』, 131b. 최민홍 역, 『플라톤 전집』, 6권, 182쪽.
25) 『파르메니데스』, 131b. 최민홍 역, 『플라톤 전집』, 6권, 182쪽.

의 각각의 다른 부분이 다른 사람의 머리 위에 있는가?

부분으로 있습니다.

그렇다면 소크라테스. 라고 파르메니데스는 말하였다.

형상 자체가 부분으로 나누어져 있고, 그 부분을 분유하고 있는 것이 될 걸세."[26]

이처럼 형상의 분유(分有) 개념은 형상의 부분(部分)을 함축한다, 즉 형상 자체가 '전체와 부분'의 관계에서 고찰될 수 있다는 것이다. 태양을 천막으로 대체한 것이다. "형상 자체가 부분으로 나누어져 있고, (개체)는 그 부분을 분유하고 있는 것이라"는 주장은 결국 이데아의 초월성과 독자성을 부인하는 결과를 야기한다. 그러나 문제는 형상(이데아)이 조각조각 나누어질 수 있다는 것은 형상을 물질적으로 본다는 가정을 깔고 있다. 이는 플라톤이라면 결코 할 수 없는 상상이다. 따라서 '햇빛의 비유' 혹은 '천막의 비유'는 형상과 개별자, 정신과 물질의 구분을 무시하고 이데아를 사물화(Verdinglichung)시키는 오류를 범하고 있다.

5. 분할의 패러독스(131c∼131e)

더욱이 이런 사실, 즉 형상의 '분할가능성'이라는 명제가 대(大), 소(小) 등의 (관계적) 형상에 적용되면 형상이론의 붕괴를 수반한다. 이런 사정을 작중의 파르메니데스는 말한다:

---

26) 『파르메니데스』, 131c. 최민홍 역, 『플라톤 전집』, 6권, 183쪽.

"그런데, 우리들 중에서 누가 소(小)의 부분을 갖는다고 치세. <소>에 있어서는 그것은 자기 자신의 부분이므로 <소>는 그것보다 클 걸세. 그리하여 <소>자체가 크다는 이야기가 될 걸세."[27]

여기서 <소>의 부분이 <소>의 형상 자신보다 더 작다는 아이러니가 발생한다.[28] 왜냐하면 전체는 부분보다 크다는 기하학적 명제가 있기 때문이다. 이런 논리를 이데아의 세계에도 그대로 적용시키면 '분할의 패러독스'가 발생한다. 위의 대화에서 파르메니데스가 말하는 것처럼 '소의 형상'보다도 그것의 부분이 더 작다는 말이 나오는 것이다. 더 나아가서 소의 부분을 가지게 되는 사물은 원래의 크기보다 더 작게 된다.

'소의 형상'이란 마치 마술의 세계에서 작게 만드는 케이크와 같은 것이다. 이 케이크를 먹으면 사람이나 동물은 원래보다 더 몸이 작아진다. 만약 누가 그 케이크를 잘라내어 갔을 때 그 잘려진 부분이 원래의 케이크보다 더 작다. 즉 소 자체의 부분이 소 자체보다 더 작다는 것이다.

김인곤의 논문에 의하면 "이 분할의 패러독스는 읽는 이로 하여금 타당한가의 의문 이전에 도대체 진지한 논변인가 하는 의심부터 들게 하는 것 같다. … 파르메니데스의 논변들이 말장난에 가

---

27) 『파르메니데스』, 131e.
28) 김인곤의 철학박사학위 논문 「플라톤의 『파르메니데스』편 연구」(서울대학교 대학원, 1995), 59쪽 이하 참조. 김인곤은 천막의 논증을 "날(日)과 범포의 비유", "분할의 패러독스"로 나누어 고찰한다. "날(日)과 범포의 비유"는 햇빛의 비유와 천막의 비유를 말하고 "분할의 패러독스"는 대, 소의 형상을 마치 케이크처럼 나눌 수 있다고 가정할 때 생기는 역설을 말한다.

까운 궤변으로 간주되곤 하는 것도 이런 사정과 무관하지는 않을 것이다"라고 서술한다.[29]

사정이 이렇다면 우리가 물어보고 싶은 것은; 플라톤은 왜 자신이 만든 이론을 파괴하기 위해 말도 안 되는 궤변을 부리는 것일까? 우리의 답변은 이것은 플라톤이 쓴 대화가 아니라는 것이다. 최소한도 이것은 확실하다. 본인의 지론은 거기서 더 나아가 『파르메니데스』편을 쓴 사람은 아리스토텔레스라는 것이다. 여기에는 위에서 열거한 것 외에도 많은 증거들이 있다.

6. 21세기 플라톤-아리스토텔레스 연구의 방향

앞의 강의에서 말한 것처럼 플라톤 역시 자신의 난점을 짐작하고 있었고 그를 해결하기 위해 참여이론을 고안하였다. 그러나 참여이론 역시 이데아와 개체의 동일성과 비동일성에 관한 명쾌한 답변을 줄 수 없었다. 그리고 플라톤의 아카데미에서 이런 문제가 벌써 논의된 것으로 보인다. 이런 상황에서 아리스토텔레스는 『파르메니데스』라는 대화를 꾸민 것이다.[30] 『파르메니데스』편에서 아

---

29) 김인곤, 「플라톤의 『파르메니데스』편 연구」, 62쪽.
30) 사실 이런 주장은 기존의 학계에서 볼 때 위험한 주장으로서, 필자 역시 이를 일단 하나의 가설로 보아 달라고 독자들에게 주문을 하는 바이다.
따라서 플라톤의 『파르메니데스』에 관한 안재오의 이론을 입학시험이나 논문자격시험 등에서 언급하지 않는 것이 좋겠다: 필자가 플라톤의 대화편 『파르메니데스』와 『소피스트』를 기존의 인식과 달리 아리스토텔레스의 저작으로 간주하는 이유는 이들이 플라톤의 대표적 교설인 이데아설을 정면

리스토텔레스는 늙은 파르메니데스로 하여금 플라톤의 이데아설의 여러 가지 약점을 집요하게 추적하고 플라톤을 대변하는 젊은 소크라테스를 좌절시킨다.

플라톤은 『파이돈』 저술에서 영혼의 불멸설, 상기설, 이데아설을 서로 결부시키고 체계화하면서 자기의 이데아설을 보강하려 했으나, 이데아와 개별자의 논리적-존재론적 문제를 풀기에는 역부족이었다. 이 문제를 정면적으로 도전하는 사람은 『파르메니데스』에서 이데아설의 모든 약점을 노출시키고 『범주론』, 『형이상학』 등에서 새로운 해결책을 추구한 아리스토텔레스이다.

지금까지 사람들은, 이 두 대화편에서 플라톤 자신이 자신의 대표적 이론을 비판하는 것으로, 판단하였다(Selfcriticism of Plato). 그러나 특히 『파르메니데스』편의 경우, 플라톤의 스승인 소크라테스 마저 이데아설을 방어하지 못하고 작중 인물인 파르메니데스에 의해 조롱당하는 것을 볼 때, 심리학적으로 이 글을 플라톤이 썼다고 보기 어려운 면이 있다. 필자의 확신으로는 절대로 그럴 수 없다.31)

으로 비판하기 때문이다.

31) 플라톤이 쓴 제7서한에 따르면 플라톤은 젊었을 때 정치에 종사할 꿈을 가지고 있었다고 한다. 그러나 그는 당시 아테네의 어지러운 정치현실과 특히 그의 스승인 소크라테스에 대한 부당한 판결과 동일인의 억울한 죽음을 보고 난 이후 현실에 참여하기를 포기하고 방황하면서 철학을 통한 정의와 법률제도의 부활을 바라게 되었다. 따라서 플라톤을 철학자로 만든 중요한 이유는 소크라테스의 죽음이었다고 할 수 있다. 또 플라톤은 소크라테스를 가리켜 "당시의 사람들 중에서 가장 올바른 인물"이라고 예찬하고 있다. 플라톤, 「서한 7」, 최민홍 역, 『플라톤 전집』, 6권, 320쪽.
따라서 그리스 철학에 있어서 플라톤과 소크라테스의 관계는 마치 기독교

그리고 『파르메니데스』편을 플라톤이 썼다고 보기 어려운 다른
이유는 이것이다: 플라톤이 자신의 필생의 업적을(= 이데아설) 스
스로 부정하고 비판한다면 그것은 대단히 침통하고 심각한 일인데
『파르메니데스』편에서 실제로 나타나는 것은 가볍고 말장난에 가
까운 궤변이다. 그리고 필자의 견해에 따르면 『파르메니데스』편에
서 이데아설을 반박하는 논증들은 자연스럽기보다는 인위적이고 작
의적이다. 따라서 플라톤 자신이 자신의 학설을 부인하기 위해 그
런 인위적이고 궤변적인 논변을 날조해 내었다고 생각할 수 없다.
결국 플라톤이 아닌 제3자가 그런 일을 꾸몄다고 보아야 한다.[32]

　파르메니데스가 이데아설을 비판하고 소크라테스를 조롱하는 논
지들을 보면 때로 대단히 가볍고 "읽는 이로 하여금 타당한가의
의문 이전에 도대체 진지한 논변인가 하는 의심부터 들게" 한다.
그리고 "파르메니데스의 논변들이 말장난에 가까운 궤변으로 간주
되곤 하는" 것도 이런 사정과 무관하지는 않다.[33] 다시 말해 이는
플라톤이 쓰지 않았다는 말이다.

역사에 있어서 바울과 예수의 관계와 같다고 할 수 있다.
그러므로 플라톤의 대화편에서 소크라테스는 항상 올바르고 현명하게 묘사
될 수밖에 없다.
32) 로스(W. D. Ross), 『플라톤의 이데아론』(Plato's Theory of Ideas, Oxford,
1951), 99쪽 참조. 거스리, 『희랍철학사』(A Hisrory of Greek Philosophy),
p.60에서 재인용. 로스에 따르면 『파르메니데스』 대화는 아리스토텔레스가
전혀 언급하지 않는 하나의 중요한 플라톤의 작품이라고 한다.
여기에 대한 필자의 평가는 이렇다; 그것은 당연하다, 왜냐하면 『파르메니
데스』는 아리스토텔레스의 작품이기 때문이다. 『파르메니데스』는 아리스토
텔레스의 초기의 작품이고 여기서 그의 『논리학(범주론)』과 『형이상학』으
로 발전한다.
33) 김인곤, 「플라톤의 『파르메니데스』편 연구」, 59쪽 이하 참조.

따라서 『파르메니데스』편에서 파르메니데스가 소크라테스를 비판하고 공격하는 것은 실은 아리스토텔레스가 그의 스승인 플라톤을 간접적으로 비판하는 것이다. 위에서 지적한 것처럼 19세기에는 『파르메니데스』의 플라톤 저작설을 부정한 사람들이 여럿이 있었다. 그리고 블라스토스가 찾아낸 '제3 인간 논증'의 숨겨진 전제들은 이데아설의 핵심적인 모순을 보여주었다. 그래서 블라스토스 역시 플라톤이 그런 숨겨진 전제를 알았더라면 결코 '제3 인간 논변'을 쓰지 않았을 것이라고 단정했다.

필자는 이런 의심을 넘어서 한 발자국 더 나아간다. 즉 파르메니데스 대화편이 플라톤의 저술이 아닐 뿐 아니라, 그것을 아리스토텔레스의 저작으로 인정한다; 아니 그렇게 가설을 한번 세워본다. 그럴 경우 철학사적으로 어떤 문제가 생기고 어떤 새로운 관점이 발생하는지를 관찰하는 것도 재미있는 일이다.

또한 필자가 그리스철학의 전문가도 아니고 또 그리스어를 잘 알지 못하는 처지에서 주로 번역본을 보면서 하는 해석이라 일부의 오해가 있을 수도 있기 때문이다. 그러나 스콜라 철학의 왕자라 불리는 토마스 아퀴나스도 라틴어 번역본 아리스토텔레스 저작을 가지고 아리스토텔레스 철학을 주석하고 재구성한 것을 볼 때, 우리 시대에도 좋은 번역서와 해설이 있으면 그 바탕 위에서 새로운 철학적 해석과 이론이 나올 수 있다고 믿는다.[34]

---

34) 이 책을 쓸 때 주로 인용한 한국어 번역서는 최민홍 역, 『플라톤 전집』(전 6권, 상서각, 1973)이다. 번역에 문제가 있는 부분은 경우에 따라 고쳐 사용했다. 그리고 슐라이어마허(F. Schleiermacher)가 번역한 독일어 번역도 참조하였다.

『파르메니데스』 2부 해석 문제: 존재의 의미는 다양하다

1. 『파르메니데스』 2부의 자리매김

앞에서 우리는 '제 3 인간 문제'를 연구했었다. 이는 『파르메니데스』 대화의 1부에 속한다. 『파르메니데스』 대화의 1부는 주로 파르메니데스의 입을 통해 플라톤의 이데아설이 지니는 난점을 폭로하는 내용이다. 그런데 앞에서 언급된 것처럼 『파르메니데스』 대화편은 구성상 2부로 되어 있다.

제 1 부는 제논의 난문을 해명하기 위하여 소크라테스가 제출한 형상론을 파르메니데스가 비판하는 것으로 되어 있고, 제 2 부는 형상론에 따르는 난점을 해결하려면 이에 앞서 충분한 철학적인

예비훈련이 필요하다고 주장하는 파르메니데스가, 아리스토텔레스라 부르는 젊은이를 상대로 그것을 실시해 보이는 일이다.1) 파르메니데스는 젊은 소크라테스에게 열성을 가지고 한 이론을 지나치게 변호하기보다는 그 이전에 논리적-철학적 사유의 훈련을 하도록 충고를 한다:

"자네가 필요한 훈련을 받지 않고 너무 성급하게 미(美)나 정의, 선(善), 그밖의 각각의 형상을 규정하려고 하기 때문이네. 나는 전에도 자네가 여기서 이 아리스토텔레스와 나누는 이야기를 듣고, 이것을 깨닫게 되었네. 자네가 의론에 열중하는 것은 아름다운 일이며, 동시에 거룩하기도 하네. 그러나 자네가 아직 젊었을 동안에는, 쓸모 없이 보이고, 많은 사람들이 부질없는 이야기라고 말하는 것으로써 자네 자신을 더욱 훈련하게. 그렇지 않으면 진리가 자네에게서 도망쳐버릴 걸세."2)

글쓴이 자신이 철학적 훈련(exercise, gymnasia)으로 일컫는 『파르메니데스』의 2부는 위의 설명처럼 진리 탐구를 위한 훈련으로 간주된다; 그런데 이제부터 다루어지는 내용은 위의 인용문에서 말하는 형상 혹은 이데아설이 아니라 주로 파르메니데스의 '일자 존재'(One Being)이다.3) 『파르메니데스』의 2부에서는 주로 일자 존

---

1) 플라톤, 『파르메니데스』, 최민홍 역, 『플라톤 전집』, 6권, 163쪽 참조.
2) 『파르메니데스』, 135d. 최민홍 역, 『플라톤 전집』, 6권, 190쪽.
3) 파르메니데스의 철학시 「자연에 관하여」에서 일자 존재(One Being)에 관한 전거는 다음과 같다: "그런데 단지 하나의 이정표가 남는다; 즉 있음은 있다: 왜냐하면 태어나지 않았기 때문에 그것은 멸망하지 않는다. 그것은 그 구성에 있어서 완전하고 부동적이며 끝이 없다. 그리고 그것은 과거에도 없었고 미래에도 없을 것이다; 왜냐하면 그것은 지금 전체로서, 일자로서, 결합시키는 것으로서 존재하기 때문이다."(이 책 111쪽 이하)

재가 야기하는 모순을 드러내고 있다; 다시 말하면 파르메니데스는 자신의 입으로 자신의 개념을 부정하고 있다는 것이다. 이 역시 제 1부에서 소크라테스가 플라톤의 이데아설을 방어하지 못하는 것과 비슷한 구조이다.4)

따라서, 앞으로 자세히 탐구하겠지만, 이 『파르메니데스』 대화는 (1) 플라톤 철학 비판, (2) 파르메니데스 철학 비판이라는 이중의 목표를 가지고 있다. 그리고 이런 (1), (2)에 대한 종합적 대안은 간단히 말해 범주론의 확립에 있다.5) 아리스토텔레스는 플라톤 철학의 혼란과 파르메니데스 철학의 과격한 일원론 모두 범주, 곧 '존재'의 다의성에 대한 무지에서 오는 것으로 파악한다, 특히 파르메니데스의 부동의 일자의 철학을 논파하기 위하여 존재와 일자 (하나) 개념에 대한 범주론적 사유가 필요하다: "존재는 여러 가지 의미로 이야기된다."6)

---

4) 그리고 더 재미있는 것은 소크라테스가 아리스토텔레스라는 청년과 이야기 했다는 파르메니데스의 전달이다. 그리고 파르메니데스는 이 청년에게 철학적 훈련을 실시한다. 이 아리스토텔레스라는 젊은이는 실제의 아리스토텔레스를 암시하는 것이다. 우리의 학설을 따르면 아리스토텔레스가 『파르메니데스』라는 대화를 썼다. 아리스토텔레스는 마치 영화감독이 자신이 만드는 영화에 한번 슬쩍 나오는 것 같은 수법으로 이 작품이 자신의 것임을 밝히고 있다.

5) 여기서 말하는 범주는 아리스토테레스의 『범주론』에 나오는 10가지 범주뿐만 아니라 그의 『형이상학』에 나오는 다양한 존재의 범주들, 예를 들면 가능태와 현실태, 형상과 질료, 등도 포함한다. 『범주론』에 나오는 주요한 범주들은 이미 『형이상학』에서도 다루어지고 있다. 특히 『형이상학』, 9권 즉 1045a28 이하에는 실체, 양, 질, 현실태와 가능태가 언급되고 있다. 따라서 『형이상학』과 『범주론』 중 어느 것이 먼저 씌어졌는가 하는 물음에 대해 우리는 잠정적으로 『형이상학』의 일부 내용이 ― 혹은 그 전부 ―『범주론』보다 먼저 씌어졌다고 할 수 있다.

위의 말은 존재 혹은 개념은 여러 가지 의미 내지 차원에서 사용된다는 뜻이다. 이런 다양한 개념의 의미를 밝히는 작업이 아리스토텔레스『형이상학』과 『자연학』 그리고 『범주론』의 기본적인 주제이다. 또한 아리스토텔레스는 그의 『형이상학』에서 존재 개념과 일자(하나) 개념의 연관성을 보여준다: '하나의'라는 부정관사는 '존재하는'이라는 뜻을 함축한다, 즉 한 사람(one man), 존재하는 사람(existing man) 그리고 단순히 사람(man)은 모두 같은 것을 말한다. 따라서 존재와 하나는 같다.[7]

이러한 아리스토텔레스의 사상을 미리 알고 있지 않으면 『파르메니데스』 대화편의 2부를 이해하기 어렵다. 앞으로도 『파르메니데스』 대화편의 2부를 이해하기 위해 필자는 종종 아리스토텔레스의 『형이상학』의 도움을 받는다: 특히 이 문제에 관련된 『형이상

---

6) 아리스토텔레스, 『형이상학』, 1003a33: "Τὸ δὲ ὂν λέγεται μὲν πολλαχῶς." 이런 말을 아리스토텔레스는 『형이상학』과 『자연학』의 여러 군데에서 되풀이한다. 『형이상학』, 1028a10, 1045b 28, 『자연학』, 185a22, 185b5 참조. 존재(Being) 뿐만 아니라 하나(One) 개념도 여러 가지로 사용된다. 『형이상학』, 1003b23, 1052a15 이하, 『자연학』, 186a24 참조. 존재는 하나를 함축한다. 존재와 하나의 관계를 위해 『형이상학』, 1053b24 이하 참조. 거기서 "단일성(unity)은 존재(being)처럼 많은 의미를 가진다"라고 써어 있다. 로스, 『아리스토텔레스의 형이상학』, 838쪽. 『형이상학』, 1053b24.

7) 『형이상학』, 1003b23 이하 참조. 로스, 『아리스토텔레스의 형이상학』, 732~733쪽. 로스의 영어 번역을 따르면 "If, now, being and unity are the same and are one thing in the sense that they are implied in one another as principle and cause are, not in the sense that they are explained by the same definition … ; for 'one man' and 'man' are the same thing, and so are 'existent man' and 'man', and the doubling of the words in 'one man and one existent man' does not express anything different."

학』부분은 제 10 권 3장(1054a20) 이하이다. 거기서 아리스토텔레스는 대립(opposition), 같음(the same), 유사(likeness), 타자(the other) 그리고 차이(unlikeness) 등 관계 개념들의 다의성을 분석하고 있다.8)

다시 말해 존재 혹은 하나 등의 개념뿐만 아니라 타자, 같음, 다름 등의 개념들도 그 의미가 일의적이지 않고 그때그때 그런 개념이 사용되는 문맥이나 상황에 따라서 달라진다는 것이다. 이것을 의식하지 못할 때 『파르메니데스』 2부의 엄청난 혼란과 딜레마가 발생한다는 것이다.

2. 일자(一者)의 이율배반(139b～139e)

『파르메니데스』 2부는 일자(One)에 관한 여러 가지의 이율배반(Antinomie)의 논변으로 구성되어 있다.9) 예를 들어

"일자(一者)는 부동(不動)하지도 않고, 움직이지도 않는다."

---

8) 칸트는 이런 개념들을 반성 개념(Reflexionsbegriffe)이라고 부른다. 칸트, 『순수이성비판』, B316 이하 참조.

9) 이율배반(Antinomie)이란 정반대되는 두 문장이 동시에 옳다고 주장되는 것을 말한다. 임마뉴엘 칸트의 '순수이성의 이율배반'(Die Antinomie der reinen Vernunft) 참조. 칸트, 『순수이성비판』, B432 이하 참조.
칸트의 제1이율배반은 이렇다 :
   정립(Thesis)   반정립(Antithesis)
   세계는 시간적인 출발점이 있고   세계는 출발점이 없고
   공간적으로 유한하다.   공간적으로 무한하다.

"일자는 다르지도 않고, 같지도 않다."

"일자가 존재한다면 다자(多者)도 존재한다, 일자 자신이 바로 다자이다."

"일자는 더 늙어지기도 하고 더 젊어지기도 한다. 그리고 그것은 더 늙어지지도, 더 젊어지지도 않는다."

"일자는 인식될 수 있다, 일자는 인식될 수 없다."

등의 난제(aporia)로 구성되어 있다.

이 중 우리는 "일자는 다르지도 않고, 같지도 않다"(139b~139e)라는 하나의 논변을 골라 고찰하기로 하자. 작중의 파르메니데스는 작중의 아리스토텔레스라는 젊은이에게 이렇게 말한다:

"<하나>는 자기 혹은 타자와 같지 않고, 또 자기 혹은 타자와 다른 것도 아니네."[10]

이 명제는 간단하게 보이나 실은 네 가지 문장을 포함하고 있다.

(1) 하나는 자기와 같지 않다.

(2) 하나는 타자와 같지 않다.

(3) 하나는 자기와 다르지 않다.

(4) 하나는 타자와 다르지 않다.

(A1) 이런 이중적 안티노미를 해석하기 위해 『파르메니데스』의

---

10) 『파르메니데스』, 139b. 최민홍 역, 『플라톤 전집』, 6권, 197쪽.

저자(= 아리스토텔레스)는 (3)부터 논의를 전개한다.

"<하나>가 자기와 다른 것이라면 하나와 다른 것이지, 결코 <하나>는 아니겠지?"[11]

이는 결국 <하나>가 자기와 같은 것이라는 말이다.

이는 서양철학하는 사람들에게는 자명한 진리이다; 그리고 자기동일성(Self-Identity)이란 개념은 이제 우리나라에서도 상식의 수준에 이른 말이다. 사람이나 사물은 모두 자기 동일성을 가진다.[12] 따라서 우리는 (3)의 논변을 인정한다. 이 명제는 거꾸로 말한다면 <하나>는 자기와 동일하다는 것이다.

(A2) 다음 단계는 (2) 하나는 타자와 같지 않다 를 논증하는 작업이다. 이 과정은 다음과 같이 표현된다:

"만일 타자와 같은 것이라면 <하나>는 타자이지 자기는 아닐 것이니, <하나>는 <하나>의 성질을 갖지 않고 <하나>와는 다른 것이어야 하네."[13]

여기서 논리는, 만약 <하나>가 타자와 같다면 그것은 <하나>가 아니라는 것이다. 이것은 자명한 이야기이다. 단지 문제는 하나

---

11) 『파르메니데스』, 139b. 최민홍 역, 『플라톤 전집』, 6권, 197쪽.
12) 그러나 유한하고 변화하는 존재들은 종내 자기동일성을 상실한다. 따라서 유한자의 자기동일성은 불완전한 것이라고 하겠다.
13) 『파르메니데스』, 139b, c. 최민홍 역, 『플라톤 전집』, 6권, 197쪽.

(ἕν)의 의미이다. 『형이상학』에서 아리스토텔레스는 '하나'의 복잡한 의미를 밝히고 있다.[14]

여기서 그것을 상세히 밝히기는 곤란하고,[15] 필자가 볼 때 하나 (ἕν)의 의미와 관련해서 중요한 구분은 수의 하나(numerical one) 와 관계적 하나(relative one)를 구분하는 것이다. 전자는 개체성을 의미하고 후자는 통일성 내지 동일성을 나타내는 것이다. 그리고 하나의 타자, 즉 하나와 다른 것의 의미도 하나의 의미에 따라 달라진다. 하나와 다른 것이 여럿을 의미할 수도 있고 또는 이것과 다른 저것일 수도 있다. 앞으로 이런 관점에서 『파르메니데스』의 논변을 주시하자. (A1)과 (A2)를 종합해서 작중의 파르메니데스는 이렇게 정리한다:

"그러므로 그것은 타자와 같지 않고, 또 자기와 다른 것이 아니네."[16]

여기까지는 누구나 동의할 수 있는 이야기이다.

---

14) 『형이상학』, 5권 6장 이하. 1015b16 이하 참조.
15) 『형이상학』, 5권 6장에 나오는 하나의 구분은 이렇다: (1) 우연적으로 하나 인 수가 있다. 예를 들면 코리스쿠스(Coriscus)라는 사람이 음악을 잘하고 또 정의롭기도 한 경우 이 세 가지는 우연히 하나로 결합된다. (2) 본성상 하나인 경우가 있다; 이것은 또 여러 가지로 분류된다. a) 연속되는 것을 사람들은 하나라고 한다. 예를 들면 아교로 나무조각을 붙이는 경우. b1) 사물의 기체 혹은 재료가 같은 경우를 하나라고 한다. 예를 들어 모든 주스 는 하나이다 라는 경우. b2) 유적 하나, 이는 가령 개, 말, 사람은 그 종적 인 차이에도 불구하고 동물로서 하나이다. c) 본성이 서로 분리되지 않는 경우를 하나라고 한다. 예를 들면, 가령 사람의 경우 그는 이성적이며, 동 물적이며, 크기를 가지고 있다. (3) 단위를 하나라고 한다.
16) 『파르메니데스』, 139c. 최민홍 역, 『플라톤 전집』, 6권, 197쪽.

(A3) 다음 단계는 (4) 하나는 타자와 다르지 않다 라는 문장을 논증하는 일이다. 이는 이렇게 표현된다:

"하나는 그 하나로서 존재하는 한 타자와 다른 것도 아니네. 왜냐하면 <하나>가 아닌 오직 타자만이 타자와 다른 것일 수 있고, 그밖의 것은 그렇지 않기 때문이지."[17]

다소 억지같이 들리는 이 문장의 의미는 이렇게 이해되어야 한다: 이는 하나의 의도적인 역설로 보아야 한다. 문제는 하나의 의미를 개체성이 아니라 통일성으로 볼 때 위의 역설이 발생한다. 이런 하나의 의미는 전체성을 내포한다; 예를 들어서 "모든 인류는 하나이다"라고 할 때 이런 하나에 대한 타자는 없다. 이 경우 "타자와 다르다는" 것은 그 하나가 자신 밖의 다른 것을 전제한다는 것이며 이는 다시 이미 여럿이 있다는 것을 지시하기 때문에 통일로서의 하나와는 모순이 되는 것이다.[18] 이 경우 하나의 의미는 위에서 언급한 관계적 하나(relative One)이며 그 의미는 통일성(unity) 혹은 동일성(identity)이다. 그리고 "<하나>가 아닌 오직 타자만이 타자와 다른 것일 수 있고"라는 문장도 그런 의미에서 해석될 수 있다. 여기서 타자란 다수성을 말한다. 전체성 혹은 통일성으로 규정된 하나에 대해서 타자 혹은 다수(여럿)란 없다; 그러

---

17) 『파르메니데스』, 139c. 최민홍 역, 『플라톤 전집』, 6권, 197쪽.
18) 다르다, 타자(他者) 등은 모두 동일한 어원을 가진다. 다른 것이 실은 타자(他者)이다. 이는 원문에서도 ἕτερος란 하나의 단어로 다르다, 타자(他者) 둘 다를 나타낸다. 좀더 나아가서 '다르다'란 자연히 다수(plurality)를 내포한다.

나 무관심한 다양성이라는 측면에서 타자는 다른 타자와 서로 다르다.

(A4) 여기서는 (1) 하나는 자기와 같지 않다 라는 명제를 논증한다. 이는 다음과 같은 표현으로 나타난다:

> "그리고 <하나>는 자기와 같지도 않을 걸세."
> "왜요?"
> "<하나>의 본질은 동일성(同一性)의 본질과는 다르니까."[19]

이는 상당히 수수께끼 같은 문장이다. 그러나 위에서 말한 몇 가지 논점만을 알고 있으면 어쨌든 이해는 가능하다.

(A1)에서는 <하나>는 자신과 같다고 했다. 그런데 여기서는 <하나>가 자신과 다르다고 하는 것이다. 어떻게 이런 이율배반이 일어나는 것일까? 여기서도 역시 수의 하나(numerical One)와 관계적 하나(relative One)라는 관점에서 보아야 "하나는 자신과 같지 않다"는 역설이 풀린다. 관계적 하나, 혹은 관계적 일자는 위에서 지적된 것처럼 통일성 내지 동일성을 나타낸다. "<하나>의 본질은 동일성(同一性)의 본질과는 다르니까"라는 문장은 바로 이런 수적 일자와 관계적 일자의 차이를 나타낸다. "어떤 것이 하나이다"라는 문장과 "어떤 것과 어떤 것이 하나이다"라는 두 문장에서 <하나>라는 개념을 비교하면 그 차이를 알 수 있다. 더 나아가 동일성과 통일성도 각각 다른 개념이다. 모두가 하나와 관련되는 개

---

19) 『파르메니데스』, 139d. 최민홍 역, 『플라톤 전집』, 6권, 197f.

념이지만 미묘하게 구분된다; 동일성은 비교의 관점을 취하고 통일성은 결합의 관점을 취한다.

『파르메니데스』의 2부는 위에서 한번 언급한 것처럼 형식적으로는 플라톤의 형상이론의 난점을 피하기 위해서 연습이 필요하다는 주장을 하면서 그 내용상으로는 파르메니데스의 철학의 난점을 폭로하고 있다: 여기서 유일한 존재(One Being) 개념의 딜레마(dilemma)를 다루고 있다: 하나(One)가 있다고 가정하면 그 반대가 결과가 나타난다; 즉 여럿(Many)이 발생한다. 또는 하나 자체가 여럿이라는 모순도 발생한다. 이런 모순은 결국 일자(一者) 개념의 분석과 거기 관련한 다자(多者) 개념도 세부적으로 구분되어야 한다. 따라서 아리스토텔레스는 그의『형이상학』 5권 6장에서 이렇게 진술한다:

"명백히 다자(Many)는 일자(One)의 그것에 대립하는 한에서 그 의미를 가진다."[20]

지금까지는 플라톤의『파르메니데스』의 2부의 결과가 존재 개념과 일자(One) 개념에 관한 불가지론(不可知論) 내지는 회의론으로 귀착한다고 생각해 왔다, 더 정확히는 일자 개념의 이율배반이 생긴다; 여기에 대해 필자는 한 가지 단서를 달고자 한다:『파르메

---

20)『형이상학』, 1017a, 5권 6장. 로스,『아리스토텔레스의 형이상학』, 760쪽.
그 다음의 문장은 이렇다: "어떤 것들은 그들이 연속적이지 않기 때문에 다양하다, 다른 것들은 그들의 질료가— 가장 가까운 질료 혹은 가장 먼 질료— 그 종류에 있어서 나누어질 수 있기 때문에 다양하다. 다른 것들은 그들의 본질을 서술하는 정의가 하나 이상이기 때문에 다양하다."

니데스』의 유일하고, 불변적인 존재 개념을 그대로 수용할 때, 발생하는 모순으로 보여주는 면에서 『파르메니데스』의 제2부는 대화는 불가지론이다. 그런 일자의 회의주의 혹은 불가지론에 대한 정답은 『파르메니데스』 대화편이 아니라 아리스토텔레스의 『형이상학』, 『논리학』 그리고 『자연학』에서 비로소 제공된다. 이런 관점에서 2부의 마지막 문장은 이렇게 서술된다:

> "<하나>가 존재하거나 존재하지 않거나간에, <하나>와 그 타자는, 자기 자신을 위해서나 그 관련성에 있어서나, 존재하고 또 존재하지 않는다; 또 그렇게 보인다. 모든 것이 모든 방식으로 그러하다."[21]

이 문장을 이해하기 위해서 우리는 『파르메니데스』 대화편 1부에 나오는 몇 가지 사상을 상기해야 하는데, 그 중에서도 핵심적인 명제는 "존재하는 것이 여럿이라는 것은 불가능하다"(127e), "만물은 하나다"(128a)라는 사상이다. "만물은 하나이다"라는 것은 파르메니데스의 주장이 아니라 실은 크세노파네스의 사상이다. 아리스토텔레스는 크세노파네스를 엘레아 학파의 창시자로 보고 크세노파네스와 파르메니데스의 사상을 혼합시키고 있다.[22] 이런 선이해

---

21) 『파르메니데스』, 166c. 최민홍 역, 『플라톤 전집』, 6권, 248쪽. 필자는 최민홍의 번역을 약간 수정하였다. 최민홍의 원래 문장은 이렇다: "<하나>가 존재하거나 존재하지 않거나, <하나>도 타자도 자기 자신에 대해서나 상호 간에 있어서나, 존재하고 또 존재하지 않으며 여러 가지 의미에서 모든 것인 동시에 모든 것이 아니기도 하고, 모든 것처럼 보이기도 하고, 또 그렇게 보이지도 않는 것처럼 생각된다고 말이네."

22) 아리스토텔레스는 "만물은 하나이다"라는 명제를 파르메니데스의 사상으로 간주하는데 그러나 이는 크세노파네스의 사상이다. 김내균, 『소크라테스 이

(先理解)를 가지고 위의 문장을 보자: 이 문장은 "하나(一)는 존재한다, 그리고 존재하지 않는다. 하나의 타자, 즉 여럿(多)이 존재한다, 그리고 존재하지 않는다"라는 내용을 가지고 있다. 이는 파르메니데스의 사상을 부정하는 것이다. 우리가 이 책 제10, 11, 12 강의에서 이미 공부한 것처럼 파르메니데스의 사상은 "부동의 일자가 영원히 존재한다"는 것이었다.[23] 그리고 파르메니데스는 존재, 일자, 동일성 등을 연결하여 같은 것으로 보았다. 그러나 존재는 비존재의 반대 개념이고 일자(一者)는 다자의 반대 개념이고 동

전의 그리스 철학』, 121쪽 참조. 같은 책 117쪽에 의하면 이렇다: "크세노파네스에 관한 초기의 기록들을 우리는 헤라클레이토스와 플라톤 그리고 아리스토텔레스를 통하여 접하고 있다. 여기서 플라톤은 크세노파네스를 엘레아 철학의 창시자로 간주하고 있는데, 그의 생각은 사실적 근거에 바탕을 두고 있는 것 같지는 않다. 아리스토텔레스는 플라톤의 해석을 그대로 받아들이고 있으며, 나아가서 크세노파네스가 파르메니데스의 선생이었다고까지 기록하고 있다. 그러나 이들의 연관성은 아마도 크세노파네스의 부동의 유일신과 파르메니데스의 부동의 존재 사이의 언어적 유사성으로부터 비롯된 것으로 보인다."
위의 예문에 대한 하나의 평가는 이렇다: "크세노파네스의 부동의 유일신과 파르메니데스의 부동의 존재 사이의 언어적 유사성"을 처음으로 본 사람은 김내균이 주장하는 것처럼 플라톤이 아니라 아리스토텔레스이다. 또한 "만물은 하나이다"라는 명제를 파르메니데스의 사상으로 간주하는 사람 역시 아리스토텔레스이다. 왜냐하면 『파르메니데스』를 쓴 사람은 아리스토텔레스이기 때문이다. 따라서 아리스토텔레스가 플라톤 해석을 그대로 따른 것이 아니라 아리스토텔레스 혼자 그런 주장을 한 것이다.
그리고 크세노파네스와 파르메니데스의 사상은 근본적으로 다르다: 전자는 신학을 지향하고 후자는 논리학을 지향한다. 전자는 호메로스와 헤시오도스의 신관을 비판한다, 후자는 자연철학을 비판한다. 따라서 언어 표현의 면에서 크세노파네스와 파르메니데스는 서로 비슷한 면이 있지만 양자의 근본적인 관심이 다르다.
23) 이를 파르메니데스는 "있음은 있다"라는 명제로 표현하였다.

일성은 비동일성(차이성)의 반대 개념이다.『파르메니데스』대화 2부의 온갖 난관(aporia)은 이런 대립 개념들을 서로 연결시킬 때 발생한다. 만약 일자가 존재한다면 다자(多者)는 비존재라고 할 수 있다.

마치 용수의 중론(中論)을 연상시키는 듯한 회의주의를 우리는 위의 인용문에서 느낄 수 있다: 즉 유일자가 존재하거나 하지 않거나 결론은 같다는 것이다.

이런 모순은 위에서 언급한 것처럼 하나와 여럿, 존재와 무 등을 실체화하지 않고, 철학적 술어로서, 철학적 개념으로 파악할 때 해결된다(아리스토텔레스의『범주론』,『형이상학』V권의 개념 규정들).

"존재는 여러 가지 의미로 이야기된다", "단일성(unity)은 존재(being)처럼 많은 의미를 가진다", 이런 존재의 다의성, 일자 개념의 다의성을 구분하는 길이 파르메니데스의 유일, 부동의 존재의 철학을 극복하는 방법이다.

따라서 파르메니데스 대화는 아리스토텔레스에 의한 파르메니데스의 존재론 비판이라고 할 수 있다. 주지하는 바, 파르메니데스의 존재론은 무주론(無宇宙論, Akosmismus)으로 귀결된다. 이는 변화, 생성, 운동의 현실세계를 완전히 부정하고 오직 유일 부동의 존재만이 어두운 밤중에 밝은 달처럼 떠있는 정적인 세계의 모습을 그리고 있다. 그의 스승 플라톤과 달리 현실주의자(Realist)인 아리스토텔레스는 파르메니데스의 존재론, 세계관을 그냥 둘 수 없었다.24)

다원론자들의 목표인 '현상계의 구제'를 아리스토텔레스 역시 행

했고 그 방법은 논리학의 정립을 통해서였다.[25]

『파르메니데스』 대화편은 아리스토텔레스가 썼으며 이는 내용적으로 (1) 플라톤 비판, (2) 파르메니데스 비판을 담고 있다. (3) 이에 대한 대안은 논리학의 정립이었다.

---

24) 파르메니데스의 존재와 비존재의 과격한 분리는 플라톤의 이데아론에도 치명적인 타격을 가할 수 있다.

25) 현상계의 구제: 파르메니데스의 이론에 따르면 우리가 그 안에 살아가는 자연이나 세상은 환영이나 가상(doxa)에 불과하다. 설령 우리가 그들을 매일 보고, 아니 조상 대대로 수천 년간 경험해 왔다고 할지라도 이런 변화와 생성의 세계는 진실이 아니다. 왜냐하면 생성 혹은 변화의 개념은 논리적인 모순을 범하고 있기 때문이다(이 책 제11강의 참조). 따라서 파르메니데스 이후에는 이오니아 학파와 같은 자연철학은 더 이상 성립하기 불가능해졌다. 여기서 나온 새로운 철학 사조가 다원론의 철학이다; 예를 들어 엠페도클레스나 데모크리투스의 경우 그들 역시 불변적인 존재를 상정한다. 전사의 경우 4원소나 후자의 경우 원자 등은 불변적인 것이다. 단지 그들이 결합하고 분리할 때에 삼라만상이 생겨난다. 이로서 그들은 현상계를 구제한다. 왜냐하면 파르메니데스의 일원론이 삼라만상 혹은 천하만물을 부정하기 때문에 현상계가 전혀 긍정되지 못한다. 다원론자들은 파르메니데스의 불변적 존재 개념을 인정하면서도 삼라만상의 변화와 운동 역시 정당화하는 철학이다. 다시 말하면 엠페도클레스의 4원소나 데모크리투스의 원자가 파르메니데스의 존재에 해당한다.

논리학의 탄생

1. 『파르메니데스』, 『테아이테토스』, 『소피스트』, 『정치가』의 플라톤의 후기 4부작 문제

필자는 지난 강의에서, 지금까지 플라톤이 썼다고 알려진, 『파르메니데스』 대화편은 아리스토텔레스가 썼으며 이는 내용적으로 (1) 아리스토텔레스에 의한 플라톤 비판, (2) 아리스토텔레스에 의한 파르메니데스 비판을 담고 있다. (3) 이에 대한 대안은 (광의의) 논리학의 정립이라고 주장했다. 여기서 논리학은 문법(Grammatik), 의미론(Semantik) 그리고 논리학(Logik) 등을 포함하는, 광범위한 의미의 철학적 도구학(philosophisches Organon)을 뜻한다. 또 이는 존재의 다의성(多義性)에 대한 인식을 의미한다.

이런 주장의 논증을 하기 전에 나의 명제 (1) 아리스토텔레스에 의한 플라톤 비판이라는 생각의 내용을 좀더 부연한다: 지금까지 학자들은 『파르메니데스』 대화편을 플라톤이 썼다는 가정 하에서 파르메니데스와 플라톤의 관계를 설명하려고 노력했다; 즉 파르메니데스의 '일원론적 존재론'과 플라톤의 '이데아 이론'을 어떻게든지 조화 내지 종합하는 방향으로 해석을 하려 했다.[1] 플라톤 역시 파르메니데스의 불변적인 유일의 존재(One Being) 개념과 헤라클레이토스의 생성하고 변화하는 다양성의 세계를 각각 사유(혹은 영혼)와 감각(혹은 육신)에 연결시킴으로써 자신의 철학을 구축했다.[2]

그러나 앞에서 언급한 것처럼 『파르메니데스』의 주인공 파르메니데스는 플라톤의 이데아설을 대변하는 소크라테스를 박살을 내고 있으며 후자에게 철학적 훈련을 더 받으라고 충고한다.

"있는 것만이 있다"는, 파르메니데스의 '일원론적 존재론'은 플라톤의 이데아설에게도 치명적인 상처를 가할 수 있는 폭탄이다: 플라톤의 이데아설에 의하면 이 세상의 개별자들은 그들의 이데아를 참여(μέθεξις)한다든지 분유(分有)한다든지, 혹은 모방한다든지 하여 관계를 맺는다. 그러나 파르메니데스는 존재와 비존재의 결합을 철저히 배제한다: 파르메니데스는 이를 "없는 것은 없다"라

---

1) 예를 들면 거스리, 『희랍철학사』(*A History of Greek Philosophy*), 5권, p.50. 여기서 그는 플라톤 철학이 파르메니데스의 엘레아 학파의 원리에 뿌리박고 있다고 진술한다.
2) 그러나 그럼으로써 플라톤 철학은 과격한 이원론에 빠지고 말았었다.

고 간단히 표현한다. 없는 것, 즉 비존재가 있다고 증명하는 것은 불가능하다; 또 더 나아가서 "당신은 비존재를 인식할 수도 말할 수도 없다"라고 파르메니데스는 말한다.3)

결론적으로 말해 플라톤의 기본적인 구상, 즉 파르메니데스주의와 헤라클레이토스주의의 종합은 어려운 문제를 함축하고 있었으며 이를 위해서는 일(一)과 다(多)에 대한 고차원적인 해결책이 필요했다. 이런 어려움을 보여주는 것이 파르메니데스의 2부였으며 그 근본적인 해결책은 형이상학에서 보여주는 일(一)에 대한 이론이다.4)

따라서 파르메니데스 철학의 기초 위에서는 변화하는 현상계를 (이는 또한 플라톤의 불완전한 개별자의 세계이다) 전혀 긍정할 수 없다. 따라서 파르메니데스의 이론을 플라톤에 굳이 적용시킨다면 이데아 세계 밖에 아무 것도 존재할 수 없다. 그러나 이데아 역시 수적으로 다수(多數)이기 때문에 파르메니데스의 존재 개념에 상응할 수 없다.5) 플라톤의 이데아설도 어떻든지 존재의 다수성을 인정해야 한다.

아리스토텔레스가 그의 책 『파르메니데스』에서 파르메니데스의 불변적인 일자 존재(One Being) 개념을 그토록 날카롭게 분석하고 해체시키는 이유는 앞에서 한번 언급한 것처럼 이것이 플라톤의

---

3) 이 책 제10강의 참조.
4) 아리스토텔레스, 『형이상학』, 5권 6장, 10권 등 참조.
5) 플라톤은 이데아를 파르메니데스의 존재에 그리고 개체를 헤라클레이토스의 생성에 각각 해당시킨다(필레보스 대화 참조). 그러나 이런 도식이 이데아와 개체의 관련성을 설명하기는 어렵다. 왜냐하면 파르메니데스에 있어서 생성개념은 실체가 없는 환영에 해당하기 때문이다.

형상 개념마저 파괴하기 때문이다. 즉 형상이론은 다수의 형상을 전제로 한다. 만약 파르메니데스의 말처럼 참다운 존재는 단 하나 뿐이라면 플라톤의 철학은 붕괴한다.

『파르메니데스』편에서 그 주인공인 파르메니데스는 형상의 필요성을 역설한다:

> "만일 누가, 소크라테스, 이 모든, 그리고 그밖의 마찬가지 어려움에 착안(着眼)하여 모든 존재하는 사물의 형상이 있다는 것을 인정하지 않고, 각각의 사물에 어떤 형상을 규정하지 않는다면, 그는 존재하는 사물의 각각이 언제나 동일한 형태를 갖는 것으로 인정치 않으므로, 자기의 사고를 돌려야할 대상을 갖지 못하게 될 걸세. 그리하여 그는 전혀 대화를 나눌 수 없게 될 걸세. 그러나 이 점에 대해서는, 특히 자네는 잘 알고 있을 테지?"[6]

이는 달리 말해 아리스토텔레스가 그의 스승 플라톤의 이데아설 내지 형상이론을 액면 그대로는 받아들이지 않는다고 할지라도 어떤 형태로든지 이데아 내지 형상의 필요성을 인식하고 있다는 점이다. 플라톤 자신은 파르메니데스의 형이상학이 그 자신의 이론에도 얼마나 해로운지를 잘 모르고 있었던 것 같다. 그 대신 그는 영혼의 불멸설에 그토록 집착했다.

『소피스트』 대화의 주제인 비존재(없음)의 인정이라는 문제가 여기서 등장한다. 지금까지 플라톤이 썼다고 알려져 온 『소피스트』 대화는 『파르메니데스』 대화와 마찬가지로 파르메니데스의 철학을 비판하는 논지로 구성되었으며 이 역시 범주론과 논리학의

---

6) 『파르메니데스』, 135B. 최민홍 역, 『플라톤 전집』, 6권, 189~190쪽.

성립을 통해 비로소 해결되는 문제이다; 따라서 필자는 『소피스트』 대화 역시 『파르메니데스』 대화와 마찬가지로 아리스토테레스의 작품이라고 생각한다.

그런데 사람들은 플라톤의 후기 대화편의 네 작품, 즉 『파르메니데스』, 『테아이테토스』, 『소피스트』, 『정치가』 등은 서로 긴밀히 연관된 내용과 구성을 보여주고 있다고 한다. 거스리(W. K. C. Guthrie)에 의하면 위의 네 작품은 여기서 배열된 순서대로, 즉 『파르메니데스』, 『테아이테토스』, 『소피스트』, 『정치가』의 차례로 읽혀져야 한다고 한다.[7] 또 이런 통설을 따르면 『소피스트』편이 『파르메니데스』보다 후에 오는 것으로 간주해야 한다.[8] 그러나 본인의 학설에 따르면 『파르메니데스』가 『소피스트』편보다 후에 온다. 우선 기존의 학설을 소개해 보자:

이 방면의 전문적인 연구자 콘포드(F. M. Cornford)는 말하기를; 『파르메니데스』에서는 개체가 형상에 참여한다(the participation of individual things in Forms), 그 반면에 『소피스트』에서는 '형상들의 혼합' 또는 '형상 상호간의 참여'(the blending or mutual particiation of Forms)에 대해 언급한다.[9] 따라서 『소피스트』편이 『파르메니데스』보다 더 고차적이고 그러므로 당연히 전자가 후자보다 뒤에 온다는 것이다.

그러나 필자의 학설을 따르면 『소피스트』편은 아리스토텔레스가

---

7) 거스리, 『희랍철학사』(A History of Greek Philosophy), 5권, p.33 참조.
8) 콘포드(F. M. Cornford), 『플라톤의 지식이론』(Plato's Theory of Knowledge), p.1 참조.
9) 콘포드, 『플라톤의 지식이론』, p.297 참조.

그의 스승 플라톤이 쓴 서적들, 즉 『테아이테토스』와 『국가』의 내용을 수용하고, 보충하여 발전시킨 책이다. 거기에 비해 『파르메니데스』편은 아리스토텔레스가 그의 스승 플라톤이 쓴 서적, 즉 『파이돈』의 내용을 비판하고 자기의 철학을 세우기 위한 책이다. 그런데 『소피스트』와 『파르메니데스』에 공통적으로 엘레아 학파의 학설이 비판되고 있다.10) 이에 비하여 플라톤은 한번도 파르메니데스나 엘레아 학파의 철학을 비판한 적이 없다는 것이다. 도리어 플라톤의 불변적 형상 개념은 파르메니데스의 불변적인 일자 존재 (One Being) 개념에 의지한다.

결론적으로 필자는 흔히 플라톤의 후기 4부작이라고 불리는 위의 네 작품 중에서 한 작품 즉 『테아이테토스』를 제외하고는 모두 아리스토텔레스의 저작으로 돌린다.11) 지금까지 사람들은 『테아이테토스』의 마지막 장면과 『소피스트』의 첫 장면이 일치하기 때문에 두 작품은 당연히 동일한 저자의 것으로 생각했었다. 그리고 『테아이테토스』에서 나오는 세 사람의 화자는 『소피스트』에 다시 등장한다.12) 그러나 이는 인위적인 조작일 수 있다. 즉 아리스토텔

---

10) 『소피스트』편에서 손님이 그의 학문의 아버지인 파르메니데스의 학설에 비판을 가하는 구절은 여러 군데 있다. 그 중 대표적인 곳은 244B~245E 부분으로 주로 파르메니데스의 일자(One Being) 개념을 비판하고 있다. 파르메니데스의 일자(One Being) 개념에 대한 철저한 비판은 아리스토텔레스의 『파르메니데스』 후반부에 있다. 이 책 제17강의 참조.

11) 사람들은 이 네 대화편이 모두 플라톤주의, 즉 초월적 형상 이론에 대해 부정적인, 회의적인 혹은 무관심한 뉘앙스를 지니고 있기 때문에 그들을 묶어서 하나의 집단으로 생각한다. 그러나 필자의 분석은 이런 통설이 잘못이라는 것을 보여준다.

12) 『테아이테토스』편 마지막에서 소크라테스와 테아이테토스 그리고 테오도로

레스가 그의 스승 플라톤의 저서에 연결해서 자신의 저서를 썼다고 볼 수도 있다는 말이다.

후기 4부작이라고 불리는 작품들 중에서 우리는 이미 『테아이테토스』에 대해서는 앞에서 연구했다. 그리고 『파르메니데스』 대화에 대해서도 앞에서 충분히 검토했다. 이제 남은 것은 『소피스트』와 『정치가』인데 후자는 주제의 한정 때문에 여기서 더 언급할 수 없다.[13]

『소피스트』 대화에서는 위에서 이미 언급한 것처럼 파르메니데스의 존재 개념을 비판한다: "있음은 있음이고 있지 않음은 없다"라는 파르메니데스의 사상을 비판하고 "있지 않음도 있다"라는 명제를 정립하는 것이 『소피스트』이다. 그리고 『소피스트』 대화에는 아리스토텔레스의 논리학(범주론, 명제론)의 중요한 주제인 참과 거짓, 긍정과 부정이라는 내용이 나온다. 따라서 이 책을 논리학의 예비 또는 준비라고 보아야 한다.

그리고 또 필자는 이 책 제16강의에서 언급한 조허(Socher)의 입장, 즉 "『파르메니데스』, 『소피스트』 그리고 『정치가』 등은 플라톤의 작품이 아니다"를 수정하여 이 세 작품을 모두 아리스토텔

스는 내일 아침 일찍 그 장소에서 다시 한번 더 만나기로 약속한다. 『테아이테토스』, 210d. 그리고 『소피스트』편 처음 작중화자 테오도로스는 이렇게 말한다: "어제의 약속에 따라 우리도 어김없이 왔으며 게다가 보다시피 외국 손님까지 한 사람 데리고 왔어요. 이 분은 엘레아 출신으로, 파르메니데스나 제논 학파에 속하는 사람이며, 철학에 매우 조예가 깊은 분입니다." 『소피스트』, 216a, 최민홍 역, 『플라톤 전집』, 5권, 126쪽.

13) 『정치가』는 『소피스트』에서와 마찬가지로 '결합과 분리를 통한 정의하기'를 논한다.

레스의 것으로 인정한다. 그리고 『테아이테토스』는 기존 학설과
같이 플라톤의 것으로 간주한다.

2. 아리스토텔레스에 의한 파르메니데스 비판

필자의 명제 (2) 아리스토텔레스에 의한 파르메니데스 비판을
조금 더 부연 설명하겠다. 지난 강의의 각주에서 이미 언급한 것처
럼 파르메니데스의 정적인 일원론은 플라톤의 이데아설의 기초를
흔들 뿐만 아니라 현상계를 일체 부정하기 때문에 자연학이나 생
물학을 중시하는 아리스토텔레스에게도 실은 큰 난제였을 것이다.
따라서 철학적 대화 『파르메니데스』의 제 2 부는 파르메니데스의
철학에서 한 덩어리가 되어 있는 존재의 개념, 하나의 개념, 정지
의 개념, 전체의 개념 그리고 동일성의 개념 등을 서로 분리시켜
파르메니데스 존재론을 내부에서 와해시키려 하는 것이다. 따라서
제 2 부의 전반적인 모습이 불투명하고 결론이 무엇인지 모르게 되
어 있다.14)

그런데 필자의 이론을 따라가면 오리무중으로 보이는 철학적 대
화 『파르메니데스』의 제 2 부의 목적 내지 의도가 선명히 떠오른
다: 이 저서의 저자는 필자의 이론에 의하면 아리스토텔레스로서,
견고하게 보이는 파르메니데스의 존재 일원론의 철학의 붕괴를 노
리고 있다.

---

14) 거스리도 "파르메니데스의 의도를 이해하기는 진정 대단히 어렵다"라고 실
토하고 있다.

아리스토텔레스가 그의 철학적 대화『파르메니데스』의 2부에서 파르메니데스의 존재 일원론의 철학의 해체를 노린다면 그의 논리학, 의미론은 파르메니데스의 존재 일원론을 높은 차원에서 지양(Aufhebung)하고 있다: 예를 들면 그의『형이상학』제6권에서 아리스토텔레스는 제1 학문으로서의 철학을 존재를 존재(being qua being)로서 다루는 학문이라고 규정한다; 또 그는『형이상학』제7권 첫 머리에서 "존재는 여러 가지 의미로 이야기된다"라고 존재 개념의 다의성을 언급한다.[15]

3.『파르메니데스』대화와『범주론』

우리는 지난 강의에서 어떻게 플라톤의 이데아설의 난점이 논리학적으로 해결되는지를 살펴보았다: 플라톤의 대화편『파르메니데스』에 나타난 이데아이론, 곧 분유설이 어떤 난점을 가지는지를 보았고 그것이 아리스토텔레스의 논리학적 저서의 하나인『범주론』(Categories)을 통하여 분해됨을 보았다. 플라톤의 대화『파이돈』에 나오는 중요한 이데아들 같은 것, 보다 큰 것, 보다 작은 것, 아름다운 것, 선량한 것, 올바른 것, 경건한 것은 그러나 아리스토텔레스의『범주론』에 의하면 관계의 범주, 질의 범주들로 분류된다. 특히 작은 것의 이데아, 큰 것의 이데아 등이 함축하는 모순점들이『파르메니데스』대화편에서 — 필자는 그 저자가 플라톤이

---

15) 이런 관점에서 스콜라 철학에서는 '존재의 유비'(analogy of being)를 말한다.

아니라 아리스토텔레스라고 주장한다 — 첨예하게 드러났다.16) 또한 플라톤이 쓴 것이 확실한 『파이돈』과 그렇지 않은 『파르메니데스』를 비교해 보면 형상과 개별자들의 관계규정이 미묘하게 다른 것임을 알 수 있다. 즉 전자에서는 개별자가 형상에 참여한다: 아름다운 것은 아름다움 자체에 참여한다. 그에 반해 후자에 있어서는 개별자가 형상을 가지고 있다고 한다: 사물들이 형상을 분유한다. 참여와 분유는 양자 비슷한 면이 있지만 문맥에서 볼 때 뚜렷한 차이가 드러난다.

『파르메니데스』에서 보면 개별자가 형상을 자기 속으로 수납한다(μεταλαμβανω = in sich aufnehmen)는 방식으로 분유(分有)를 설명하고 있다. 따라서 지금껏 우리는 최민홍의 번역을 따라 『파르메니데스』의 μεταλαμβανω를 분유라고 번역했는데 실은 수용, 수납 혹은 흡수라는 말이 의미적으로 더 합당하다. 따라서 "아름다운 사물이 아름다움 자체에 참여(관여)한다"라는 플라톤 고유의 신비적인 표현을 그대로 사용할 때는 '제3인간 논증' 혹은 '형상의 자기서술' 같은 모순이 발생하기 어렵다. 그런데 이런 원래의 플라톤적 표현의 의미가 불확실함을 플라톤 자신이 고백하고 있다:

> "그것이 어떻게 아름다움 자체에 참여하는가는 알 수 없네. 그렇지만 그것은 어떠한 모양으로든지 아름다움 자체에 의하여 아름다워진다는 것을 강경히 주장하네."17)

---

16) 아리스토텔레스, 『형이상학』, 990b 15. 여기에 의하면 이데아이론에서 '관계의 이데아'와 '제3인간 논변'을 언급하고 있다.

17) 『파이돈』, 100c.

이와 같이 다소 신비적인 플라톤의 참여이론을 아리스토텔레스는 그의 분유이론으로 돌려 해석함으로써 형상과 사물의 관계를 명쾌히 하는 동시에 이데아설 자체를 붕괴시키는 것이다. 다시 말해 개별자가 형상을 자기 속으로 받아들인다고 함으로써 형상과 개별자의 관계를 확실히 했다; 그러나 그럴 경우 문제는 '제3인간 논증' 같은 이데아론 자체의 붕괴를 초래하는 요소가 나타나는 것이다.

만약 이러한 필자의 해석이 옳다고 한다면 아리스토텔레스가 이데아이론을 극복하기 위한 대책은 무엇인가? 그것은 위에서 여러 번 암시된 논리학의 수립과 그를 통한 이데아설의 모순의 해결이다.

이런 작업은 아리스토텔레스의 논리학적 저술인 『범주론』에서 우선 드러난다. 이는 무엇보다 먼저 실체(substance, ousia) 범주의 확립에서 찾아진다: 아리스토텔레스는 실체(substance) 개념과 속성(attribute) 개념을 구분함으로써 이데아설이 내포하는 제3인간의 논증과 형상의 자기서술 문제를 지양한다. 이제 우리는 아리스토텔레스의 『범주론』을 보고 논증을 더 진행하자.[18]

4. 주어와 실체(문법과 논리학, 언어와 철학)

아리스토텔레스의 유명한 10가지 범주들을 그의 텍스트에서 직

---

18) 교재는 J. A. Ackrill이 영어로 번역한 *Aristotle's Categories and De Interpretatione*이다.

접 살펴보자.

1b25. "Of things said without any combination, each signifies either substance or quantity or qualification or a relative or where or when or being-in-a-position or having or doing or being affected. To give a rough idea, examples of substance are man, horse; of quantity: four-foot, five-foot; of qualification: white, grammatical; of a relative: double, half, larger; of when: yesterday, last year; of being-in-position: is-lying, is-sitting; of doing: cutting, burning; of being-affected: being-cut, being-burned."[19]

이에 따르면 사물의 모습은 실체(substance), 분량(quantity), 성질(quality), 관계(a relative), 장소(where), 시간(when), 위치(being-in-a-position), 상태(having), 능동(doing) 그리고 수동(being-affected) 등의 10개의 범주로 나누어진다. 그런데 아리스토텔레스가 이런 범주(category) — 범주의 의미는 문법상의 술어(predicate)에 해당한다 — 를 추출하게 된 배경에는 플라톤 철학의 문제뿐만 아니라 당시의 문법(grammar) 지식에 많이 의존한다: 실체(substance)의 개념부터가 실은 문법의 주어(subject)에 근거해서 도출된다:

위의 예문 조금 뒤에서 아리스토텔레스는 실체 개념을 주어와의 관계에서 유추한다:

2a11. "A substance that which is called a substance most strictly,

---

19) J. A. Ackrill, *Aristotle's Categories and De Interpretatione*, p.5.

primarily, and most of all is that which is neither said of a subject nor in a subject, e. g. the individual man or the individual horse. The species in which the things primarily called substances are, are called secondly Substances, as also are the genera of these species. For example, the individual man belongs in a species; man and animal is a genus of the species; so these both man and animal are called secondly substances."[20]

이 단락에서 아리스토텔레스는 실체를 다시 제1실체와 제2실체로 분류하고 있다. 간단히 말해 제1실체는 개별 사물이고 제2실체는 종(種)과 류(類)를 말한다.

그런데 그것보다 더 중요한 점은 그가 제1실체를 주어에 대해 서술되는 바의 것도 아니고(neither said of a subject), 주어 안에 있는 것도 아니라고(nor in a subject) 설명한다는 것이다. 전자는 어떤 사물이나 개체의 이름(name)이나 정의(definition)를 의미한다; 예를 들면 "이것은 나무이다, 혹은 개는 동물이다" 같은 경우를 말한다. 주어 안에 있지 않다는 후자의 경우는 속성을 말한다; 예를 들면 "소크라테스는 희다"라는 경우처럼 희다(whiteness)는 것은 소크라테스 안에 있는 어떤 것이다. "또는 플라톤은 크다"의 경우 큼(largeness) 역시 플라톤이 가진 속성이다. 이처럼 속성은 주어 안에 내재하는 존재자이다.

이처럼 "주어에 대해 서술되는 바의 것도 아니고(neither said of a subject), 주어 안에 있는 것도 아니라고(nor in a subject)" 하는 실체의 개념은 다름 아닌 개별자를 지시한다. 이는 자세히 말하면

---

20) J. A. Ackrill, *Aristotle's Categories and De Interpretatione*, p.5.

제일 실체이다. 예를 들어 "소크라테스는 인간이다"라는 문장의 경우 제1 실체는 소크라테스이며 제2 실체인 인간이 제1 실체에 관하여 진술한다. 그러므로 제1 실체란 이것, 저것 혹은 이 사람, 저 사람 하는 구체적 개별자이다.21)

위에서 우리가 추측할 수 있는 것은 아리스토텔레스가 이데아설의 혼동을 정리하기 위하여 택한 방법이 문법 내지는 언어였다는 사실이다. 요즘 언어분석철학자와 같이 아리스토텔레스도 언어적 전회(linguistic turn) 아니 더 정확히 말한다면 문법적 전회

---

21) 이런 의미에서 힐쉬베르거의 철학사의 서술은 그 타당성이 의문시된다. 요하네스 힐쉬베르거, 『서양철학사』(상), 강성위 역, 219쪽: 그런데 아리스토텔레스가 제1실체로서의 우시아를 판단의 관념적인 주사로 선언함직하나, 놀랍게도 그는 그렇게 하지 않는다. 판단의 관념적 주사는 아리스토텔레스가 학문적인 판단의 주사라고 보고 있는 종적인 실체라는 뜻의 제2실체이다.
이 문장의 문제는 판단의 주사, 즉 문장의 주어와 실체와의 관계이다. 위에서 고찰한 것처럼 제1실체가 주어가 될 수 있으나 모든 주어가 제1실체는 아니다. 아리스토텔레스는 주어-술어의 관계를 실체-속성의 관계와 동일시하지 않는다. 오히려 주어 혹은 主辭에 기대어 실체를 규명한다: neither said of a subject nor in a subject. 따라서 문장의 주어와 철학의 실체 개념은 구분된다.
그러므로 힐쉬베르거 문장은 납득되기 어렵다: 제1실체(우시아)가 문장의 주어는 될 수 있으나 반드시 그런 것은 아니다, 즉 제2실체도 주어가 될 수 있는 것이다. 물론 힐쉬베르거의 진의는 이해될 수 있다; 『형이상학』 7권, 13, 14, 15장에서 아리스토텔레스가 강조하는 것처럼 구체적인 개별자는 생성되고 파괴되기 때문에 거기에 대해 불변적인 진술을 할 수는 없다; 따라서 학문의 대상은 보편자(universal)나 본질(essence)이 되어야 한다. 그러나 이는 학문의 대상으로서의 보편자를 말하는 것이지 그것이 꼭 문장의 주어를 지시하지는 않는다. 덧붙여 말하면 제2실체는 보편자 혹은 본질과 같다.

(grammatical turn)를 통해 철학적 플라톤 철학- 문제를 풀었다는 것이다. 존재론의 중요 개념인 실체 개념은 문장의 주어 개념에서 도출되어 나왔다는 것이다.

주어(subject) + 술어(predicate)라는 문법적 사실에서 실체 (substance) + 속성(attribute)라는 철학적 발상이 형성되어 나온다.

5. 긍정과 부정, 참과 거짓 논리학의 기초

그밖에 더 중요한 사실은, 실체 개념과 술어의 분류라고 할 수 있는 범주(Categories)를 확립함으로써 아리스토텔레스는 긍정과 부정 그리고 참과 거짓 등의 논리학의 기본 개념을 정초할 수 있었다는 점이다. 이것은 인류 문화 발전을 위한 거대한 발자국이었다. 이에 대해 필자는 다시 범주론의 한 구절을 인용하고 설명하려 한다:

> 2a4 None of the above is said just by itself in any affirmation, but by the combination of these with one another an affirmation is produced. For every affirmation, it seems, is either true or false; but of things said without any combination none is either true or false (e.g. 'man', 'white', 'run', 'wins').

본문에서 보는 것처럼 아리스토텔레스는 우선 긍정(affirmation) 의 의미를 밝히고 있다: 긍정 곧 '무엇이 무엇이다'라는 형식은 범주들의 결합에서 기인한다.

문법에서는 단어 차원이 아니라 문장 차원에서 긍정 내지 부정이 작용한다. 이와 같이 논리학에서는 범주들의 결합에서 긍정이 나온다.

그리고 모든 긍정 문장은 참과 거짓이 될 수 있는 가능성이 있다. 부연하면 (단어들의) 결합 없이 참과 거짓도 없다. 이는 달리 말해 사물의 세계에서는 참과 거짓이 없다, 즉 인간의 언어 현상과 더불어 참과 거짓이란 문제가 등장한다고 간주된다. 이런 긍정과 부정, 참과 거짓에 대한 아리스토텔레스의 이론은 우리가 앞에서 이미 논증한 것처럼 플라톤이 그의 대화편 『테아이테토스』에서 오류의 문제를 근본적으로 해명했었기에 가능한 것이다. 즉 거기서 플라톤은 소피스들과는 달리 '거짓을 무(無)에 대한 생각이나, 판단으로 보지' 않고 존재하는 요소들의 결합, 다시 말해 잘못된 결합에서 유래하는 것으로 통찰했었다. 이런 플라톤의 사상을 아리스토텔레스는 그의 『소피스트』편에서 더욱 발전시켜 긍정문과 부정문에 대해 통찰했었다. 이런 지식의 역사적 축적에서 논리학의 탄생이 이루어진 것이다.

필자는 이런 관련에서 인간만이 거짓을 말할 수 있는 유일한 동물이라고 정의한다. 인간은 말을 배우면서 거짓말을 함께 배운다. 다른 동물들도 인간의 언어와 비슷한 신호의 체계를 가지고 있다고 한다; 예를 들면 돌고래는 상당히 복잡한 신호 및 의사소통(communication)을 가진 사회적 동물이다. 그러나 필자의 추측에 돌고래가 고의로 거짓말을 한다고 보기는 어려운 것 같다.

만약 어떤 돌고래가 자신의 이기적인 목적을 위해 고의로 거짓말, 거짓 신호를 할 수 있다면 그것은 돌고래의 탈을 쓴 인간이다.

문자의 참과 거짓의 개념과 더불어 논리학의 중요 개념인 반대 (contrary)와 모순(contradictory)의 개념이 도출된다. 이는 다른 기회에 다루겠다.

참고문헌

1. 동양철학

김용옥,『노자와 21세기』(상·하)(서울: 통나무, 2002).

풍우란,『중국철학사』정인재 역(서울: 형설출판사, 1982).

장기근 역,『신완역 논어』(서울: 명문사, 1991).

장기근 역,『노자·장자』(서울: 삼성출판사, 1986).

김항배 역,『장자철학정해』(서울: 불광출판부, 1992).

최진석 역,『노자의 목소리로 듣는 도덕경』(서울: 소나무, 2001).

김경탁 역,『노자』(서울: 광문출판사, 1965).

2. 서양철학

칸트,『순수이성비판』, 전원배 역(서울: 삼성출판사, 1982).

헤겔(G. W. F. Hegel),『정신현상학』(*Phänomenologie des Geistes*, Hamburg, 1952).

쉴러(F. Schiller),『인간의 미적 교육에 관한 편지』, 안인희 역(서울: 청하, 1995).

요하네스 힐쉬베르거(Johannes Hirschberger),『서양철학사』(상), 강성위 역(서울: 이문출판사, 1983).

앨런(D. J. Allen),『아리스토텔레스 철학의 이해』, 장영란 역.

안재오,『이상에서 반성으로』(*Vom Ideal zur Reflexion*, Göttingen: Cuvillier Verlag, 1999).

김인곤,「플라톤의『파르메니데스』편 연구」(서울대학교 박사학위논문, 1995).

스피노자, 『에티카』(前 · 後), 강두식 · 김평옥 역(서울: 박영사, 1985).

김내균, 『소크라테스 이전의 그리스 철학』(서울: 교보문고, 1996).

플라톤, 『플라톤 전집』, 최민홍 역(전 6권, 서울: 상서각, 1973).

K. R. Popper, *The Open Society and its Enemies*, Vol. 1(London, 1949).

F. M. Cornford, *Plato's Theory of Knowledge*(London, 1973).

Aristotle, *Categories and De Interpretatione*, transtlated with Notes and Glossary by J. L. Ackrill(Oxford, 1963).

W. K .C. Guthrie, *The Greek Philosophers*(New York, 1960).

W. K. C. Guthrie, *A History of Greek Philosophy*(Cambridge, 1978).

Aristotle, *The Metaphysics of Aristotle*, transtlated by W. D. Ross.

Platon, *Platon Werke in acht Bänden griechisch und deutsch von Friedrich Schleiermacher*(Darmstadt, 1974).

E. Zeller, *Die Philosophie der Griechen in ihrer geschichtlichen Entwicklung*(Leipzig, 1922).

저자 약력

안 재 오

한국외국어대학교 영어과를 졸업하고 서울대학교 대학원에서 「헤겔의 정신현상학에 있어서의 도야(Bildung) 개념」이라는 논문으로 석사학위를 받았다. 독일 쾰른대학과 부퍼탈대학에서 공부하였고 부퍼탈대학에서 「이상에서 반성으로」(*Vom Ideal zur Reflexion*)라는 논문으로 철학박사학위를 받았다. 현재 홍익대학교, 가톨릭대학교, 명지대학교, 서울디지털대학(SDU) 등에서 철학과목을 강의하고 있으며, 한국외국어대 부설연구소인 인문과학연구소 초빙연구원으로 재직 중이다. 그리고 교육개혁운동 카페 cafe.daum.net/edurepublic 를 운영하고 있다.

주요 저서 및 논문으로 「동양철학 방법론으로서의 변증법」, 「인륜성의 비극 ─ 예나시절 헤겔의 고대희랍비극 개념연구」, 「횔덜린과 헤겔의 통일의 철학」, *Vom Ideal zur Reflexion*(Göttingen: Cuvillier Verlag, 1999), 『청년 헤겔, 통일의 철학』(2001) 등이 있다.

논리의 탄생

·

2002년 10월 5일 1판 1쇄 인쇄
2002년 10월 10일 1판 1쇄 발행

지은이 / 안 재 오
발행인 / 전 춘 호
발행처 / 철학과 현실사
서울시 서초구 양재동 338-10
TEL 579-5908 · 5909
등록 / 1987.12.15.제1-583호

ISBN 89-7775-404-6 03170
값 10,000원